JN025441

国際私法

〔第7版〕

櫻田嘉章 著

有斐閣Sシリーズ

Yuhikaku

第7版　はしがき

　第6版刊行から早や7年がたったが，今回も，この間，多く
の重要な法整備，例えば人事訴訟法等の改正，子の奪取のハー
グ条約の実施がなされたので，まずそれらに対処すべく，改訂
が必要となった。これらの実施により，法適用通則法と相まっ
て，渉外的事案の解決に必要な車の両輪，すなわち，準拠法と
手続法の体制が定まったことになる。しかし，後者の関係でい
えば，身分関係に関する裁判管轄の問題は，未だ実施されて間
がないこと，人訴法に関する裁判管轄の規定の仕方が甚だ国民
に不親切なこともあって，本改訂においては単なる解説に終わ
っており，今後の実務上の運用を反映させる手当てを要するな
ど，いまだ不十分な対処に止まっている。さらに前者について
も，通則法で規定されなかった重要な諸問題についてもできる
だけ補充するよう努めたが，これまた，安定するまでなお日時
を要するなど，不十分な点が少なくない。初版以来の方針，す
なわち，初学者を念頭に，新しい問題のフォローとともに，で
きるだけ国際私法の全体像を明らかにすることに努めたつもり
であるが，グローバル化の加速度を増した進展とともに，次第
に複雑になり，その影も散見される渉外法の現実に鑑みて，こ
のような教科書の限界も痛感する今日この頃である。

　なお，紙幅の都合上，立法経緯も示す条文等をほぼすべて割
愛せざるを得なかったが，国民の意思を具体的に表現するのが
条文である以上，条文を大事にしたい思いは強い。解釈によっ

て条文はどうにでもなるという風潮を含めて，また小六法の類いが国際関係法に関する法令を抄録ですませている現実は，かえって，グローバル化の進展に反する傾向であるように思えてならない。

　第7版の刊行に当たっては，有斐閣の法律編集局書籍編集部部長藤本依子さんに，大変なご尽力を戴いた。本改訂が，曲がりなりにも成り立っているのは，同氏のご尽力の賜と心より御礼申し上げる。

　2020年3月

著　　　者

初版　はしがき

　本書はごく初歩的な講義を念頭において執筆されたものである。優れた類書も多い中で本書の存在意義を求めるとすれば，余りに細かい議論には立ち入らないことにして，しかしできるだけその全体像を初めてこの問題にふれる人にも理解できるような形でまとめようと心がけた点にある。したがって学生諸君に限らず，国際私法にまず関心をもってもらうというのが本書の執筆意図であるといってよい。もっとも著者の意図とは関係なくそのような意図が力不足で実現できず，又多くの誤りが生じていないかを恐れる。読者諸賢の叱正を得てその不備は今後なお改めたいものと考えている。

　わが国の最近の社会及び生活の国際化の進展は極めて著しく，しかもそれが日常の生活において気づかれるまでに浸透し，戦後の伝統的な国際化現象とは構造的に変化してきている。しかしその渦中にある私たちには必ずしも十分にその問題性が認識されていないように思われる。外国における問題が直ちにわが国の問題と直結し，また国内の問題が国際的な注目を浴びる，このような事態が日常的に起こるほど世界は狭くなり相互依存の度合いを強めつつある。国際化の問題が内部化されるに従って，その事態を正当に評価することを怠ると，ベルリンの壁の崩壊のような，既存の内国的秩序の存立が脅かされる，否応のない突然の変化がわが国に訪れないとも限らない。ウルグアイ・ラウンドにおける経過はこれを示唆しているように思われる。

　しかしいずれにしてもこのような社会の国際化に対応する法は十分に整備されているとはいえない。1つにはこのような現象自体は機能的，複合的に生じているのであるから，既存の特定の法分野のみによっては解決できないのであるが，さらに国内法にのみ照準を合わせた，あるい

は国家間の関係にのみ対応した法によっては十分に現象を把握できないことにもよる。これを対象とする法分野を渉外法と称するとすれば，国際私法は最も広義においては渉外法の総則的役割を果たしうるものであろう。その意味で国際私法は渉外法入門の役割を果たすものである。

しかし本書は，上述のような執筆意図，紙幅の制約，ひいてはわが国のこれまでの一般的理解を前提に，狭義の国際私法を対象としている。最近その重要性をましている国際民事訴訟法については，いずれふれなければならないであろう。

本書の執筆がほぼ一段落した時に出版された，恩師の溜池良夫教授の『国際私法講義』には内容的にもものの考え方についても負うところが極めて多い。本書は溜池良夫教授のご指導がなければそもそも成立しなかったと言っても過言ではない。よりつっこんだ体系的国際私法の理解には同書を参照して頂きたい。

本書の校正については京都大学法学部学生西真美さん，立命館大学大学院法学研究科後期博士課程の樋爪誠君にお世話になり，また京都大学大学院法学研究科助手中西康君には執筆段階で種々貴重なアドヴァイスを頂いた。さらに京都大学大学院法学研究科修士課程の西谷祐子さんには裁判例の索引作成についてお手伝い頂いた。以上の方々にはこの場を借りて厚く御礼申し上げたい。

また，ドイツ連邦共和国ケルン大学名誉教授のケーゲル教授には，ストーリー，サヴィニーなどの写真の掲載について暖かい許諾を頂いたのみならず，わざわざ新たにネガティヴまで複製頂き，また本書の刊行を励まして頂いた。心から御礼申し上げる。

本書の執筆を始めていた平成2年には父櫻田誉が急逝し，完成が大幅に遅れたにもかかわらず，長い間励まし，またお世話になった有斐閣の常務取締役大橋祥次郎氏ならびに書籍編集第一部長稼勢政夫氏には心から御礼申し上げたい。また京都編集部の奥村邦男氏には，辛抱強く督励して頂き，種々献身的にご助力頂いた。ここに記して厚く御礼申し上げ

たい。

　　1993年12月

　　　　　　　　　　　　　　　　　　　　　　　　著　　　者

■総　　論

■略記一覧

民録：大審院民事判決録
民集：最高裁判所民事判例集
高民集：高等裁判所民事判例集
下民集：下級裁判所民事裁判例集
労民集：労働関係民事裁判例集
家月：家庭裁判月報
判時：判例時報
判タ：判例タイムズ
新聞：法律新聞
評論：法律学説評論全集判例評釈
金判：金融・商事判例
交民集：交通事故民事裁判例集
〈判例評釈〉
渉外百選：渉外判例百選
　　　　（増補版，昭和51年；第2
　　　　版，昭和61年；第3版，平

成7年）
重判：重要判例解説
百選：国際私法判例百選（新法対
　　　応補正版，平成19年；第2
　　　版，平成24年）
ジュリ：ジュリスト

＊　判例評釈については，まず
　　は国際私法判例百選（第2
　　版）掲載のものを引用し，な
　　ければ国際私法判例百選（補
　　正版）掲載のものはそこから，
　　それ以外のものは，渉外判例
　　百選（第3版・第2版・増補
　　版），重判から引用した。

序　論

第1章　国際私法の必要性

Ⅰ　各国法の相違と併存

　ドイツ帝国成立の年である1871年には44ヵ国にすぎなかったとされる，相互に対等の主権国家が，現在の地球上には200ヵ国弱も存在し，それぞれが独自の内容を持つ法体系を有している。もちろん国際法による立法権に対する制約については従わなければならないのであるが，目下のところ私法についてはそのような制約はほとんどない。そのため例えば，婚姻について一夫一婦制を定める国もあれば一夫多妻制をとる国もあり，また離婚を自由に認める国もあればそれを全く認めない国もあるということになる。成年年齢も国によって異なっているので，ある人が，ある国では行為能力を有する者とされるのに対し，ほかの国では制限能力者とされることがある。また，不法行為についてもそもそも損害賠償請求を認めるのか，慰謝料はどうか，どのような場合にどれだけの被害者の法的救済が認められるのか，などの問題について，国により法的解決が異なるのが常である。そして，世界には一般に法の様式や特徴によって分類される，英米法，大陸法，イスラム法などの法系または法圏が多く存在している。

　他方，法の違いは国家間においてのみならず，例えばアメリカ合衆国の連邦制についてみられるように，一国の中においても，一定の地域に独立の自治権が認められる度合に応じて生じている。法の

存在・妥当するこのような場所的な地域の単位を法域とよんでいるが，地球はその意味で多数の法域に分かれ，これらが並存しているといってよい。わが国は私法について統一的で，単一の法域を形成している。

Ⅱ　生活の国際化

　戦後わが国の経済的発展につれて，まず物の面における国際的交流が活発化したのであるが，現在における国際化の特徴は，国境をこえた私人および団体の活動が著しく活発になった結果，グローバル化という国家にこだわらない現象が急激に進行しているという事実が日常的に意識され始めたことにある。その国際社会における地位や経済的存立基盤を考えるときには，日本におけるグローバル化の進展は必然的なものとして捉えられ，そのあり方について活発な議論がなされているのが現状である。

　わが国における私人の生活関係の国際化が最も端的に現われるのは，人的交流においてであるが，最近の外国人・日本人の出入国の急激な増加傾向は，次頁のグラフを見れば顕著である。したがって戦前を別にすれば外国での長期滞在日本人数も増加し，昭和50年（1975年）に39.7万人（3ヵ月以上の長期滞在者13.8万人〔34.7%〕，永住者25.9万人〔65.3%〕）であったのが，平成29年（2017年）には135.1万人（長期滞在者86.8万人〔64.2%〕，永住者48.4万人〔35.8%〕）となり，その滞在地域も多様化している。また日本に在留する外国人数も別表（6頁）のとおりであり，人口のおよそ2.2%を占めている。もちろんわが国の在留外国人のうちで，朝鮮・韓国人および中国人の数が歴史的経緯もあって圧倒的であり，その点にわが国の従来の国

外国人入国者数・日本人出国者数の推移

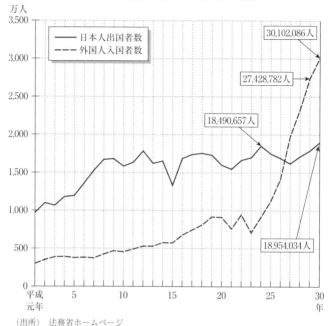

（出所）　法務省ホームページ

際化の特殊性もみられたのであるが，最近ではそれ以外の外国人の
数が増加しており，まさにグローバル化の進展がうかがえる。昭和
60年末で85.1万人であった在留外国人数が平成30年末には273.1万
人強に増え，従来からわが国との関係が緊密で定住者の多かった朝
鮮・韓国・中国・台湾・米国人を除くと，それ以外の外国人数が同期
間に6.3万人から136.9万人へ実に21.7倍（在留外国人の50.1%）の伸
びを示しており，戦後における人的交流の多様化，構造的変化を示
している。

　このような人の面における交流の著しい増加は，人的関係の緊密

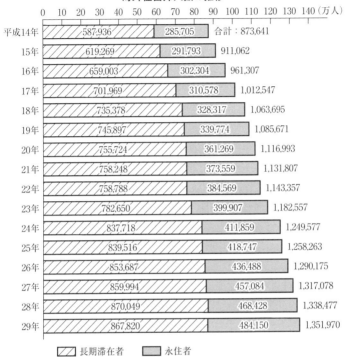

海外在留邦人数の推移

0　10　20　30　40　50　60　70　80　90　100　110　120　130　140（万人）

年	長期滞在者	永住者	合計
平成14年	587,936	285,705	合計：873,641
15年	619,269	291,793	911,062
16年	659,003	302,304	961,307
17年	701,969	310,578	1,012,547
18年	735,378	328,317	1,063,695
19年	745,897	339,774	1,085,671
20年	755,724	361,269	1,116,993
21年	758,248	373,559	1,131,807
22年	758,788	384,569	1,143,357
23年	782,650	399,907	1,182,557
24年	837,718	411,859	1,249,577
25年	839,516	418,747	1,258,263
26年	853,687	436,488	1,290,175
27年	859,994	457,084	1,317,078
28年	870,049	468,428	1,338,477
29年	867,820	484,150	1,351,970

□／長期滞在者　□永住者

（出所）　外務省ホームページ「海外在留邦人数調査統計」（平成30年度）を基に一部加筆

化をも促進する。日本人と外国人間の渉外婚姻届出数は，別表（269頁）のとおりであり，また，最近の家事渉外事件の新受件数の増加も著しい（310頁参照）。

　法人の国際的活動も投資の内外への増加（外務省ホームページ「海外在留邦人数調査統計3．日系企業の動向」https://www.mofa.go.jp/mofaj/toko/page22_003338.html参照）とともに増え，その結果国際契約の種類の多様化，数的増加もめざましい。他方情報やサービスのほか，

国籍・出身地別登録外国人・在留外国人数　(各年末現在)

国籍 出身地＼年別	平成 2 年 (1990)	平成 7 年 (1995)	平成12年 (2000)	平成17年 (2005)	平成22年 (2010)	平成27年 (2015)	平成30年 (2018)
総　　　　数	1,075,317	1,362,371	1,686,444	2,011,555	2,134,151	2,232,189	2,731,093
中　　　　国	150,339	222,991	335,575	519,561	687,156	665,847	764,720
構成比(%)	14.0	16.4	19.9	25.8	32.2	29.8	28.0
韓 国・朝 鮮	687,940	666,376	635,269	598,687	565,989	491,711	479,193
構成比(%)	64.0	48.9	37.7	29.8	26.5	22.0	17.5
韓　　　　国						457,772	449,634
構成比(%)						20.5	16.5
ベ ト ナ ム	6,233	9,099	16,908	28,932	41,781	146,956	330,835
構成比(%)	0.6	0.7	1.0	1.4	2.0	6.6	12.1
フ ィ リ ピ ン	49,092	74,297	144,871	187,261	210,181	229,595	271,289
構成比(%)	4.6	5.5	8.6	9.3	9.8	10.3	9.9
ブ ラ ジ ル	56,429	176,440	254,394	302,080	230,552	173,437	201,865
構成比(%)	5.2	13.0	15.1	15.0	10.8	7.8	7.4
ネ パ ー ル					17,525	54,775	88,951
構成比(%)					0.8	2.5	3.3
台　　　　湾						48,723	60,684
構成比(%)						2.2	2.2
米　　　　国	38,364	43,198	44,856	49,390	50,667	52,271	57,500
構成比(%)	3.6	3.2	2.7	2.5	2.4	2.3	2.1
イ ン ド ネ シ ア	3,623	6,956	19,346	25,097	24,895	35,910	56,346
構成比(%)	0.3	0.5	1.1	1.2	1.2	1.6	2.1
タ　　　　イ	6,724	16,035	29,289	37,703	41,279	45,379	52,323
構成比(%)	0.6	1.2	1.7	1.9	1.9	2.0	1.9
ペ ル ー	10,279	36,269	46,171	57,728	54,636	47,721	48,362
構成比(%)	1.0	2.7	2.7	2.9	2.6	2.1	1.8
イ ン ド	3,107	5,508	10,064	16,988	22,497	26,244	35,419
構成比(%)	0.3	0.4	0.6	0.8	1.1	1.2	1.3
そ の 他	63,187	105,202	149,701	188,128	186,993	247,559	313,165
構成比(%)	5.9	7.7	8.9	9.4	8.8	11.1	11.5

(出所)　「在留外国人統計 (旧登録外国人統計)」(法務省) などより作成

物の面における国際的交流，つまり貿易も飛躍的に増加し，それに
伴う国際的な法的摩擦が日々の新聞を賑わしている。グローバル化
の中で，多様で異質な文化との接触もさらに深まってきている。

Ⅲ　渉外的法律関係の規律

1　総　説

　一方で内容の異なる各国法の併存，他方でグローバリゼーション
の進行，国際的交流の活発化という現実の中で，渉外的私法関係が
多数発生し，その法的規律が問題となる。私人の生活関係のうち，
純粋の内国的生活関係，すなわち，例えば日本生まれの日本人が日
本国内で同様の日本人との関わりのみで生活している場合に生じる
生活関係と異なり，それを構成する要素の少なくとも１つが何らか
の外国の法的規律と関わっている生活関係を渉外的私法関係とよぶ。
これは渉外的法律関係ともよばれる。法律関係とは法的規律の対象
となる生活関係であり，本書ではこのような点に注意しながら両者
の用語を用いる。このような生活関係が法規範の規律対象となるの
であるが，これを直接規律する法としては，日本法だけではなく，
関係する外国法も考えられる。

　例えば，日本の20歳の男性と中華人民共和国の18歳の女性が結婚
しようとする場合，現行の日本民法731条によれば男女ともに18歳
になれば婚姻適齢に達し結婚できるとされるが，中華人民共和国婚
姻法６条によれば男性は22歳，女性は20歳にならなければ法的には
婚姻できないものとしている。一体このような婚姻はわが国で有効
に成立し得るのであろうか，またそれはどの法によって判断される
べきであろうか。

2　統 一 法

⑴　万民法型統一法　　前記の例においては，日本民法と中国婚姻法の内容が同一化され，統一されると問題は生じない。もちろん現実にはこれら2つの法は，その内容において異なるので，それらが本来対象としている純内国的生活関係についてはそれぞれの法を適用し，このような渉外的生活関係，すなわち国際結婚に限って両者を特別に統一することも考えられる。これがローマ法の万民法（jus gentium）にちなんで万民法型統一法とよばれるもので，まず，海事法・商事法において成立した。1910年の船舶の衝突に関する条約，海難救助に関する条約のほか，わが国において国際海上物品運送法として国内法化されている1924年の「船荷証券に関するある規則の統一のための国際条約」（いわゆるヘーグ・ルール。日本では万民法型統一法としている），1929年の「国際航空運送についてのある規則の統一に関する条約」（いわゆるワルソー条約，2003年のモントリオール条約）などがこの型の条約である。ほかにも例えば1980年の国連国際商取引法委員会（アンシトラル〔UNCITRAL〕）による「国際物品売買契約に関する国際連合条約」（ウィーン売買条約またはCISG と略す。2008年日本加盟，2009年8月1日日本について発効）がある。

　たしかに自国法をそのまま温存しながら，渉外的生活関係についてだけ統一法を作るという考え方は，諸国の法統一における利害の対立を抑える点で優れている。しかし，技術的にすべての法分野に適するとはいえないし，現実にはこのような統一法は数の上からも少なく，カヴァーしている法分野も狭く，加盟国にも限りがあるので，各国の法の違いから生じる問題の発生を取り除くまでには至っていない。

(2)　世界私法型統一法　　そこでさらに徹底して，各国の国内法をも含めて全面的に法を統一することが考えられる。これが世界私法型統一法とよばれるものである。渉外的生活関係を規律する方法としては，適用される法規範性が明確であり，しかも専ら純内国的事案を規律するために成立した国内法と異なり，対象となる事案に即した内容を有する点からみれば，国際的私法交通の円滑と安全（16頁参照）に資するので優れている。19世紀後半には各国間の交流の活発化，各国私法法典化の波を背景としてヨーロッパにおいてこのような法統一運動が盛んとなり，またローマ私法統一国際協会（ユニドロワ〔UNIDROIT〕）や国際連合その他の国際機関の努力により多くの条約が成立した。

　しかし法は宗教的・倫理的要因のみならず，経済的・社会的要因によっても規定され，また法系の違いにも左右されるのであるから，統一法を形成することは容易ではない。とくに身分法分野では1956年の扶養料の外国における回収に関する条約（64ヵ国で発効），1973年の遺言の方式に関するワシントン条約（12ヵ国で発効）等の例外を除き今日までみるべき成果はない。財産法分野では合理的・技術的考慮が支配するので，統一法が比較的成立しやすく，例えばわが国がすでに国内法化している1930年「為替手形及び約束手形に関し統一法を制定する条約」，1931年「小切手に関し統一法を制定する条約」が著名であるほか，1883年の「工業所有権の保護に関するパリ条約」，1886年の「文学的及び美術的著作物の保護に関するベルヌ条約」などがある。それでも各国の経済的利益や法制の違いから対立が生じ，加盟国が限定されており，そもそも合意が成立しないなど，真に世界統一私法とまでいえるものはない。

　このような世界的法統一のほかに南米および米州や最近の欧州連

合のように，地域的に法統一を促進する運動は部分的には顕著な成果をあげている。しかし全体としてみると，この意味での法統一は各国国内法を無用とするにはほど遠い状態である上に，現在存在する国際的な統一法もその統一的な実施を保証する国際的機構が十分に整備されていないために必ずしもその真の機能を果たしているとはいえない。統一的司法機関を欠くために，統一法による法適用の新たな問題も生じている。

　なお，最近レークス・メルカトーリア（lex mercatoria，商人法）とよばれる統一的商慣習が，商取引の実務上重要となっている。例えば国際商業会議所が作成した「インコタームズ2010（国内及び国際取引条件の使用に関する ICC 規則）」や「荷為替信用状に関する統一規則及び慣例」あるいは「ユニドロワ国際商事契約原則」であるが，これらは援用可能統一規則として準拠法の枠内で認められるもので（もっとも，準拠法によってその適用が左右されることはなく，契約条項として働くのが通常である），いわゆる統一法ではない（223頁参照）。

　インコタームズ2010は，貿易取引条件の解釈が各国で食い違うことによるトラブルを回避して安定した国際取引を促進するために，インコタームズ2000が商慣習の変化に合わせて改訂されたものである。2000年版では4種類13条件であったのを，2種類11条件に改定し，実務の使用の便宜を図った。国際取引のみならず国内取引においても用いられるように，4規則の廃止と2規則の新設により変更された。①いかなる輸送手段にも適した規則（7規則，例えばEXW〔工場渡し〕，仕向地における DAT〔ターミナル持込渡し〕，DAP〔仕向地持込渡し〕など），②海上および内陸水路輸送のための規則（4規則，例えばFOB〔本船渡し，ただし本船の手すりを超えることから船上へ物品を置くことなどに変更〕，CFR〔海上運賃込み〕，CIF〔海上運賃保険込み〕

など）に分かれている。

Ⅳ　国際私法の必要性

1　法廷地法

　以上のような法状態と私人の国際的交流の活発化を前提とすると，具体的な問題，例えば，7頁であげた18歳の中国人女性の婚姻の成否を決定する方法が必要となる。

　歴史的には裁判所は，このような外国人または外国と関わりのある事案についても，裁判官が服従している内国の法，すなわち法廷地法（lex fori）を適用するという方法を採用してきた（法廷地法主義）。一般に裁判官は外国法を知らないし，知るべき義務がある場合であっても外国法を調査し適用することには困難を伴うので，裁判官は自分のよく知っている自国法を適用するのが便宜であり，またそのことにより裁判の質が保たれて法廷地法の適用が当事者の利益ともなるという考え方もある。

　しかし，そうするとどのような事案についても内国法を適用するわけであるから，当該法律関係と全く関係がないような場合にも内国法が適用され，当事者の期待にそむき，また内容的にも本来の対象以外の事案に適用されるのであるから，妥当な結果も達成されない。さらに当事者は自分に有利な法が適用されるように訴訟地を選ぶことが可能になるという弊害をもたらし（法廷地漁り〔フォーラム・ショッピング　forum shopping〕），1つの生活関係がどこで法的に解決されるかにより異なった効力を有するに至るという結果を生ずるということ，つまりいわゆる跛行的法律関係の発生をもたらすということになる。

例えば，アメリカ合衆国においては，消滅時効は手続の問題であるとされ，手続については伝統的に法廷地法によるものと考えられているので，原告は自分に有利な消滅時効を定めている場所において裁判を行おうとすることになる。そこで最近そのような弊害を防止する工夫が施されつつあるが，一般的には法廷地法によることは活発化する国際的私法交通にとって，むしろその障害となることの方が多い。

2　国際私法の必要性

すると，残された方法は，このような国際的な私法交通の円滑と安全（16頁参照）を図るという観点から，各国においてそのときどきに渉外的事案に即した法規範を作り出して問題を解決するか，あるいは各国の国内法の中から適当なものを選んで適用するということしかない。

前者の方法は衡平という観点から特別に法規範を創り出すわけで，当然考えられる方法である。しかしこの方法では，当事者からみれば，予めどのような解決がなされるかが全く見通せないという事態を招く。また裁判官にとっても多くの外国法が絡んでいる場合，限られた時間と費用・手段の枠内で解決規範をみいだすことが極めて困難となり，ときに裁判官の恣意によって法が適用されることになり，法廷地法主義と異ならない弊害が生じる結果となりかねない。それでは活発な国際的な交流における法的安定性を損なうことになるであろう。

そこで，伝統的にこのような場合には，後者の一定の客観的基準に基づき，適用されるべき法を関連する国の法の中から選択するという方法を採用してきた。これが国際私法であり，現在の法状態の

下ではその必要性が認められている。統一法との関係においては両者は同一の目的を追求する点で補完関係にあるといえる。これからの国際関係の発展を考えると，各国固有の法文化を維持しながら，その間における円滑な私的交流を可能とする点で国際私法は優れた方法であるといえるであろう。

　　イギリスにおいて，コモン・ロー裁判所がその裁判管轄を認める基礎となる事実を国内に発生するものに限っていた時代には渉外事件が国内裁判所で争われることはなく，またその後外国で発生した事実を内国で発生したものと擬制して管轄を拡げても，その法廷地の法を適用するという方法が長く採用されていた（管轄権的構成）。また，封建時代の絶対的属地主義の時代，あるいは中世において法抵触が発生した初期の時代，また現代における内国法志向の傾向はすべて法廷地法主義に連なる。

第 2 章　国際私法の基礎的観念

Ⅰ　定　　義

　以上のことを前提とすると国際私法は，内容の異なるそれぞれの土地の私法の国際的な並存を認めながら，発生する渉外的私法生活関係について，それと関連のある内外のいずれかの私法を準拠法（21頁参照）として指定・適用することによって，それを規律する，翻っていえば，内外私法の範囲を定めることを目的とする法規の総体である，ということになる。この際に 1 つの生活関係について関連性を有する複数の法がその支配を争うようにみえるので，法抵触が発生するといわれ，それを解決する規範であるので抵触法ともよばれる。

　　名　称　国際私法という名称は，わが国においては明治時代にヨーロッパの用語の翻訳として導入されたものであり，法典起草者の 1 人であった穂積陳重（1855〜1926）によれば，明治14年まで東京大学では「列国交際私法」とよばれていたものを，国と国とが交際するときの私法規則のように聞こえるとして改めたもの，という。
　　もともとアメリカのストーリー（Joseph Story　1779‐1845）がその 1834 年の『法抵触論注解（Commentaries on the Conflict of Laws)』の中で用いた Private International Law が，ヨーロッパに伝えられ，フランスでは1843年フェリックス（Jean Foelix　1791‐1853）がその著書において Droit International Privé とし，またドイ

ツにおいてはシェフナー（Wilhelm Schaeffner　1815‒1897）が1841
年の『国際私法の発展』という著書の題名中で Internationales
Privatrecht として用いて，これが広まった。その後も多くの名称が
用いられてきたが大陸法では国際私法に由来する名称が一般的である。

　これに対して英米では，オランダ学派の伝統を受け継ぎ，法の抵触
に関する法としてこの分野が捉えられ，抵触法という名称が一般的で
ある。とくに米国では国内における法の不統一もあって，国際私法の
みならず，州法間の抵触を解決するためのいわゆる州際私法をも伝統
的に同一の法規則によらしめてきたことにより，両者を包括する名称
として抵触法が用いられ，大陸法においてもこの法分野の法抵触の規
律という機能を重視する立場においてはいまでも広く用いられている。
なお，大陸法においては実際には１つの法律関係については国際私法
によって管轄を有する１つの法を定めるのが原則であるから，法の抵
触というのは比喩的表現にすぎないものとされる。

Ⅱ　目的と方法

1　総　　説

　国際的私法交通の円滑と安全を図り，国際的判決調和を達成する
ために，内外法の平等を前提として，２つ以上の国の法と関連性を
有する国際的な私法生活関係について，それと最も密接に関係して
いる場所の法を準拠法とする。すなわち実際には，ケース・バイ・
ケースに個別的法律関係ごとに準拠法を定めるのではなく，各々類
型的な渉外的生活関係（単位法律関係）について，その中の１つの
要素（主として場所的な）を取り出し，それを基準として適用される
法に一律に連結することによって，生活関係を規律する法を確定し，
適用するのが国際私法の目的および方法である。

2　国際的私法交通の円滑と安全

互いに対等の資格で並存する各国国内私法を前提としながら，法域をこえた私人の活動によって生じる法的紛争の解決を行うことにより，各国法の内容の違いが国際的な私人の活動の妨げとならず，円滑・安全な交流を法的に可能とすることが，国際私法本来の目的である。その意味では国際私法はこうした活動自体を積極的に促進する法とは異なる，消極的機能しかもたない。しかし法域固有の法文化の存続を維持する点では積極的な機能を有する。

3　国際的判決調和

前項2の目的を達成するために，国際私法により渉外的私法関係を規律するのであるが，同一の生活関係について，それが問題とされる場所が違うがゆえに適用される法律が異なり，その法的解決の結果が異なるという，跛行的法律関係の発生は望ましくない。そこで国際私法が国内法である現実に基づき，各国が独自の国際私法を定立し適用しているとしても，国際私法によって準拠法を決定する場合には，同一の法律関係については，それが問題とされる場所がどこであれ，できるだけ同一の準拠法を適用し，その解決が同一となるように努めるべきである。これは国際的判決調和とよばれるが，国際私法の国際的統一が行われない限り，この理想が十分に達成されることはない。

4　内外法平等

各国は原則として自由に独自の内容をもった私法を定立することができるのであるが，そのような私法の中から一定の法を選択する場合には，とくに自国法を優先させるのではなく，したがって形式

的，客観的基準により準拠法を指定することが必要である。そのためには内国法と外国法が価値的に差別されることなく平等の資格において取り扱われなければならない。外国法の適用を認めない法廷地法主義を排し，また外国法の間に予め価値的な優劣をつけることなく客観的に選択の対象とすることによって，初めて **2** の目的が達成され得る。これが内外法平等である。その意味では双方的抵触規則（24頁参照）が望ましい。

5　最密接関係地法

　対象となる生活関係と最も密接な関係を有する法域の法を準拠法とするのが，国際私法の基本的方法である。最密接な関係（関連）ある地の法の選択は，対象となる生活関係と関連する地の中から最も関連性が強いと認められるものを選ぶことによってなされる。この方法によると各国実質法を平等に取り扱うことにより（内外法平等），それぞれの実質法の内容および適用意思の吟味をすることなく適用すべき法を，選択（指定または連結）できるのであり，各国がこの方法に従う限り抵触規則が国際的に一致する可能性が高く（各国国際私法規定の国際標準化の可能性が高まり，国際私法または準拠法の国際的統一が可能となる），当事者による準拠法に対する予見可能性も高まる。しかし，具体的法律関係ごとにその都度最密接関係地法を定めることは容易ではなく，結果的に予見可能性を損ない，法的安定性を損なうことになるので，実際の，とくに制定法による抵触規則は，包括的，類型的法律関係（連結の単位となる法律関係＝単位法律関係）について，その性質に従って定型的に連結点（20頁参照）を定めている。わが国の国際私法もサヴィニー（44頁参照）に由来するとされるこの方法を採用しており，個別の抵触規則が最密接関

係地法を準拠法としているものと考えられてきた。

　法の適用に関する通則法（以下本書では法適用通則法と称する）8条1項, 25条〜27条は, この基本的方法を, 具体的な準拠法決定の最終的な基準として明文で採用した（15条, 20条, 38条1項・3項参照）。わが国によるハーグ条約の批准によって, 例えば「遺言の方式の準拠法に関する法律」6条や「扶養義務の準拠法に関する法律」7条で採用されていた方法を, 法適用通則法自体の中に取り込み, それによって当該法律関係が具体的に本来服すべき法が決定される。ただし, これを実際に個別具体的に決定するのは困難で, 問いに対して問いをもって答える感があり, 何を具体的な基準とするかが問題とされる（法適用通則法8条2項の推定規定参照）。

6　新しい方法論

　最近においては, 適用される実質法の内容を予め考慮して, 法適用に関する法域の関連利益の衡量をすることによって準拠法を決定するという, ことにアメリカ合衆国の抵触法の動向に示唆を受けた方法が主張されている。その場合には準拠法の予見可能性を犠牲にしても公的利益の抵触の解決を図り, 法的安定性の確保よりは具体的な妥当性の確保が抵触法の目的であると考えられる。しかし, 大陸法においては, 伝統的な方法が, 立法・学説・判例において, 優遇原則などの修正を受けながらもなお一般的な支持を受けている（第5章Ⅷ参照）。

　　　優遇原則　抵触法上, 一定の法律行為, 法律関係の有効性などを優遇することにより, 本来価値中立的な準拠法決定プロセスの中で, 一定の抵触法上の利益を保護する法選択を行うことを指す。取引保護

（favor negotii）や婚姻保護（favor matrimonii）などのほか，被害者保護，消費者保護などを抵触法上実現する形での（その意味で抵触法上の利益を実現する）準拠法選択方法がある（58頁および選択的連結〔21頁以下〕参照）。

　なお，抵触規則に依拠しないいわゆる絶対的強行法については，体系的には，現在の抵触法的体系が完成するとともに浮上してきたものであり，渉外的法律関係について，最密接関連法を客観的に定める抵触法とパラレルにその各国の強固な強行意思に基づいて認められうるが，現在の法状況の中では，その強行意思の判定は国内法についてのみ可能であるので（主観的絶対的強行法），日本法についてのみ認められ得る。そこで，これを一般的に連結する実定法的体系は未だ熟しておらず，せいぜい個別事項ごとに，例えば，当事者自治に委ねられている事項について，その可能性が論じられる。

Ⅲ　基本的用語

1　概　　説

　国際私法は，ある渉外的法律関係，例えば外国人と日本人の婚姻の成否について，日本民法により直接に答えを出すのではなく，関連する国の中から，最も密接な関係を有する国を選ぶことによって，その国の法律により，婚姻の成否を判断することにしている。しかし婚姻の成否に関する具体的問題ごとに，その最密接関係国を探求することは，具体的基準が与えられていないので，極めて困難であり，したがって，主観的判断を誘発し，法的安定性を欠くことになりがちである。そこで実際には，各国において抵触規則が定められている。

　この抵触規則の構造は，準拠法を決める単位となる類型的・包括的な法律関係を設定し（単位法律関係とよぶ），その単位法律関係と最も密接な関係を有する法域を定型的に定めることによって，その法域の法を準拠法として適用することにしている。単位法律関係と最密接関係のある法域とを結びつける要素を連結点（連結素）とよび，適用される法を準拠法とよぶ。

2　単位法律関係

　準拠法を決める連結の単位となる法律関係である「単位法律関係」は，わが国では，概ね民法上の体系概念によっている。民法総則のうちでは，自然人のみが取り上げられており，法適用通則法4条から6条においてその単位法律関係とする。次いで民法の物権，債権（民法の債権総則のうちでは債権譲渡のみ。ただし法適用通則法では債権の最後に配している。契約，法定債権），親族（婚姻，親子，親権＝親子関係の法律関係），後見・保佐・補助，相続（相続，遺言）にならい，法適用通則法では，13条，7条〜12条（債権的法律行為に関するものであり，法適用通則法は物権に関する13条の前に置くが，体系的にはその後に配されるべきものである。法律行為〔例えば，意思表示（瑕疵），代理，条件・期限など〕は，欠けている），14条〜22条（法定債権），23条（債権譲渡），婚姻関係としては24条〜27条，親子関係としては28条〜34条，後見・保佐・補助としては35条，相続としては36条，遺言について37条が定められており，それぞれ単位法律関係を設定している。

3　連結点と準拠法

　連結点（素）とは，単位法律関係を構成する要素であり，それに

よってその法律関係を一定の法域の法へ送致，または連結するための基準である。つまりある法律関係の一定の要素がそれを特定の場所（地），ひいてはその法域の法と結びつける，すなわち単位法律関係の最密接関係地を見出す基準となる。個別の抵触規則においては，連結の対象となる事項を含む類型的な法律関係（単位法律関係）について予め一定の連結点が定められており，法適用通則法においては身分的法律関係について当事者の国籍，常居所地，物についてその所在地，法律行為についてその行為地（挙行地，契約締結地，行為地），法定債権について原因事実発生地や結果発生地，契約について当事者の意思などが連結点として用いられ，それにより適用されることになる法である本国法，行為地法，原因事実発生地法などの実質法（23頁以下参照）が準拠法とよばれている。解釈によって抵触規則が構成される場合にも一定の連結点が定められる。例えば，特許権の成立・効力について登録国（最判平14・9・26），自動車の物権関係について登録国（最判平14・10・29）とした事例などがある。

　　　準拠法　実質法は抵触法に対するものであり，手続法（訴訟法）に対する実体法という用語とは区別される。混同されるので注意を要する。準拠法という用語は，「法例」の起草者である穂積陳重によれば，ドイツ語（massgebendes Recht）からの翻訳で，「大内家壁書」の中に用いられていた表現にヒントを得て，「これを標準とし，これに依って，渉外事件を裁判すべき法」として用いたという。民法23条2項がすでに「準拠法を定める法律」と述べていたが，法適用通則法第3章は「準拠法に関する通則」と題して，この用語を用いている。

4　連結政策

連結に際しては，単位法律関係を構成する三要素があり，その主

体（人，物，権利など），主体の属性（国籍，住所，当事者の意思，物の所在地，行為地など），時点が問題とされるが，どのように連結点を定めるかは単位法律関係の定め方とともに準拠法決定に大きな影響を与えるので，法政策的に重要である。これを連結政策という。通常は1つの法律関係について1つの連結点，したがって1つの準拠法を定める（単純連結）。しかし，連結点の定め方はこれに限られず，さまざまである。

　抵触法上一定の利益を保護するための連結が最近増えている。その場合には単純連結ではなく，種々の連結方法が考えられ，例えば1つの法律関係について2つ以上の連結点により2つ以上の準拠法が累積的に適用されたり（累積的連結。例えば法適用通則法22条1項・2項。セーフガード条項として平成元年「法例」改正により採用され，平成18年改正でも維持された法適用通則法29条1項後段・2項後段，31条1項後段の規定），あるいは一定の法律関係の成立に有利に選択的に適用される（選択的連結。法適用通則法10条，24条2項・3項，28条1項，29条2項，30条1項，34条）。また連結点の第1のものが存在しない場合には第2のものによるというふうに段階的に定められたり（段階的連結。法適用通則法7条と8条，25条，26条，27条，32条），また，1つの法律関係について関係する各当事者ごとに連結点を定め，それぞれに準拠法を指定する配分的または結合的連結もある（法適用通則法24条1項）。さらに1つの準拠法を指定するために複数の連結点の競合を必要とする重点的連結もある。例えば，1973年のハーグ「製造物の責任の準拠法に関する条約」4条，5条がそれである。法適用通則法においても同一本国（常居所地）法が準拠法とされている場合には，複数当事者の国籍（常居所地）の重なることが単一準拠法決定のために必要とされている。ほかに一定の法律関係の成

立を認める方向において段階的に連結点を定める補正的連結（「扶養義務の準拠法に関する法律」2条），別の単位法律関係の準拠法によらしめる附従連結もある（法適用通則法15条，20条，扶養準拠法4条）。

　なお，連結点の確定は，判断時においてなされるのが通常であるが（変更主義），連結点の恣意的変更，操作を避けるために連結点の基礎となる事実を一定の時点に固定する方法がとられることがある（不変更主義。例えば法適用通則法10条1項，13条2項）。

Ⅳ　抵触規則

1　抵触規則と実質法

　抵触規則により指定される法律を準拠法とよぶが，この準拠法は直接に法律関係を規律するので抵触規則（法）と区別して実質法とよばれる。それに対して抵触規則は直接に法律関係を規律する実質法を指定することにその機能が尽きるので，間接法または法適用規範ともよばれる。

　わが国の批准したハーグ国際私法会議の「子に対する扶養義務の準拠法に関する条約」（巻末資料407頁以下参照）3条においても抵触規則という用語が採用されている。

　なお，ときに効果法（lex causae, Wirkungsstatut）という表現が用いられる。本来は一定の法律関係の法律効果について適用される法を指すのであろうが，一般的には，具体的にその効力が問題とされる法律関係の準拠実質法，準拠法を指すものとみてよいであろう。

2　抵触規則の種類

　狭義の国際私法規則は抵触規則または抵触規定ともよばれるが，

その種類としては，一方的抵触規則と双方的抵触規則がある。一方的抵触規則は内国法が適用される場合のみを定めており，かつてのドイツ民法施行法の規定に多くみられた。フランス民法309条もこの種の規定である。それに対して内外法を問わず，一般的に準拠法を定めているのが双方的抵触規則であり，わが国の国際私法規定は概ねこれに属する。内国法，法廷地法を優先することなく，内外法の平等を前提とする国際私法の立場からみれば双方的抵触規則が望ましく，かつてのドイツ民法施行法の諸規定も解釈によって双方的規則として読み替えられていた。わが国においても一般的にはそれが望ましいものとされているが，法例3条2項のような内国取引保護の規定については批判があったので，法適用通則法4条2項のように行為地取引保護一般に改められた。

3　抵触規則の欠缺

　わが国の国際私法における成文法はその規定の数も少なく，また規定があっても概括的であるのが普通であり，また内国実質法に対応した規定を置くのが通常である。そのため，多くの法問題について対応する抵触規則を欠いている。そこで，このような抵触規則の欠缺（けんけつ）をどのようにして補充すべきかが問題となる。

　この欠缺を裁判官の熟知する法廷地法により補充するという考え方も強く，内国法（自国法）志向とよばれる傾向が一般的に諸国の実務・学説上存在する。しかし，これは内外法の平等に反し，また対象である法律関係の性質に必ずしもそぐわない準拠法が指定されることが多くなるなど前述したような欠陥（11頁参照）を含んでいる。

　抵触規則の一部が欠缺している場合，あるいは類似の事案を規律

する抵触規定がある場合には，その抵触規則の類推適用により補充することが必要である。一方的抵触規則については，それを双方的抵触規則に解釈し直して（双方化），欠缺を補う。それに対して全く規定が欠缺している場合には（この認定には慎重であるべきであるが），条理（明治 8 年太政官布告第103号〔裁判事務心得〕「第三条　民事ノ裁判ニ成文ノ法律ナキモノハ習慣ニ依リ習慣ナキモノハ条理ヲ推考シテ裁判スヘシ」）によることになる。つまり国際私法規定の趣旨，基本原理を解釈上探求し，判例・学説を参考に，さらに比較法的考察も行って，構成された立法原理に従って妥当な規範を定立するほかない。

第3章　国際私法の法的性質と機能

Ⅰ　国際私法の本質

　国際私法の本質論として，国際私法を国際法であるとする国際法説と国内法であるとする国内法説とが前世紀以来激しく争われてきた。わが国においても国際法説を唱える有力な学説があったが，今日の通説は，国際私法立法の現実に着目して国内法説に立つ。今日では，もはや歴史的意義しかもたない論争であるが，国際私法の特質を理解する上で有益である。

　国際法説　国際法説は，概していえば，国際私法が渉外的私法関係について内外私法の適用範囲を定めているのは，内外各国の主権の発動である立法権の範囲の画定，限定であり，これは各国国内法のなし得るところでなく国際法のみがなし得るのであるから，国際私法は国内法の形をとっていてもその本質は国際法でなければならない，とする。この立場では法律の抵触は，主権の抵触であるから，主権理論とよばれることもある。また法律行為の方式に関する行為地法主義，不動産物権に関する所在地法主義の原則などが世界各国の国際私法で共通に認められていることから，これらを国際法たる国際私法の原則であるという者もある。

　国内法説　それに対して，国内法説によれば，国際私法は一国の立法者が内外私法の適用について制定した国内法にすぎず，それをどのように定めるかは各国立法者の自由に委ねられている，すなわちある渉外的事案に外国法を適用するか否かはその外国との間の国家間の問

題ではなく，まして国際法上の義務に基づくものでもないから，国際
私法は国内法である，とする。

批判的検討　たしかに国際私法は単純な国内事件を解決するための
法規範と異なり，国境をこえた私人の生活関係として現われる私法的
な国際関係について，それを直接規律することなく，適用される規範
を指定することによって一定の秩序を与える点で，その基礎とする社
会は純国内的社会であるとはいえない。

しかし内外法の適用範囲を定めるといっても，それは一国内の問題
であってそれを他国に強制するわけではないから，それによって指定
された準拠法所属国の立法権を侵害するものではなく，その意味で主
権をはなれた考慮を行うにすぎない。第一に国際法上私法に関する各
国の立法権の範囲については原則として何らの制約を被らないのであ
るから，国際私法も国際法による制限を受けていない。また国際私法
をそもそも定めなければならないという法的義務も一般的には存在し
ていない。ただ現在の生活関係の国際化を前提とすれば，国際的私法
交通の円滑と安全という見地から最も妥当であると一国立法者が考え
る立場から，その生活関係について国内法のみによるのではなく一定
の基準により定まる準拠法を適用することで，そこに生じる紛争を解
決しようとするのである。

以上からみると，国際私法は現状においては国際法であるとはいえ
ない。

国際私法の目的を達成するためには，少なくとも他国の行った国
際私法的判断を内国で承認するよう国際法による義務付けをするの
が望ましく，その意味では条約などによる国際私法の国際法化の推
進が必要とされる。

なお一定の国際的な共通原則とされるものは，これを承認すべき
国際法上の根拠はなく，現状においては単に事実上並行的に採用さ
れていたものにすぎない。したがって，国際私法立法の現実・機能

に注目すれば国内法説が妥当であるが，国際私法の対象，任務から
みれば国際法説にも理があり，結局議論としては内容的にかみ合っ
ているとはいえない。

II　国際私法の法的性質

1　総　　説

国際私法は，当事者が任意に左右できないという意味で強行性を
有するものとされているが（東京家審昭44・6・20参照。ただし，任意
的国際私法が主張されることもある），一般的には次のような法的性質
を有する。

2　法的性質

(1)　適用規範性　　すでにみたように国際私法は渉外的私法関係
に対して適用すべき法律を内外私法の中から選択指定する規則であ
り，法律関係を直接規律する実質法とは区別される適用規範である。
しかしこれを否定して，国際私法は単に適用されるべき諸国の実
質法をすべて網羅的に列挙することを省略して記述するものにすぎ
ず，その意味で実質法であると解する見解も存在したが，これに従
ってある国の実質法が改正されたとすると実質法たる国際私法規定
が改正されない限りその内容が依然として改正前の実質法規定にと
どまるであろうし，また自動的に国際私法の内容も変更されるとす
れば通説のいう法の指定と何ら変わるところがなく，妥当ではない。
(2)　上位法性・間接法性　　国際私法は準拠実質法の指定によっ
て紛争を解決するのであるから，適用される実質私法とはその存在
する段階を異にし，その上位に立つ法であるといわれたり，間接法

であるといわれたりする。

　これに対して国際私法は国内法であり，主権の発動としての立法権の範囲を確定するという意味で内外私法の適用範囲の画定はなし得ないので，上位法とはいえないとする批判もある。しかし国際法説についてすでに述べたように国際私法は主権の範囲の画定を目的とするものではないから，この批判はあたらない。

　　通説のいう上位法性は，法律関係に直接適用される内外実質法と論理的に平面を異にする法としての国際私法のあり方を象徴的に表現するものにすぎず，国際私法は外国法の指定によってそれに内国における適用根拠を与えるにとどまるのであるから，外国法の内国法への編入を行うものではなく，また，準拠実質法と国際私法が同一の法秩序に属すべきことを要求するものではない。そして内国においては内国法のみが法であるとして，外国法が内国法に変質または編入されるという立場によれば外国法は国際私法所属国の上位規範である憲法の制約を受けることになるが，通説は外国準拠法の適用を制限するものとしては公序しか認めていないので，このような一般的な憲法による規制は認められないのである。

3　国際私法上の正義

　このようにして国際私法における正義は準拠法のレベルにおける実質的正義と同一であるとはいえない。実質法は具体的個別的な権利義務の決定に関わる法であり，その正義もそのような場面で働くのに対して，国際私法は具体的個別的な権利義務関係を直接に規律するものではなく，それを規律し得る実質法を選択適用する法であるから，その理念たる正義もそうした準拠法の決定の場面で働くにすぎない。国際私法（のレベル）においては，すなわち内外実質法はすべて等価値であり，特定の実質的解決をもたらすことを目的

として連結がなされるものではなく，原則としてどの地が事実関係からみてある法律関係と最も密接であるのかが問題とされているのである。

国際私法における両性平等も，抵触法レベルにおいて働いており，適用される準拠実質法の内容が問題とされるのではない。平成元年改正前の「法例」は婚姻関係において夫の本国法を準拠法とする規定を置いており（14条～16条），夫の本国法の内容の方が妻の本国法より両性平等にかなっている場合があるという観点からは両性平等に反しないという見解によって支持されてきた。しかし，最近の各国の国際私法改正の動向をみても，理論的に考慮しても，やはり準拠法決定の段階における両性平等を問題とすべきであり，平成元年には「法例」はこのような観点から改正され，例えば，法例14条（法適用通則法25条）のように，夫婦に共通の連結点を探究しており，法適用通則法においてもこれらの規定を現代語化して維持するに至った（66頁以下参照）。

Ⅲ　国際私法の機能

国際私法は，渉外的私法関係に適用すべき法律を内外私法の中から選択指定する法，渉外的私法関係につき内外の私法関係の適用範囲を定める法である。これに対して国際私法が渉外的私法関係のみを対象とするものではなく，純粋の国内的私法関係をも規律の対象とするのであって，まず私法関係には常に国際私法が適用され，その準拠法が決定されなければならない，とする立場もある。すなわち純国内的私法関係について内国法の適用があるのも国際私法が内国法を準拠法として指定した結果である，という。しかしこれは実

質法の立法者の意思に反するとして否定される。「国際」私法は純然たる国内的私法関係を対象とするものではなく，国際的な法抵触を前提とする。そして国際私法の指定により外国法が適用される場合だけではなく，内国実質法が指定される場合においても国際私法により初めて渉外的法律関係に対する適用根拠が与えられる。内国実質法も本来渉外的法律関係に適用されるものとはされていないのが普通であるからである。

第4章　隣接法分野

I　隣接する法分野

1　総　　説

　国際私法と関連しながら，これと区別される法分野がある。その異同を知ることは国際私法の特性，範囲を明らかにするのに役立つ。

2　準国際私法・人際私法・時際法

　(1)　準国際私法　　連邦国家にみられるように，国内においてその独自の立法権に従って地域によってその法が内容的に異なっている場合，すなわち複数の法域（異法地域）が存在する場合には，それらの間に生じる場所的または地域的な法抵触を解決することが必要となる。これを解決する法則を準国際私法とよび，地際私法，または州際私法とよぶこともある。わが国も第二次世界大戦における敗戦に至るまでは台湾，朝鮮という異法地域を有していたので，共通法（大正7年法律第39号）という名の準国際私法があった。

　　共通法は，国内における法抵触を解決するために，法例を準用しているので，法例が国内的法抵触を解決するものとは考えられていなかったことを明らかにしている。
　　第2条　①　民事ニ関シ一ノ地域ニ於テ他ノ地域ノ法令ニ依ルコトヲ定メタル場合ニ於テハ各地域ニ於テ其ノ地ノ法令ヲ適用ス二以上ノ地域ニ於テ同一ノ他ノ地域ノ法令ニ依ルコトヲ定メタル場合ニ於テ其

ノ相互ノ間亦同シ
　②　民事ニ関シテハ前項ノ場合ヲ除クノ外法例ヲ準用ス此ノ場合ニ
於テハ各当事者ノ属スル地域ノ法令ヲ以テ其ノ本国法トス

　(2)　人際私法　　人種・民族・宗教などにより適用される私法，
例えば婚姻法が異なっている場合がインド，インドネシアなどに見
られるが，これは人により適用される法が抵触する場合で場所的法
抵触と区別され，これを解決する法則を人際私法とよぶ。
　(3)　時際法　　時間的に相前後して内容の異なる法が存在する場
合，例えば旧法を新法が変更した場合にはそれらの適用関係を定め
る必要がある。時間的な法抵触を解決するもので，これを時際法と
いう。
　以上の(1)，(2)，(3)の場合はいずれも抵触法の一種であり，国際的
にその適用関係が問題となる場合が生じるが，(1)，(2)については後
述する（第9章 I，II参照）。時際法は，準拠法とされた法秩序の時
際法に従うとするのが，通説，判例（最判昭56・7・2参照）である。

3　外(国)人法

　外(国)人法は，外国人の内国における私法上の地位という渉外的
法律関係を直接に定める法規範であるので，抵触法ではなく実質法
である。これが適用されるためには抵触法がまずそれを準拠法とし
て指定する必要があるか否かについては争いがある。しかしわが国
の外国人の権利・地位に関する規定は，日本法が準拠法となるまで
もなく，直接的かつ強行的に適用されるために定められているのが
普通である（国際的または絶対的強行法）。
　日本においては，ときに相互主義がとられるが，私法上内外人平

等が原則であり，外国人は，法令または条約によって禁止される場合を除き，日本人と同じ権利を有する（民法2条）。実際には，条約による私権の制限はなく，法律上の制限があるにとどまる。

　私法上の制限としては次のようなものがある。

　(1)　財産権取得の制限　　外国人の財産取得に関する政令（昭和24年政令第51号）は，昭和54年に原則的に廃止されており，また，外国人土地法（大正14年法律第42号）は，日本における一定の外国人（法人を含む）による土地取得の制限を定めるが，政令による実施規定が現在では存在しないため，事実上適用されることはない。ほかに，海上運送法44条の2などがある。

　株式・公社債の保有や外国人の遺産の保存処分については，法律がある。

　(2)　その他の制限　　労働・社会保障関係の制限，職業選択に関する制限，事業活動に関する制限，知的財産権に関する制限，航空・航海に関する制限，原子力関係の制限などがある。

4　国際民事訴訟法

　国際民事訴訟法は，渉外的私法関係，とくに民事訴訟を規律する手続法であり，また主として実質法としての公法である点で実体法を規律する抵触法である国際私法とは区別される。しかし，両者は国際的私法交通の円滑と安全を保障するという同一の目的を有し，相互に密接に関連するので，私法の抵触を解決する抵触法ではないとしても広い意味での国際私法として取り扱われることが多い。なお，国際民事手続法という用語が用いられるが，これは渉外的事案における民事訴訟のみならず，非訟事件手続法，仲裁や倒産法・破産法をも含む，民事手続法を広く含むものとして用いられている。

　渉外的法律関係が訴訟において対象となる場合には，まずどの国の裁判所が裁判管轄権を有するかを決定しなければならない。一般に，ある国が裁判管轄権を有することが認められると初めてその国の国際私法が適用されて，準拠法が決定され得るからである。また，渉外的訴訟においては，伝統的に「手続は法廷地法による」という原則が支配し，手続問題には法廷地法が広く適用されるので，この裁判管轄権の問題は国際私法の前提として極めて重要で，国際私法の問題を裁判管轄権の問題に解消する法制もある（とくに管轄権的構成〔42頁参照〕がなお残っている）。さらに，外国で裁判がなされ，判決が下された場合，それがわが国においても効力を有するか否か，その要件が問題となるが，これは同一の事案について，どのような法が適用され，またわが国で再び裁判を行うことができるかという問題にみられるように，国際私法と密接な関連性を有している。その概要は第26章参照。

5　国 際 法

　国際（公）法は国家間の権利義務関係を規律する点で，私人の権利義務関係を定めることを究極の目的とする国際私法とは区別される。国際刑法・行政法も国際的法律関係を対象とする点で類似するが，それぞれ国家と私人の関係を定める公法であり，実質法を主とする点で異なる。

6　国際取引法

　国際取引法は国際的な取引関係を対象とし，取引に関する国際私法をもその対象とするが，より機能的な概念であって，抵触法のみならず実質法，実体法，さらに手続法をも含み，税法や経済法のような公法をも対象とする点で区別される。ビジネスの国際化の進展とともに，明確な体系はないが，今日では重要な法分野となってい

る。

7　国　籍　法

　人と国家の結合関係を定める国籍を規律する国籍法は公法であり，実質法であるが，国際私法上とくに身分法問題について国籍が連結点として用いられることが多いので，国際私法適用の前提をなす問題として広い意味における国際私法に含められることがある。

Ⅱ　国際私法の範囲

　国際私法の対象となる範囲を最も広く捉える見解によれば，国際民事手続法，外人法，国籍法，抵触法が含まれるが，最も狭く解する立場によると抵触法に限られる。わが国においては一般に最も狭い範囲に限る立場がとられており，場所的法抵触をその主たる対象としている。しかし，最近は国際民事手続法を同時に取り扱う書物も増えている。そこで，本書においても主として狭い意味での国際私法と国際民事手続法を取り扱うこととする。

第5章　国際私法の沿革

Ⅰ　総　　説

　国際私法の上位法性が示すように，国際私法は一般民衆の法的確信から成立するという性格よりも，専門家による法形成に委ねられてきたという傾向が強かった。すなわち，法の適用関係を明らかにするという技術的要素を強く有し，また一般的生活関係における必要性に乏しいので，明確な法規範の定立が十分ではなく，それを法理論で補充してきたということから，国際私法は学説法であるともいわれてきた。その基本的な枠組み，構造に至るまで，一国の枠をこえた学説の輻輳によって国際私法は発展してきたのであり，これが歴史的に展開していることから，国際私法にとってその沿革の検討は欠かせないものとなっている。いいかえれば，国際私法の，とくに総論の諸問題は学説史的に説明され得るといってよい。次に国際私法の歴史を概観しておこう。

Ⅱ　イタリア学派まで

　ローマ時代においては，ローマの版図が拡大するにつれて被征服領域にそれまであった法が廃されることなくそのまま認められたが，今日の意味における抵触法規範は存在しなかったとされる。しかしローマ市民間にだけ適用される市民法（ユース・キヴィーレ　jus civile) が極めて厳格で，相互の共同体関係の働かない，ローマ市民と非市民，非市民相互間の法律関係には適用されなかったので，政務官および新たに設置された外人係法務官により衡平法が形成され，市民法とは区別される統一的実質法（外人法）である万民法（ユース・ゲンティウム　jus gentium）が成立した。その後ローマ帝国の存立を脅かしたゲルマン民族の大移動により成立した諸部族による王国はそれぞれ部族の法を維持し，各人はその所属する部族の法によって生活しており，部族を異にする者同士の法律関係においてはしばしばその所属する法を宣言することによって適用される部族法が確定された（professio juris〔法の宣言〕）。これが部族法または種族法の時代であり，人が属し，人を支配する部族の法が適用されることから属人法主義の時代であるともいわれる。やがて各王国は統合されながら一定の土地に定着し，また封建制の確立とともに，一定の土地においてはその土地の法が絶対的に適用されることになった。これが絶対的属地法主義（属地主義）の時代である。

III　イタリア学派

このような属地法主義は，封建的領土の枠をこえた交通が活発化するとともに，しだいに相互交流の発展を制約する障害となる。とくにその経済力により皇帝または封建領主から自治権を獲得した北部イタリア諸都市は，その都市の必要に応じて条例（スタチュータ statuta）とよばれる自治法を制定するに至り，活発な諸都市間の商工業を通じた交流はそれら条例の内容の違いにより発生した法抵触問題の解決を必要とするに至った。当初支配的であった法廷地法主義がローマ法の注釈学派により打破され，アックルシウス（Ac-

cursius 1182-1260）の標準注釈書以来，勅法彙纂への注釈により条
例の効力関係が論じられ，ローマ法にはなかった法問題が，普遍的
な効力を有するローマ法を基礎に解決されることになった。抵触法
の発生である。

　その後一時フランスに法学の中心が移ったが，やがてイタリアに
注解学派が起こりその代表者であるバルトルス（Bartolus de
Saxoferrato 1314-1357）により，条例という都市法（属地法）を分
類することにより，その効力が決定される体系の基が作り出され，
やがてこの方法が留学生を通じてヨーロッパ各地にもたらされた。
こうして生み出されたのが条例理論（法規分類学説または法則学説）
であり，この学派はイタリア学派ともよばれる。バルトルスは，そ
れまでの伝統に従って条例の域内に所在する市民以外の者に対する
効力と条例の域外的効力を区別し，例えば後者においては禁止的条
例と許容的条例を区別した後に，禁止的条例の中にさらに方式，物，
人に関する条例を分け，人に関する条例については人がほかの都市
にあってもその者が本来属する都市の条例が効力を有するものとし，
物に関する条例についてはその物が所在する都市の条例が効力を有
するものとした。その後この学説は物に関する法の属地的効力を強
く認めるフランスにおける考え方に影響されながら，より実質的な
基準に従って人に関する法（人法 statuta personalia），物に関する
法（物法 statuta realia），さらに両者の混合法（statuta mixta）と分
類することにより条例の域内的効力，域外的効力を決定し，19世紀
に至るまでヨーロッパを中心に広く認められるところとなった。

IV　16世紀フランス学派

　16世紀には条例理論の中心がフランスに移り，後世に影響を与えたデュムーラン（Charles Dumoulin　1500‒1566）とダルジャントレ（Bertrand d'Argentré　1519‒1590）という2人の著名な学者が出現し，フランス学派を形成した。

　デュムーランは王権主義者で封建的分権主義を批判し，法統一を促進して属地主義の緩和に努めたが，基本的にはイタリア学派の条例理論を継承し，当時通用していた慣習法を人法と物法に区分し，当時のフランスでは主流をなす見解を樹立した。さらに夫婦財産制においては，財産共有制をとる北部慣習法地域の夫婦が，ローマ法が支配し別産制をとる南部に不動産を取得した場合に，いずれの財産制によるべきかという問題について，法定財産制が当事者の黙示の意思によるものであることを根拠に，当事者の意思により決定し得るものとした。これが後に当事者自治の先がけであるとされる（216頁以下参照）。

　これに対して，ダルジャントレは，ブルターニュの貴族であり，封建制を擁護する立場から，法の属地的効力を主張し，すべて慣習は物的であるという原則によった。法規の分類においては人法，物法のみならず混合法という法規三分説を導入したとされるが，物法とされる条例をできるだけ広く認めようとした。後にこの属地主義の見解は強い影響力をもつこととなった。

V　オランダ学派

　17世紀にはスペイン・ハプスブルクの支配から独立した七国連合のネーデルランド共和国が成立し，独立主権国家間における法抵触問題，すなわちそもそも主権国家においてなぜ外国法を適用すべきかという問題が生じた。つまり，ローマ法を基礎とする地域法間の抵触について普遍的に認められた条例理論とは異なる根拠が必要とされるに至ったのである。そこで当時のオランダのグロティウスに端を発する国際法理論に基礎を置く抵触法理論が新たに形成され，その代表者とされるフーベル（Ulrik Huber　1636-1694）によって次のような万民法（ユース・ゲンティウム）上の三大公理が立てられた。①一国の法は，当該国家の領域内においてのみその効力を有し，そのすべての臣民を拘束する（法の対地的・対人的な効力），②当該国の領域内にある者は，永住者たると一時的滞在者たるとを問わず，すべて当該国の臣民とみなされる，③一国の法がその領域内において施行されている限りは，各国為政者は，友好的配慮・礼譲（comitas）の精神により，その効力がいかなる所においても承認されるように努める，ただし，それが他国の主権あるいはその市民の権利を侵害するに至る場合には，その限りではない。このように，主権国家の法の間に生じる抵触の解決について，相互に属地主義・主権を承認するという意味で当時生成した国際法上の礼譲概念によりその根拠を提供しようとしたのである。これらは万民法上の規範として捉えられるが，③においてはなお裁量的判断が許されている。なお，属人法は基本的には認められていない。

Ⅵ　イギリス

イギリスにおいては国内における法の不統一にもかかわらず，民事法における法抵触問題の統一的解決のための実質法規則・裁判機構が存在したこと（コモン・ロー，海事法，商人法），島国かつ農業国で商取引中心の条例理論の必要性が低かったことやその裁判管轄規則がイギリスの管轄を内国に生起する事象に限定していたことから，国際私法が成立したのはようやく17世紀に入ってからであった。しかも大陸法の影響を受けていたスコットランドからオランダに留学した法律家により，オランダ学派の理論がもたらされ，その属地主義的風土に合致したことで，18世紀には判例においてこれが採用された。マンスフィールド卿（Lord William Murray Mansfield　1705-1793）の判決が著名である。とくに管轄権的構成がとられることが少なくない。

> **管轄権的構成（アプローチ）**　渉外的法律関係の規律の方法として，抵触法によるのではなく，まず管轄権を定め，併せて対象事項に関する実質法規定を整備する。管轄が認められれば，その実質法規定が法廷地法として適用されることとなる。例えば，養子縁組は，コモン・ローにはなかった制度であるので，特別法を制定して，裁判によって養子縁組を成立させるために，まず裁判所などの管轄権を定め，その管轄権が認められた場合に養子決定を行う。準拠法を定めることなく，その要件，手続なども特別法（法廷地法）による。管轄権を定めることで，適用されるべき実質規則をも決定していることとなろう。

Ⅶ　19世紀における発展

1　アメリカ

　アメリカでは各州が独立の法域を構成し，また多様な本国を有する移民の流入により法抵触問題が多く発生したので，イギリスの抵触法が判例，学説を通じて導入され，とくにオランダ学派の学説が尊重された。1834年にはストーリーが『法抵触論注解』を著したが（14頁参照），これは英米の判例のほか，ヨーロッパの学説を分析し，とくにフーベルの三大公理を継承している。ヨーロッパにおいてもこの著作は広く参照された。このストーリーの著作が示すように，アメリカでは礼譲理論が抵触法上採用され，またその名称としても抵触法が用いられた。

2　ド イ ツ

　(1)　総　説　　ドイツにおいてはむしろ法規を三分する伝統的な条例理論が用いられてきたが，この方法においては，ドイツ自体における国家の不統一もあいまって，その分類の基準，根拠について争いが激しくなり，その実用性に疑いが生じ，条例理論のよって立つ共通の基盤の崩壊とともに，領邦国家間における法抵触の解決の必要性もあって，主権国家体制に基盤を置きながら，法抵触を解決する方法の探求が必要とされた。

　(2)　ヴェヒター　　ヴェヒター（Carl Georg von Wächter　1797-1880）は，ドイツのそれまでの条例理論を総括的に分析・批判し，条例理論がもはや維持できないことを説き，それに代えて3つの原則を立てた。すなわち，①裁判官は，それが制定法であるか慣習法

であるかを問わず，自国の明文の法適用規定に従わなければならない，②それがなければ，問題とされている法律関係自体を対象とする内国の法が，その方向，趣旨および精神において外国人および外国で生起した関係にも適用を欲しているか否かを検討し，そうであればその規定を適用する，③自国法から明らかにそのような解決が与えられない場合には，自国法を適用すべきものと推定される，というものである。明文の国際私法規定は当時ははなはだ不十分であり，また解釈上渉外的法律関係に適用され得る法規も少なかったので，ヴェヒターの理論に従えば結局「疑わしいときは法廷地法による（in dubio lex fori）」という標語で示されるような事態を招き，当時の活発な法抵触を解決する方法としては適当なものではなかった。このようにヴェヒターをもって条例理論（法規分類学説）はドイツにおいては克服されたが，それに代わる解決策としてはヴェヒターの原則も，またそれに前後して主張され，循環に陥ると批判されたシェフナー（15頁参照）の法律関係の成立地の法によるとする一般的理論も広い支持を得ることができず，新たな状況にふさわしい，条例理論に代わるものが求められていた。

　(3)　サヴィニー　　ドイツ法学界の泰斗であったサヴィニー（Friedrich Carl von Savigny 1779-1861）は，そのパンデクテン私法学の体系書である『現代ローマ法体系』によって，当時のドイツに妥当すべき実体私法を対象として，ローマ法に起源を有する法律制度の体系的叙述（現代ローマ法体系）を行うものであり，これはヨーロッパの大部分の国にとっての普通法とされた（第1巻§1，§2）。第1編は法規の発生根拠である法源，第2編は法規に支配される法律関係の一般的性質を扱っていたが，総論の結びとしての第3編法規と法律関係の結びつき（法規の法律関係の支配，法律関係の法規への

服従）を，1849年に公刊された
第8巻において明らかにした。

　サヴィニーにとって，個々の
私法法規は，法律関係に対応す
る法律制度の中に形成されるが，
法律制度は各実定法の中に生成
し，また実定法は，諸民族・国
家にそれぞれ別の異なるものと
して生成し，各民族においても
人間一般の法形成力に基づくも

サヴィニー

のと，その独特の法形成力によるものとに分かれる。実定法を生み
出すのは人の集まりのまとまりをなす精神的共同体であり，その最
高の発展形態が国家である。したがって共同体ごとに共通の民族法
とならんで，そこに本拠を有する独自の法創造，それぞれの共同体
にそれぞれの実定法が形成され，その結果それらは多様なものとな
る。法は，このような共同体から生成する。

　そして，法律制度は，1つの体系にまとめられる。すなわち，法
律制度から抽象によって形成される個々の法規は，その対象をⅠ.
人（人自身，権利能力・行為能力，権利取得の条件），Ⅱ. 法律関係（物
権，債権，相続法，親族法）とし，それに服従する法律関係は，Ⅰ.
人それ自身の状態（権利能力，行為能力），Ⅱ. 物権法，Ⅲ. 債権法，
Ⅳ. 相続法，Ⅴ. 親族法（A. 婚姻，B. 父権，C. 後見）とされる。

　実定法の多様性からは，異なる実定法の支配の間の衝突が生じ，
所与の法律関係の解決には，実定法間の支配の境界決定が必要とさ
れる。逆にたどると，法律関係は，人の意思の支配する領域である
が，それを支配する法規，それが服従する法規を探すこととなり，

多様な実定法に属する多数の法規のいずれによるべきかを決定する必要が生じる。かくて，各実定法の支配の境界の決定，実定法間の衝突という問題が再び生じるのである。しかし，法規の法律関係の支配と法律関係の法規への服従は，問題の立て方，出発点こそ違え，解決自体は同じで，結果は異ならない。

　従来は，実定法および法規の間の衝突から出発し，その解決を図るのが普通であったが，この解決方法は，満足のゆくものではなかった。そこでむしろ，法規に関してはどの法律関係を支配すべきか，法律関係はどの法規に服従すべきかという問いから問題を立てるべきである。そこに，法規の側の時間的変更が加わるので，第8巻の課題は，法規の支配の場所的境界の決定，法規の支配の時間的境界の決定となる。

　『現代ローマ法体系』の対象である私法の中心をなすのは，人であり，その意思の支配する領域の基礎が法律関係である（人に属する力としての権利は法律関係の一側面にすぎない）。他方，法規は法律関係を支配の対象とするが，法規はどの法律関係を支配するか，また，逆に法律関係はどの法規に服従すべきかが問題となる。これが法規の支配の場所的限界である。

　実定法の構成部分としての法規と法律関係の結びつきを考えると，まず，人と一定の実定法との結びつき，すなわち人の実定法への帰属が問題とされ，その結びつきの根拠として，民族血統と領域があった。しかし，現代においては，実定法を生み出す共同体へ結びつけるものとしては，共通のキリスト教文化により民族の違いが薄められた結果，民族血統は廃れ，わずかにトルコ帝国やユダヤ民族に残るだけで，むしろラント領域が人の帰属の根拠として一般に認められている。そこで，法の場所的相違，領邦法の衝突に対するその

限界の問題については，人や法律関係が異なった領邦法と関わっているときに，どの領邦法（場所的法）が適用されるべきかが問題とされる。

　領邦法の衝突についての規則については，①同一国内部における地方特別法間の抵触と，②異なる独立国の領邦法間の衝突に分けられる。

　①は，ローマ法ではローマ帝国内における都市法が成立するが，都市法自体の抵触はない。中世イタリアにおいてはスタチュート（条例）と呼ばれる地方特別法としての都市法の抵触があり，条例理論または法規分類学説につながった。現代においても，地方特別法の抵触はあるが，この解決については，②で述べる方法が用いられる。

　②は，法律関係の基礎をなす事実関係（契約締結地や係争物の所在地）によって，自国実定法と異なる外国実定法と関係する係争法律関係あるいは法律関係の当事者が外国に属する場合などについて，裁判官が適用すべき領邦法の決定を，独立の国家主権の原則から解決すると，フーベルのように，１．自国内においては，自国の法律のみが行われる，２．自国法は，その国境外で行われることを要求し得ない，ことになる。この厳格な原則は認められるべきだが，その結果は，ローマ法では認められた外国人の法的無保護となるが，現代法では，それよりも，次第に内外人の法的平等の承認が進んでいる。しかし内外人平等では内外法の衝突の解決にはならない。衝突の解決規則は守らなければならないが，ドイツ普通法諸国にはいまだ詳細な規定はないし，どの法律関係についても常に内国法のみを適用するという立法は知られていない。むしろ，民族間の交渉が多様かつ活発になればなるほど厳格な原則と反対の原則に従うべきである。すなわち，法律関係の取扱いにおける望ましい相互性と，

内外人の取扱いにおける平等性が，諸民族および個人の共通の利益によって要求されており，それによると，外国人の不利な取扱いはなくなり，法律関係もどの国で判決が下されても同じ判定が得られることが期待できるからである。この進展する立場は，諸国の国際法共同体であり，共通のキリスト教文化，すべての当事者にとっての真の利益から益々一般的承認を得る立場である。したがって，①と②の衝突問題を同じ原則で取り扱い，共通の課題は「どの法律関係においても，この法律関係がその独特の性質に応じて属しているまたは服している法域」，すなわちその本拠が探求されるべきなのである。

　これを可能とするのは，主権国家間の友好的許容であり，法律関係の規律を外国法にも許容するものであり，ローマ人には知られていなかったが，諸民族の交渉が近時の法外な活気を得て必要とされるに至り，一般慣習法に基礎を有し，ドイツ普通法域のみならず学説と判例の一致から②についても認められるものである。これについての争いがあるが，発展途上の法理論に争いはつきものである。またこれは近隣諸国間の条約や，プロイセンの条約にも認められる観点であり，かくて，係争法律関係が所属する地域的法を内外法の区別なく適用すべきこととなる。

　ただし，このような国際法的共同体の自由な取扱いに反する特別な性質の法律があり，それらは原則の例外として，その適用が制限される。この例外は，A．厳格に実定的で強行的性質の法律であり，自由な取扱いに適しないものであり，B．外国の法律制度で，わが国においてその存在を承認されておらず，したがって，わが国における法的保護を要求できないもの，である。

　サヴィニーは，このような一般的解決方法を述べた後に，まず

個々の人の特定の法域への所属基準についてローマ法における詳細な分析を行っているが，その基準としてあげられる生まれ（origo）と住所のうち，現代法に伝えられているのは，裁判籍についても，場所的法についても住所であることを確認する。すなわち，個々の人の特定の場所的法への従属，特定の法域への人の所属の根拠は，「ローマ法においては，都市市民権（Origo〔生まれ〕）であり，それがない場合には特定市管轄区域の中の住所であった。現代法においては，特定の法律管轄区の中の住所」であることを確認する。法規分類学派における人に関する法規としての人法から，人の属する領邦法である属人法へのコペルニクス的転回であり，人自身の本拠が住所に求められたのである。

　そして次に法律関係の本拠の探求がなされる。人の法律関係の担い手としての条件，人の絶対的条件（103頁）は住所を本拠とするが，上述の法律関係のカタログ（45頁参照）についても，それぞれをめぐる異なった場所的法の衝突の解決ではなく，その本拠（それが帰属する法域）を探求することで，それに適用される場所的法を確定する。この本拠の確定の際に問題となる一定の事実関係としてあげられるのは，その法律関係と関係がある人の住所，法律関係が関係する物が所在する場所，行われたまたは行われるべき法的行為の場所，訴訟を裁判するべき裁判所の場所である。現代の国際私法からみれば，これは単位法律関係を示しており，主な連結点が列挙されたことになるが，連結点については，法規分類学派の成果がそのまま取り入れられていることが分かるであろう。そのうえで，より詳細な法律関係の本拠の確定がなされる。

　サヴィニーは，準拠法決定に関する何らかの実質的内容をもつ原則を基礎とする種々の抵触法理論（法規分類学説，疑わしいときの人

の住所地法説，法廷地法説，成立地の法律説，既得権理論）を批判的に検討した後に，改めて各法律関係の本拠（Sitz）が存在する法域を探求し，その法を適用するといういわゆる形式的原則を採用することを確認する。これは，国際的に認められた内外人平等から内外法律関係の平等の取扱い（法規の側からみれば内外法の平等）を導き，諸国間の礼譲と当事者の便宜による法律関係の自由な取扱いを相互に承認する，キリスト教とローマ法という共通の絆で結ばれた世界である，ヨーロッパ諸国の構成する国際法の生成母胎である共同体，国際法的共同体から生成する法原則である。したがってヨーロッパに生成途上のこのような普遍的法原則に基づいて，法廷地漁りも防げ，国際的判決調和も実現される。法規分類学説やそれに代わるヴェヒターの理論がなお法規から出発し主権理論に立脚していたのに対して，サヴィニーの見解は，逆の方面からみて，私法の中心である人とその法的活動範囲によって生じる法律関係から出発するといういわゆるコペルニクス的転回を遂げ，法規の支配を受け，法規に服従する法律関係と特定の法域との結合関係を明らかにすることで適用されるべき法を決定するという方法に立っている。抵触法の私法化がなされたことになろう。その準拠法決定が，彼の構想する普遍的な法学により支えられるという点で，各国主権による立法の国家化にもかかわらず，国際私法のまずドイツにおける統一，さらにヨーロッパにおける統一にも資する可能性を秘めていた。異なる実定法の抵触の取扱における相互的な等置への接近がそこから生じてきた独立諸国家の間における国際法的共同体というこの観点はローマ人には知られていなかった。そのような諸原則を承認し培いうるために，諸民族の交流が最近認められるすさまじい飛躍をまずなさなければならなかったのである。

　ただし，このような国際法的共同体に基づく適用されるべき法の決定にも例外があり，それは共同体を構成する各個別共同体の「厳格に実定的な強行的性質を有する法律」，あるいは国内法に知られていない異質性を有する法制度の排除である。これは近代的な意味における公序（第12章参照）の始まり（ただし法律の性質に基づく留保である点で絶対的強行法ともいうべきものも含まれる）である。

　このようなサヴィニーの方法については，例えば法律関係の固有の性質または本拠という概念の曖昧さが疑問とされ，事物の本性や法律関係の重点という概念で置きかえる試みもなされたが，ドイツの統一（1871年）後にもやがて広く承認されるに至り，1890年ごろまでにはドイツの学説・判例を支配するに至った。しかし，サヴィニーの得た具体的結論にはなお異論も多かった。例えばサヴィニーは，属人法の観念を基本的には承認するのであるが，その基準は条例理論と同じく住所に置かれ，債権は原則として客観的に連結され，また不法行為は法廷地法によるのであるが，これらはその後の法発展によって否定されるに至った。他方，物権について主張された動産・不動産統一主義は現代に至るまで，また身分関係における夫または父の属人法への連結などは両性平等による修正を経るまでは，最近までヨーロッパ諸国を中心に基本的に広く継承されてきた。法律関係の本拠説は，ローマ法的内実を伴うので，形式的平等を前提とする管轄原則に依拠しながら，衝突問題を解決する最密接関係性（サヴィニーも場所的法の決定で，市民権と住所の競合の場合に，〔より密接で，それ自体より優先する紐帯である〕市民権を採用し，重市民権については，より密接な故郷の法のみを顧慮し，部分的には考慮していた観点）に換骨奪胎され，ヨーロッパ諸国を越えて広く受け入れられることとなった。

3　新イタリア学派

　ドイツにおける法革新に続き，イタリアで新たな学派が創建された。国際法学者であり政治家でもあったマンチーニ（Pasquale Stanislao Mancini　1817–1888）は当時分裂していたイタリアの統一という政治的目的に絡んで，1851年トリノ大学の国際法講座開講にあたり国際法における原理としての民族性を訴え，国際私法においても民族国家の実現とそれによる本国法の重要性を説いた。つまり各民族は国家を形成すべきであり，法は民族性の現われであるから，国際私法においても同一民族に属するものは民族の法としての本国法によるべきであるとしたのである。この学説はその後イタリアのみならずフランス，ベルギーを始めとして多くのヨーロッパ諸国（民族国家）で受け入れられ，国際私法における本国法主義（81頁以下参照）がヨーロッパ大陸における主流となった。これが新イタリア学派とよばれるものであるが，この学派においては外国法の適用は礼譲に基づくのではなく，外国人の権利を尊重すべき諸国相互間の義務により，これが国際法上の国家の義務を取り扱うので「国際的」であるとされたのである。公序理論も新たな展開を遂げた。

Ⅷ　現　　代

1　ヨーロッパにおける動向

　ヨーロッパにおいては19世紀後半から近代的な国際私法立法が相次ぎ，条例理論の成果を継承しながらも新たな方法による国際私法規則が成立してきた。とくに法実証主義的に，国内法化された抵触規則を前提に理論的な整備が進行し，カーンやバルタンなどにより法律関係の性質決定，公序，反致という国際私法特有の諸問題が論

じられてきた。その中で国際私法の本質論についてチーテルマンや
フランケンシュタインによる国際法説も生じたが，一般的には国際
私法の国内法としての性格が明瞭になる反面，その対象および任務
の普遍的性格も承認され，いわゆる第三学派とよばれる国際私法規
定の国内実質法からの独立性を基礎とする見解がドイツでは支配的
となる。他方フランスでは法の社会的目的による属地的な社会保護
法と属人的な個人保護法の区別によるピレ（Antoine Pillet　1857-
1926）の抵触法理論やニボワイエ（J.-P. Niboyet　1886-1952）の新属
地主義も唱えられた。一般的には属地主義的理論が支配しながらも，
例えばバチフォル（Henri Batiffol　1905-1989）に代表されるように，
方法論的には大陸法に普遍的な方法がとられてきた。しかし最近の
立法においては一方的抵触規則を用いる特異な傾向もみられた。

2　アメリカにおける発展

　(1)　ビール　　アメリカにおいてはビール（Joseph Beale　1861-
1943）により，法の属地性を前提とする既得権理論が，立法管轄の
原則による抵触規則，その具体化である抵触法リステイトメント
（1934年）によって主張された。つまり各法域の法はそれに認められ
た立法管轄権により権限を有し，それにより正当に権限を認められ
た権利は，ほかのどこにおいても承認されるというのである。

　しかしこれは判例分析を中心とする帰納的方法による批判を招き，
さらに単位法律関係ごとに予め連結点を固定する伝統的な方法は，
準拠法である実質法の内容を考慮することなく一律・機械的に準拠
法を決定するものとして批判され，適用され得る実質法の法目的・
政策を考慮して具体的な事案ごとに準拠法を決定する方法が，とく
にカリー（Brainerd Currie　1912-1965）により主張された。

(2)　カリーと抵触法革命　　カリーは，主として州際的な法抵触問題について，まず法廷地の法および関連他州法が事案に対してその法政策を適用する正当な統治利益を有するか否かを判断する。次にその中の法廷地法または他州法の一方だけが統治利益を有する場合には法抵触は実際には生じていないものとして（虚偽の法抵触），その唯一の統治利益を有する州の法律を適用し，その両者が正当な統治利益を有する場合（真正の法抵触）にはその抵触解決が必要とされ，一応法廷地法説によるものとしているが，これ以外の場合についての解決は十分に提示していない。

その後のアメリカではこの真正の法抵触の解決をめぐって争われ，判例上もバブコック対ジャクソン（Babcock v. Jackson）ケースを始めとして，新しい方法が浸透し始めた。適用されるべき実質法の内容あるいはそれが担っている法政策の分析から，具体的な問題ごとに正当な法適用利益を有する法域を確定するというこのような方法の導入は，抵触法革命とよばれた。しかし，準拠法決定にあたって事案に関連する多くの法域の実質法の内容・目的を考慮すべきであるという点においては一致がみられるとしても，真正の法抵触の解決については意見の一致がなく，反革命とよばれる現象もあり，その反省に立って，ある程度法的安定性を確保するために，ルールではないがアプローチによるとして一定の解決の法則化が求められる。

アメリカ全体においては，各州裁判所によって，カリーに由来する方法論のほか，ベター・ロー・アプローチ（better law approach），伝統的なコモン・ローの方法，リース（Willis L. M. Reese　1913-1990）による423条に及ぶ抵触法第二リステイトメント（1971年）の提唱する，個別的な準拠法決定の不安定さと困難さを除去する適用範囲の狭い明確なルールを志向するアプローチなどが並存しており，

最近においては最後の方法が比較的に優位を占めている。

　アメリカで生まれた，実質法の内容をも考慮してできるだけ具体的な問題について準拠法を決定しようとするこの方法は，ヨーロッパへも波及し，伝統的国際私法の危機といわれる状況を招いた。しかし，法的安定性よりも，具体的妥当性を極度に追求するこのような方法は，その目的自体は正当であるとしても，大陸法においては必ずしも採用されていない。この方法に対しては，①公法的利益の抵触であって，密接関連法を基礎とする私法的アプローチとは異なる，②州法の抵触の場合には解決が容易な方法であるが，国際的な事案についても適用すると，諸国の法適用利益の分析は極めて困難である，③実際に訴訟の場において具体的に検討しなければ準拠法が決まらず，また政策や利益の比較衡量の基準をめぐる争いがあり，法的安定性を欠く，などという批判がなされている。

　　Babcock v. Jackson（ニューヨーク州最高裁判所1963・5・9判決）　いずれもニューヨーク州ロチェスター住民であるバブコック嬢が友人のジャクソン夫妻に誘われて，1960年9月16日にカナダへの週末旅行にジャクソン氏の運転する自動車で出かけた。数時間後にカナダのオンタリオ州において，ジャクソン氏は運転を誤り，ハイウエーから飛び出し石壁に激突し，バブコック嬢は負傷し，帰国後，ジャクソン氏に対して不法行為（ネグリジェンス）による損害賠償請求の訴えを提起した。事故当時オンタリオ州には，旅客運送業者でない自動車の所有者または運転者は，同乗者のいかなる人身損害または死亡に対しても責任を負わないという，好意同乗者に対する免責を定めたいわゆるゲスト・スタチュートがあったが，ニューヨークにはそのような制定法はなかった。伝統的な既得権理論に基礎を置く原則によると，不法行為についてはその行為地法によるので，ジャクソン氏側は損害賠償を認めないと主張し，第一審で勝訴した。控訴も棄却されたので，

バブコック嬢が上告した。

　最高裁判所は次のような理由により，バブコック嬢の訴えを認める。まず不法行為についても，契約について先例で採用された重点理論に従い，特定の争点と最大の関係を有する法域の法に従うとした上で，①既得権理論はすでに放棄され，②契約における締結地法主義の緩和と同様の方法で不法行為地法主義を緩和すべきである。すなわち③伝統的な不法行為に関する行為地法主義は，関連する法の政策と目的を考慮しない場合には，不当で異常な結果をもたらす，④すべての争点に同一の法を適用する必要もなく，行為基準に関する争点については不法行為地法によるが，そのほかの争点についてはその解決に最も強い利益を有する法域の法を適用すべきである。⑤本件争点は運転が違法であったか否かではなく，損害賠償の可否であるから，行為地法の交通規則による必然性がなく，オンタリオ州とニューヨーク州の関連する利益を比較すべきである。そうすると，オンタリオ州は偶然に事故地であるということ以上の関連をもたず，自動車が出発・帰着し，登録され保険を掛けられたニューヨーク州の利害関係の方が遥かに大きく，加害者に対して同乗者への賠償をさせるというニューヨーク州の政策に対比すれば，オンタリオ州のゲスト・スタチュートの政策的

目的が本件に及ばない旨の政策分析（ゲスト・スタチュートは，同乗者と運転者の馴れ合いによる保険会社に対する詐欺的請求の防止を目的としており，オンタリオ州の被告と保険会社を念頭に置いている）がなされる。そこでニューヨーク州法によった。

3　ヨーロッパにおける新潮流

このようなアメリカの動向の影響を受けながら，新しい潮流がヨーロッパにおいて生まれ，ノイハウス（Paul Heinrich Neuhaus 1914 - 1994）はこれを国際私法の政治化，実質法化，否定の動きに分けた。

　　政治化　政治化の動きとは，古典的国際私法が，国家と市民社会の分離とそれに対応する公法と私法の峻別に基礎をおいていたことへの批判である。古典的私法モデルによると，共同体利益に関わる国家の法が公法であり，国家的政策とは独立，価値中立的に私的利益・個人の利益の調整を目的とする前国家的な市民社会の法が私法である。したがって，私法に関わる国際私法も，内外実質法の等価性・質的な平等を前提に，国際的判決調和を目標として，法律関係の本拠を探求することによって，いわば非政治化された基準によって準拠法を決定することで問題を解決し得たのである。ところが今日ではもはやこのような構造は崩壊し，国家が社会国家化することによって積極的に私法の領域に介入し，私法の機能変化により，国際私法も変質する，という。したがって，国際私法にも私的利益の調整のみならず，国家間の利益の抵触を解決すべき任務が生じ，その価値中立的・非政治的性格は消滅する。具体的には内外法平等を前提に，各国実質法の内容を準拠法決定に際して顧慮しなかったことが批判される。レービンダー（Eckard Rehbinder）は，強行法の特別連結論によって実質私法の内容を顧慮しようとするので，国際的判決調和はもはや従来のようには保障され得ない。クロンシュタイン（Heinrich Kronstein　1897 -

1972）は，自国の社会制度，経済秩序に関する利益を問題とする限り自国法を適用するものとし，またイェルゲス（Christian Joerges）は，カリーに従って法を社会統制の手段と捉え，実質法の目的から統治利益を考慮して準拠法を決定する，という。

実質法化　政治化の動きが二元論的私法モデルの否定から出発したので，私法の機能変化によりその公法化が存在する領域について政治化が問題となったのに対して，実質法化の動きは，国際私法の全分野について，伝統的方法の，実質法内容を無視する「暗闇への跳躍」（ラーペ　Leo Raape　1878-1964）を批判し，公序による修正に限らず，そもそも準拠法決定段階で実質法の内容も考慮すべきである，という。さらに，①虚偽の法抵触概念を採用し，関連実質法の内容が一致している場合には，抵触法を適用しない。②実質的に優れた解決を有する実質法を優先させる。例えばベター・ロー・アプローチにより，事案ごとに正義，国際交通の適格性からみて，あるいは進歩的な法思想に合致した「より良い」法を適用する。③一定の法律行為や人を抵触法上優遇・保護しようとする優遇の原則を主張する。例えば，遺言保護，婚姻保護，契約保護，弱者（消費者・被害者など）および子の保護などである。

国際私法の否定　部分的な国際私法の否定の動きは，国際私法の強行性を反省し，外国法適用の困難と費用が訴額に比べ不相当に大きい場合には，外国法を適用しない（ランドー　Ole Lando），あるいは，外国法の適用は当事者の一方が申し立てた場合にのみすることで国内法を適用する場合と同じ司法の質が渉外事件においても保障される（フレッスナー　Axel Flessner　などの任意的国際私法論），という。また，準拠法が当事者にとって要求不能な過酷さを生じる場合には，常に公序によってその適用を排除し，公序概念を変更して一般的な救済条項とするという主張もある。

4 ケーゲル

　伝統的な立場に立ちながら方法論的変革を目指し，国際私法上の正義の実現のために準拠法の決定にあたって次にあげるような国際私法上の利益の衡量を主張するのがケーゲル（Gerhard Kegel 1912-2006）である。①当事者利益，当事者と密接に関連した法の適用，例えば身分法事件における本国法や住所地法の適用である。②交通（取引）利益，容易かつ確実な取引の利益で，例えば，方式を行為地法によらしめるものである。行為能力では②が①に勝る。③秩序利益，法は余りに複雑で判定が困難なものであってはならず，法の適用が統一的で規定間に矛盾が生じないこと，渉外的事案については跛行的法律関係の発生を防止する国際的判決調和，また規範重複や欠缺が生じないという国内的判決調和が達成されるべきである。このような利益衡量説はドイツにおいても，国際民事訴訟法においてはすでに定着をみているが，国際私法においてはなお争いのあるところである。

　なお，わが国においても認められた段階的連結は，ドイツではケーゲルの連結階梯（はしご）として知られていたものに由来する。

5 ま と め

　アメリカにおける伝統的国際私法理論に対する激しい批判は，その後アメリカ内部において方法論的に沈静化するとともに一定の定着を果たし，具体的妥当性の実現，準拠法決定に際する実質法の法目的・利益の重視が論議された。実際には第二リステートメントの方法論の浸透が認められるが，なお未統一である。この方法は大陸法に対しても影響を与えているが，伝統的方法は，部分的には上で述べた新潮流によって主張された優遇の原則を取り入れたり，抵触

規則の格段の精緻化をはかったり，段階的連結を導入するなどの修正を経ながらも，最近の諸国の立法において概ね維持されている。ただし，接触法と併存する形での国際的（絶対的）強行法の台頭も注目される。また，欧州経済共同体および欧州連合の成立により，ブリュッセル規則，ローマ規則をはじめとして，域内の抵触法，国際民事手続法の統一の動きが活発となり，欧州国際私法の構築の努力が続けられている。グローバル化の進展に伴う，法多元主義も新たな潮流となっており，一方で私法の統一あるいは法の平準化，他方でグローバルな，諸国における国際私法の国内法制定の動きが広がっている。

　わが国においてもアメリカ抵触法の方法論を取り入れる試みがないわけではないが，訴訟構造の違いも相まって伝統的方法論が基本的には支持されている。しかし，法改正などの国際私法立法の不断の努力によって，なお伝統的方法の欠陥は是正されるべきであろう。

第6章　法　　源

I　国際的法源

1　総　　説

　国際私法が現状においては国内法であるとしても，各国の国際私法が内容的に相違し矛盾することは，国際的私法交通の円滑と安全を図るというその目的（第2章Ⅱ 2 参照）からみて望ましいことではない。国際的判決の調和（第2章Ⅱ 3 参照）を達成するためにも，国際私法の国際的な統一が必要である。そこで国際私法規則の国際的統一への努力が払われてきた。

2　世界的法統一

　国際私法の国際的な統一については論理的障害があるという見解もあった。しかし各国の法典の制定の進行に伴い，19世紀後半からその統一運動が展開され，とくに新イタリア学派の代表者であったマンチーニは万国国際法学会などを通じて積極的にこの運動を推進したが，十分な成果をあげ得なかった。友人であるオランダのアッセル（Tobias M. C. Asser　1838 - 1913　常設仲裁裁判所創設の功をもって，1911年ノーベル平和賞を受賞）がこれを受け継ぎ，その努力により，1893年オランダ政府の主催により第 1 回ハーグ国際私法会議が開催された。この会議は国際私法の国際的統一を目的とし，国際私法に関する国際的条約を作成しているが，その後第 4 回会議から日

本も参加し，戦後は原則として4年に一度開かれる会期を通じて，国際私法の個別問題ごとに条約を作成する。戦争による中断もあったが，2007年の外交会議に至るまで，第二次大戦後だけをとってみてもこれまで（規程を除いて）37条約，1議定書，1原則の条約などが採択され，そのうち30条約，1議定書が発効している。加盟国は83ヵ国であるが（2020年1月現在。ただし，欧州連合を含む），英米法，大陸法の主要国を含んでおり，さらに非加盟国ではあるが条約を採用している国が72ヵ国（法王庁を含む）に及び，まさに世界的規模において国際私法の統一を推進している（最新のハーグ条約締結状況一覧表は，ハーグ国際私法会議ホームページ〔http://www.hcch.net/〕を参照）。わが国もこれまで7条約を批准している。

　そのほかに国際連盟，国際連合によっても広い意味の国際私法に関連する統一条約が作成されており，日本も「仲裁条項に関する議定書」（1923年），「外国仲裁判断の執行に関する条約」（1927年），「為替手形及び約束手形に関する法律のある抵触を解決するための条約」（1930年），「小切手に関する法律のある抵触を解決するための条約」（1931年），「外国仲裁判断の承認及び執行に関する条約」（1958年），「難民の地位に関する条約」（1951年）などを批准してきている。

3　地域的法統一

　国際私法の統一作業は世界の各地域においても行われており，南米における1889年採択のモンテヴィデオ条約（1940年改訂），1928年ハヴァナにおいて採択されたブスタマンテ法典は，いずれも包括的な国際私法統一を図り，ある程度の成果をおさめている。その後国際私法に関する米州専門会議はこれらの条約の改正を行い，21の個

別的条約を採択し20条約がこれまで発効している（ほかに 2 議定書など 5 文書採択。http://www.oas.org/en/sla/dil/private_international_law.asp 参照）。また，北欧においてもスカンジナヴィア諸条約が1931年から締結されている。さらに最近においては欧州連合による法統一がすすめられ，1968年の法人格の相互承認に関する条約（未発効），1968年の国際的裁判管轄及び外国判決承認・執行条約（ブリュッセル条約，1973年発効。ルガノ条約によりさらにヨーロッパ自由貿易連合諸国にも拡張され，また欧州連合については2000年12月22日の民商事における裁判管轄及び判決の承認・執行に関する理事会規則〔2002年 3 月 1 日施行〕〔ブリュッセルⅠ規則〕により代置される），1980年の契約債務の準拠法に関する条約（以下，ローマ条約と略称する。1991年発効。その後，契約の準拠法に関する2008年 6 月17日のヨーロッパ議会並びに理事会規則〔2009年12月17日施行。ローマⅠ規則〕より代置される），2000年 5 月29日の民商事事件における裁判上及び裁判外の文書送達に関するヨーロッパ共同体規則（デンマークを除き2001年 5 月31日施行〔2008年11月13日に，2007年11月13日の構成国の民商事事件における裁判上及び裁判外の文書送達に関するヨーロッパ議会並びに審議会規則により代置される〕），2001年 5 月28日の民商事事件における証拠収集の分野における構成国裁判所間の協力に関する理事会規則（2004年 1 月 1 日施行），2000年 5 月29日の婚姻事件及び夫婦の共通の子に対する親責任に関する手続における管轄権及び判決の承認・執行に関するヨーロッパ共同体規則（2001年 3 月 1 日施行。本規則は，親責任に関する適用範囲を子一般に拡大する，2003年11月27日の婚姻事件及び親責任に関する手続における管轄権並びに判決の承認・執行に関する理事会規則〔ブリュッセルⅡ bis 規則。2005年 3 月 1 日施行〕により代置される），2007年 7 月11日の契約外債務の準拠法に関するヨーロッパ議会並びに理事会規則（ロー

マⅡ規則。2009年1月11日施行），2008年12月18日の扶養義務事件における管轄，準拠法，判決の承認・執行及び協力に関するヨーロッパ共同体規則（2011年6月18日施行），2010年12月20日の離婚及び法定別居の事項における強化された協力の創設のための理事会規則（2012年6月12日施行）などがある。

Ⅱ　国内的法源

1　諸　外　国

　18世紀の条例理論の流れをくむ立法は数も多くはなく，内容においても極めて不完全なものであったが，1804年のフランス民法典（3条），1811年のオーストリア民法典に続く近代的国際私法立法は，19世紀後半には1865年のイタリア，1867年ポルトガルのほか，その後のスイス，ドイツにおける国際私法規定の制定，さらに1898年の日本の法例の制定をもたらした。1926年のポーランド国際私法は欧州初の国際私法の独立法典であり，第二次大戦後には諸国で国際私法立法がなされた。最近においてはとくに活発に国際私法に関する法改正や新立法がなされており，例えば，ドイツ連邦共和国民法施行法改正法が1986年9月1日に施行され，国際民事訴訟法を含めて200条に及ぶスイス連邦国際私法典が1989年1月1日に施行された。さらにイタリア抵触法体系改正法が国際民事訴訟法まで取り込んで74条に及ぶ国際私法の法典を制定し，1995年9月1日（一部は1996年12月31日）に施行され，ベルギーでも2004年10月1日から140条に及ぶ国際私法法典が施行されている。2010年には，中華人民共和国渉外民事関係法律適用法，中華民国（台湾）渉外民事適用法も制定された。旧社会主義諸国における国際私法の整備も著しい（2011年

ポーランド，ルーマニア，2012年チェコ共和国，2013年ロシア連邦など）。なお，アメリカ法律協会による1971年の「抵触法第二リステイトメント」は公式の制定法ではないが，ほかに多くの Uniform Law も制定されて，アメリカ合衆国における国際私法の動向に大きな影響を与えている。

2　日　　本

　形式的意義における国際私法の法源は存在しない。しかし「法の適用に関する通則法」（平成18年法律第78号。以下「法適用通則法」とする）は実質的な意義における国際私法法典であり，その第3章は，準拠法に関する通則と題する4条から43条までにおいて主な国際私法問題について規定を置いている。

　法適用通則法は，旧民法と運命をともにした旧法例に代わり制定された明治31年制定の「法例」が，平成18年にその全部改正により現代語化されたものであり，法の適用関係一般について定めたものである（「法例」については，平成元年の婚姻・親子に関する改正，平成11年の小改正があった）。他に民法（35条，741条，801条），会社法の中にも国際私法関連規定が散在しているほか（2条2号，817条～823条，933条～936条），ハーグ条約を国内法化した「遺言の方式の準拠法に関する法律」，「扶養義務の準拠法に関する法律」，さらに手形法，小切手法の抵触法規定（手形法附則88条～94条，小切手法附則76条～81条），がある。「子に対する扶養義務の準拠法に関する条約」，「難民の地位に関する条約」12条は，わが国が批准した条約による国際私法規定である。ハーグ「国際的な子の奪取の民事上の側面に関する条約」も平成26年に批准された。

　国際民事手続法については，民事訴訟法（民事訴訟法及び民事保全

法の一部を改正する法律〔平成23年法律第36号，平成24年4月1日施行〕による改正後の）3条の2ないし3条の12，33条，108条，118条，184条，民事執行法22条，24条のほか，例えば，民事再生法3条，4条，5条，89条，207条以下，外国倒産処理手続の承認援助に関する法律，仲裁法，破産法など特別法の中に関連規定がある（「外国裁判所ノ嘱託ニ因ル共助法」〔明治38年法律第63号〕）。最近の人事訴訟法等の改正については，第26章Ⅲ3を見てほしい。また，ハーグの「民事訴訟手続に関する条約」「民事又は商事に関する裁判上及び裁判外の文書の外国における送達及び告知に関する条約」（批准に伴う「民事訴訟手続に関する条約等の実施に伴う民事訴訟手続の特例等に関する法律」の制定），「外国公文書の認証を不要とする条約」のほか，国連の「外国仲裁判断の承認及び執行に関する条約（ニューヨーク条約）」などが批准されている。さらに，国際裁判管轄権については，ワルソー条約28条，モントリオール条約33条，油濁損害民事条約9条（船舶油濁損害賠償保障法11条）があり，外国判決の効力については，船舶油濁損害賠償保障法12条などがある。

3　「法例」の改正

「法例」（明治31年法律第10号）は，戦後の新憲法施行によっても抜本的な改正はなされなかったが，戦後の渉外事件の飛躍的増加に鑑み，法制審議会「国際私法部会」は，昭和36年「法例改正要綱試案（婚姻の部）」，昭和47年「法例改正要綱試案（親子の部）」を公表した。しかし，ハーグ条約作成の審議や女子差別撤廃条約の批准に伴う国籍法改正の緊急性により，これらは取り上げられることなく終わり，昭和59年に至り，国籍法の改正を受けて，抵触法における両性平等を実現するため，昭和61年「法例改正についての中間報告」，

昭和63年「婚姻及び親子に関する法例の改正要綱試案」が公表された。そして試案に対する意見を考慮して，「法例の一部を改正する法律案要綱案」が平成元年1月に法制審議会の決定をみた。それを受けて，明治31年の「法例」に改正部分を挿入する改正法例が平成元年6月に公布され，平成2年1月1日に施行された（この法例を以下，「改正法例」と称することもある，それ以前の法例を「改正前法例」とよぶ）。改正法例の特色は，①婚姻・親子法における両性平等の実現，②準拠法指定の平易化，身分関係の成立の容易化，③準拠法決定についての国際的統一への配慮，などである。①において段階的連結が採用され，②において配分的適用主義を一部改め，選択的な連結方法を採用し，③では常居所の採用，夫婦財産制の準拠法に関するハーグ条約の規定の顧慮などを行った。また優遇原則が採用された（18頁参照）。しかし，なお，文語体カタカナ書きの「法例」では一般人には理解しにくいものであった。

　そのことなどから，平成11年の民法の一部改正に伴う禁治産・準禁治産・無能力等の字句の一部修正を経て，平成15年に至り，法制審議会に国際私法（現代化関係）部会が設置され，積み残し部分の改正と現代語化に向けた作業が開始された。平成17年3月22日には「国際私法の現代化に関する要綱中間試案」（以下，中間試案），平成17年7月12日には「国際私法の現代化に関する要綱案」が決定され，それに基づき平成17年9月6日法制審議会は「国際私法の現代化に関する要綱」を採択した。その後，名称および法例の全部についても現代語化する「法の適用に関する通則法」が平成18年6月に成立した（平成19年1月1日施行）。

　　「法例」の由来　穂積陳重によれば，明治31年制定法の「法例」という名称は，中国の晋の時代に刑法の適用例則として用いられ，北斉

　時代以来絶えていたのを，明治13年の刑法典制定に際して刑法適用の通則を掲げて，これを「法例」と題して復活させたが，明治23年民法その他の法典公布にあたり，一般法律に通ずる例則として，「法例」と称する法律を制定したもの，という。「法例」には，したがって，一般に各種の法律に通ずる，法律適用に関する通則（一般法例）と，刑法・商法に掲げられたようなその法典中の条規の適用に関する例則（特別法例）という2種がある（刑法については平成7年の現代語化に際して「法例」は「通則」と改められ，商法についても平成17年の改正に際して，「通則」とされた）。本書でふれられてきたのは，前者の意味の法例であるが，国際私法という意味では，私法に関するものに限る。もっとも，法適用通則法の制定により，法例の現代語化がなされた結果，「法例」は法の名称としても存在しなくなった。

総　　論

　　抵触規則の適用により渉外的生活関係は法的に規律される
のであるが，対象である生活関係の特質により，また何より
も抵触規則と実質法の性質・目的の相違により，その適用上
共通に論じられる諸問題がある。これらを検討するのが総論
の課題であるが，国際私法の最も困難で特殊な部分であると
いえる。

　　ここで国際私法の構造・プロセスについてふれておくと，
当該渉外的法律関係にまずどの国際私法規定を適用すべきか
を決定する問題（法律関係の性質決定）を経て，その連結点
の確定，それによる準拠法の決定，次いでその準拠法の適用
と進むことになる。その過程ごとに，それぞれ特有の問題が
生じるので，以下，順次，検討する。

第7章　法律関係の性質決定

Ⅰ　総　　説

国際私法は事案と最も密接な関係を有する地の法律を準拠法として指定するのであるが，ケース・バイ・ケースに各生活関係ごとに準拠法を決定するのではなく，伝統的に形成されてきた類型的，包括的な生活関係を単位として，一定の連結点により，最密接関係地を特定し，一律に準拠法を指定するという方法をとっている。法適用通則法もそのような連結の単位をなす生活関係を確定し，それぞれについて準拠法を定めている。従来国際私法の対象を法律関係であるとする見解に従って，このような連結の対象の単位となる概括的生活関係は単位法律関係とよばれてきた。したがって国際私法を具体的事案に適用するためには，具体的に問題とされている法律関係がどの単位法律関係の性質を有するのか，逆に法規の側からみれば，その単位法律関係により構成される抵触規則の単位となる法的概念（指定概念）が何を指すのかという解釈を行わなければならない。この指定概念の内容確定，対象となる生活関係の法的性質の決定，指定概念への包摂を法律関係の性質決定の問題，あるいは単に法性決定問題とよぶ。

　国際私法の対象は，ほかの法と同様に生活関係（事実関係）であるといってもよいが，法的規律を受ける生活関係であるという意味で法

律関係であるとよぶことも不当ではない。生活関係が法律関係となる
か否かは，準拠法の適用をまって初めていえるとして，批判もあった
が，ここでいう法律関係とは，法律の規律対象となる生活関係という
意味にすぎない。もっとも国際私法は生活関係を直接規律する規範で
はなく，直接規律する実質法が何かを決定することにより間接的に規
律する規範であるので，直接に外国法の支配をうける制度が問題とさ
れる余地が大きい。法性決定の対象が法規であり法的問題であるとさ
れる理由はその点に由来する。

　例えば，離婚に際しては，離婚する夫婦の未成年者である子の親
権者または監護権者を指定するなどして，その子を保護する必要が
生じるのが普通である。ところが法適用通則法においてはこの問題
と関わる規定は1つにとどまらない。そこでこれを離婚により生じ
るその付随的効果であり，離婚の問題と密接に関連して解決される
問題であるから，離婚という単位法律関係に適用される準拠法（法
適用通則法27条）によって解決されるべき問題であると解する立場
と，たしかに離婚に際して生じる問題ではあるが，一般の親子関係
の問題であるとして親子間の法律関係の準拠法（法適用通則法32条）
により解決されるべき問題であるとする見解の間で争いがあった。
また離婚に際して請求される慰謝料が不法行為としての性質を有す
るのか（法適用通則法17条），あるいは離婚の問題であるのか（法適用
通則法27条）も，しばしば争われてきた。しかもこれらの規定によ
り準拠法とされる法律はいずれの立場をとるかによって異なる可能
性が高いので，解決の結果を左右するという意味で重要な解釈問題
となる。これらをいずれに解すべきか，単位法律関係の概念を決定
する法律は何か，が具体的な法律関係の性質決定の問題である。
　このような問題は国内実質法の解釈に際しても法規への事案の包

摂関係として生じている。しかし国際私法においてはその上位法性により特殊な問題となる。すなわち，対象となる個別の法律関係が多様であるにもかかわらず，適用される抵触規則が極めて概括的で，したがってそれによって適用される抵触規則，ひいては準拠法が性質決定によって大きく左右され，準拠法の内容の多様さ，相違の大きさによって事案の解決に与える影響が大きい点に特徴がある。国際私法の国際的統一にも影響を与え得る問題である。

Ⅱ　沿　　革

　法律関係の性質決定の問題は実定法による抵触規則の整備の結果生じた問題で，19世紀の末にドイツのカーン（Franz Kahn　1861‐1904）とフランスのバルタン（Etienne A. Bartin　1860‐1948）によって相次いで指摘されるに至った。とくにバルタンは次にあげる2つの例をあげて，国際私法の統一によっても実際上法律抵触を解決できない場合が生じるとする。そしてこれを解決するためには各国法の統一が必要とされるが，各国法が統一されると国際私法の必要性がなくなるという矛盾が生じることを指摘する。

　　〔例1〕　A国とB国が①法定夫婦財産制は婚姻当時の夫の本国法による，②動産または不動産の相続は死者の死亡当時の本国法による，という同一の抵触規則を採用していた場合に，A国人男女がその財産関係につき何らの合意をしないで婚姻し，その後その婚姻中に夫だけがB国へ帰化した後に死亡した，とする。残された妻が夫の残した財産に対して有する権利を主張した場合には，この問題が相続の法的性質を有するものとして捉えられるとB国法によるが，B国法においてはこのような問題を専ら夫婦財産制の問題として定めており，相続法

73

においては何らの規定をも置いていないとすると，妻は遺産に対して何らの権利をも取得しない。そこでこの問題を夫婦財産制として捉え，A国法によらしめると，A国ではこの問題を相続と捉えているので夫婦財産制については何らの規定もおかず，したがって妻には何らの権利も認めていない。このようにA国，B国では同一の抵触規則を有し，しかもそれぞれの国に実質法上妻に夫の残した財産に対する何らかの権利を認めているのに，渉外性を帯びた事案においては，相続および夫婦財産制に関する両国の捉え方の違いにより，妻には結局何らの権利も認められないことになる。

　〔例2〕　オランダ民法992条（1982年廃止）は，オランダ人が外国で行う場合についても，遺言につき自筆証書によることを禁止していた（「オランダ人が外国において遺言を作成することは，公正証書かつ作成地に慣例の形式を遵守することによってのみ可能である」）。オランダ人がフランスで自筆証書により遺言をして，フランスにおいてこの効力が争われる場合，これをオランダ人の能力の制限に関する規定として捉えると属人法（本国法）が適用され，オランダ法により無効とされるが，これが遺言の方式だと解すると行為地法であるフランス法により有効となる。

　これらの場合に，バルタンは法廷地法に従って問題を解決すべきであるとした。このように対象とされる法律関係がいかなる法的性質を有するかを確定することが，国際私法による準拠法確定の前提となる。

Ⅲ　解決の方法

1　諸　理　論

この問題を解決するために多くの見解が主張されてきたが，沿革的にはほぼ次のような形で現われた。

⑴　法廷地法説　　法廷地実質法によって性質決定がなされるべ

きであるという立場で，沿革的には最も早くから唱えられてきたものである。バルタンやカーンを始めとして外国でも根強い支持者を有し，また諸国の立法例（1889年スペイン民法12条1項，1979年ハンガリー国際私法3条，1991年ケベック民法3078条，2001年ロシア連邦民事法典1187条，2011年ルーマニア民法2558条1項・4項，2012年チェコ共和国国際私法20条など），判例が支持する。わが国においても京都地判昭31・7・7がこの立場に立つ。

　国際私法の本質について主権理論をとれば，外国法を適用して自国の法の適用を制限することは主権の制限であり，外国法を指定する抵触法上の概念を自国の概念によらなければ自国の主権を損なうことになるとされる。また跡部定次郎教授（1872～1938）は国法解釈の一般原則として内国法で用いられる同一の名称，文字はとくに反対の定めがないかあるいは反対に解すべき法理上の根拠が存在しない限り同一に理解すべきであるから，国際私法で用いられている概念も自国実質法上の概念によるべきであるという。

　しかし，国際私法の主権理論が支持できないことはすでに述べたとおりであり（外国法の適用は主権の制限，放棄ではない），また国際私法と国内実質法はその目的・機能を異にするのであるから，たとえ同じ用語が両者で用いられていたとしても別異に解すべき法理上の根拠があるのであって，これを支持することはできない。内外法は平等であり，法廷地法を優先することは国際私法の前提に反する。さらにこの立場によれば国内法に知られていない法制度の性質決定はできないことになり，国際私法の機能が渉外的法律関係の規律であることにそぐわない結果となる。もっともこの場合，国内法において仮にそのような法制度を定めるとすれば実質法のどこに位置するかによって性質決定は可能であるという反論もあり，また立法的

75

に解決される場合もある（ロシア連邦民事法典1187条によると「①準拠法決定にあたり，法概念は，別段の法律の定めがない限り，ロシア法によって定められる。②準拠法決定にあたり，性質決定が必要とされる法概念がロシア法にないとき，または別の名称あるいは別の内容で存在するときで，ロシア法に則した解釈によっては定義され得ないときには，外国法の適用によって性質決定され得る。」とされている）。

(**2**)　準拠法説　　次いで主張されたのが，国際私法によって準拠法として指定された実質法によって性質決定すべきで，そのことにより準拠法として指定された実質法をその本来の趣旨に即して適用することができるとする考え方である。デパニェ（Frantz-René Despagnet　1857‐1906）やマルティン・ヴォルフ（Martin Wolff　1872‐1953）によって主として主張され，ポルトガル民法15条などのほか，わが国においても山田三良教授（1869～1965），当初の江川英文教授（1898～1966）がこれを支持していた。

　しかし一方で準拠法決定のために法律関係の性質決定，つまり抵触規則の概念を確定し適用されるべき具体的抵触規則を決定しようとしながら，他方でそれによって決定されるはずの準拠法によって法性決定を行おうとすることは循環論に陥るという批判がある。当該法問題を問題とされている準拠法によって性質決定を行うことは論理的に不可能であるとはいえないが，抵触規則において用いられている概念を実質法によって確定することは適当ではないし，準拠される法が複数生じ得ることによって，概念の重複，あるいは欠缺が生じ得る点で批判される。

(**3**)　国際私法自体説　　ラーベル（Ernst Rabel　1878‐1955）が主張した見解で，国際私法上の概念は国際私法自体によって決定すべきであるとする。(**1**)，(**2**)がいずれも実質法により抵触規則上の概念

を決定しようとしたのに対してこの説は抵触法の実質法からの解放を唱え，国際私法規定の解釈をいずれか特定の国の実質法秩序によらしめず，国際私法上の概念は国際私法によりその目的に即して解釈，決定されなければならないと考える。わが国では，久保岩太郎教授（1897～1980）がラーベルとほぼ同時期に新訴訟地法説とよばれる同様の見解を発表した。

　国際私法は実質法とは異なる目的・機能を有する法であり，その規定の解釈も実質法に拘束されることなく独自に行う必要性が認められるという趣旨においては正当であり，明文の規定はないがわが国では通説である。

2　具体的基準

　(1)　総　説　　以上のように国際私法自体説による場合，実質法による具体的な性質決定は行われないのであるから，次に，具体的に性質決定を行う基準が問題となる。性質決定が抵触規則の解釈問題であるとすると，その趣旨に即した解釈，性質決定の基準とは何か。

　(2)　比較法説　　ラーベルは抵触規則の概念は比較法的に諸国の実質法を比べ，その中から共通の概念を抽出し，それによって性質決定を行うと，諸国の国際私法は共通の概念によって性質決定を行うことになり，国際私法の統一にも資するという。例えば後見という概念は，ドイツ民法で用いられている後見という概念ではなく，世界の実質法の比較によりそれに共通の客観的な概念が取り出され，それを基準に国際私法の後見という概念が決定されるので，世界の国際私法で同じ後見という概念が用いられることになる。そのため各国の国際私法規定の改正によっても法性決定は当然には変更され

ないことになろう。しかし実際には比較法の現状において国際私法のすべての問題について世界に共通の概念を抽出するだけの能力はないし，仮にあったとしても共通の唯一の概念が抽出できるという保証はない。また実質法の比較によることは抵触法の実質法からの解放においても不徹底であるというべきであろう。

　久保教授は，複数の概念が生じた場合には日本法の母法または同一法系の考え方に従うものとし，例えば失踪宣告についてフランス法は失踪者の人格ではなく残された財産関係の処理のみを問題とするのに対して，ドイツ法が失踪者の人格の消滅を問題とするというふうに2つの対立する概念の型が比較法的に並存する場合，わが国では「失踪宣告」は母法であるドイツ法に従って解釈すべきであるという。しかし法廷地の立場を重視して母法によるべき根拠に乏しいし，このような解決によれば国際私法の国際的統一には役立たないというべきであろう。

　このような比較法説によると国際私法の目的に即した性質決定が客観的基準によりなされ得るのであろうが，やはり実質法上の概念が抵触規則の概念の基準とされることになり，妥当ではない。

　（3）　抵触規則目的説　　池原季雄教授（1919～2000）はこのような比較法（基準）説ではなく，抵触規則の解釈論としての性質決定を重視し，ことに規定の趣旨・目的を基準として各規定の事項的適用範囲を画定することによって性質決定を行う。この方法によると客観的な性質決定が通常の解釈方法によって行えることになるが，規定の趣旨・目的を基準とする場合にも，常に客観的に根拠のある事項的適用範囲が画定されるとは限らず，抵触規定が比較法的考慮によって定立されている以上，比較法的配慮を必要とする場合が多いであろう。

　また最近抵触法における利益衡量により性質決定を行うドイツの
ケーゲルの方法（59頁以下参照）も紹介され，わが国にも支持者が
あるが，対象となる利益，その衡量の方法などについて批判がある。

　(4)　結　論　　法性決定は，3層性を有するので，わが国の国際
私法規定の解釈につきるものではない。法性決定においては，まず，
その対象である生活関係，法律関係（法的問題）をその渉外法的性
格も考慮しながらいずれかの実質法（とくに法廷地実質法）に依拠す
るのではなく，機能的分析により確定し，次に，関係する抵触規定
の側からみて，わが国の法解釈の一般的方法に従いながら，その文
理解釈により，文理解釈が行えない限りにおいて規定の趣旨・目的
も重視されるべきで，論理（体系的）解釈，目的解釈などを行う。
その上で対象となる法問題の法的性質を確定する，つまり具体的抵
触規定への法問題の包摂を行うこととなる。これらの過程において，
国際的私法交通の円滑と安全を図るという国際私法の理念を実現す
るためには，さらに諸国の抵触規則を比較し，国際的な調和を図り
つつ，抵触規則上の利益衡量が行える場合には，それをも参考にす
べきであろう。ことに国際私法の改正がその国際的な一致・調和を
も考慮してなされている以上，その解釈も同様の方法に従うべきは
当然である。いずれにしてもその具体的適用は，各論において個別
的に検討しなければならない。

第8章　連結点の確定

I　総　説

　法律関係の性質決定によって適用される国際私法規定が定まって
も，なお抵触規則の解釈を必要とするものに連結点がある。連結点
は対象たる単位法律関係の中から一定の場所を指示し得る事実関係
を予め一律に取り出し，それによりその法律関係を一定の場所と結
び付け（連結・送致する），準拠法を決定する基準となるので，その
確定が必要とされる。

II　属人法と従属法

1　属人法とその基準

（1）　総説（概念と用語）　　条例理論以来用いられてきた人法の概
念は19世紀の新しい国際私法方法論の下でその意味を変更して属人
法となったが，属人法はある土地に密着している法としての属地法
に対立する概念として，人と一定の土地との恒常的な結び付きから，
人自身が属する地の法，したがって人に密着して常にその人に適用
される人に固有の法という意味で，つまり人自身の準拠法の総体と
して今なお用いられている。「難民の地位に関する条約」の批准に
伴い，その12条の属人法という用語がわが実定法上も用いられる。
属人法は多義的であるが，人の能力や地位・身分に適用される法と

いう意味で用いられる場合には，人に密着している必要はなく，属地法が適用されても差しつかえないし（例えば婚姻の成立に挙行地法を適用する場合），逆に人に密着している法としては人の能力・身分のみを適用対象とする必要はない（例えば不法行為について当事者の共通属人法による場合）。各法律関係ごとに準拠法を決定するという国際私法の方法からみれば，法規から出発するという意味での属人法という概念は不必要であるが，準拠法という意味に用いられる場合には便利なこともある。しかし誤解を生むこともあってその有用性は今日ではもはや疑問である。

　(2)　決定基準　　法律関係の中心に立つ人自身の帰属する地の法としての属人法については，その基準が2つに分かれる。伝統的に条例理論により人法とされた住所による住所地法主義と，国籍概念の確立により生じ，ことにマンチーニによる新イタリア学派の主張により広まった国籍による本国法主義である。すなわち人が属する地として，国籍と住所が争われ，英米法系においては属人法の観念があるかは疑問であるとしても国内における法の不統一もあいまって身分および能力についてはなお住所地法が，大陸法では主に本国法が採用されているといえる（アイスランド，デンマーク，ノルウェーやスイスは例外であり，また南米においても本国法主義による国がある）。

　英米法における住所概念は，後述のようにローマ法以来の伝統に連なるもので極めて固定性が強く，出生による本源住所は大陸法の国籍と比肩し得る。しかし大陸法系においても住所を属人法の基準として採用している立法例もある。いずれにしても国内における法の統一が十分でない国においては，住所を基準とすることになろう。

　常に人に適用される属人法の基準として考える場合，法がその国の風俗，習慣，文化などを反映してその国に所属する者と密接に関

連していること，連結点としての固定性，恒久性からいえば一般に国籍の方が優れているが，私法の立場からみて人の実際の生活と密着した法を選択する基準としては人の生活の中心である住所の方が優れており，人の生活関係と最も密接な関連を有する法の探求を目的とする国際私法の方法からみてより適当であり，むしろ近時，例えばヨーロッパで意味を失いつつある国籍という公法的基準をもち出すのは適当とはいえない。しかも英米法のとる住所概念をもってすれば連結点としての固定性，恒久性もそれほど劣っていない。しかし住所概念は国により異なっているのでその決定に困難を生じ，またその主たる適用分野である人の身分・能力に関する法問題については身分の公証などを中心にその本国との結び付きが強いという法の現実から，わが国では本国法主義が伝統的にとられている。アメリカや南米との関係において，移民の同化や，逆に移民に対する本国の法的支配関係の維持，人口政策などを根拠にこの問題を論じることも考えられるが，法政策的根拠を前面にもち出すのは私法の立場からは正当ではないという批判を受けている。

　また最近ハーグ条約で積極的に採用され，各国国際私法立法においても連結点として認められ，わが国においてもハーグ条約の国内法化のみならず，法適用通則法で採用された常居所が属人法の基準となるか否かが問われる。常居所地法が人がそこに属し，常に追随して適用される法として働く場合には属人法であるが，問題によってその土地に属する解決を行うという立場から準拠法として採用されている場合には属地法であるといえる。住所についても従来財産法と身分法において異なる法的意義が与えられていた。属人法の適用対象として身分法に適用されるか否かということだけで概念を決定することはできない。

　なお，属人法の適用範囲としては本来的には人自身に限られるので，人格の存在や人格権などに限られることになるが，身分や能力にも適用される。しかし人の帰属する地の法と理解するときは，その適用範囲は少なからず縮限の方向をたどり（サヴィニーでは，能力までに限られた），多くは法律関係の準拠法にゆずられることになる。

2　従属法とその基準

　⑴　総　説　　法人をめぐる抵触法問題については，法適用通則法においても明文の規定は置かれず，解釈によって補われる必要がある。その際に自然人について属人法を考えるのと同様に，法人についてもその法人の人的法律関係に一般的に適用される法，その法人が属する地の法として従属法が認められている（最判昭50・7・15参照。もっとも，自然人の場合と異なり，団体の成立〔設立〕までも対象としなければならない）。その基準については，属人法同様，主として2つの立場が争われてきているが，自然人の場合と異なり，固有の意味における国籍および住所はないので，従属法の基準としては設立準拠法と本拠地が考えられる。もっとも，自然人における属人法についてと同様に，従属法の抵触法上の意義については疑問もある。

　⑵　決定基準

　㋐　設立準拠法説　　法人と一定の場所との一般的な結び付きを考える場合に，法人が法上その人格を認められることが重要であるので（適用対象の方から従属法を見て），設立に際して準拠された法が従属法の基準となるとする見解である。英米では，自然人の属人法と対比して，住所，とくに，自然人の出生によって付与される本源住所にあたる概念であるとされ，恣意的に変更できないものと考え

られていた。しかし，その設定自体は，法人と最も密接な関係を有する地の法の選択は当事者が最もよく判断できるという意味で，当事者の意思の影響を受けやすいものとなる（連結点の操作であって，当事者意思を連結点とする当事者自治ではない点で注意を要する）。

　一般に，主として英米法で採用されてきた基準であり，大陸法においても一部の諸国が採用する。本来，法人が特許主義＝擬制主義によりその人格が成立していた時代に認められていたものであり，法人はいずれかの国の法律により設立されて初めてその法人格が取得されるのであるから，法人の成立を決定し，その法人が帰属する地の法が，その本拠の所在地と関わりなく常にその法人を支配すべきであることに主たる理由がある。実際上定款などを手がかりに設立準拠法は容易に認識でき，また，恒常性を有していること，さらに当事者利益にかなうことも指摘されている。法政策的には資本輸出国にとって，自国法により設立された法人の自由な活動およびその規制を保証し得るものとされる。しかし，法人設立者による恣意的な法選択，利害関係国の法律の回避が認められ，一般社会および取引の利益を損なうという批判がなされる。

　⑷　本拠地法説　　主として大陸法において採用されており，法人活動の本拠である住所を基準とする（イギリスでは，これはむしろ住所〔ドミサイル〕と区別された居所と対比されているが，大陸法における住所に近い概念である）。すなわち法人たる団体の主たる営業所が所在する地と法人の結び付きを重視する。法人の目的である活動が行われる中心はその主たる営業所が所在する地であり，法人と交渉をもつ，その地における一般社会の利益を保護できることを主たる理由とする。

　しかし，その本拠地の確定は必ずしも容易であるとはいえず，ま

た，単にそれが定款上のものであるとすれば，目的活動との結び付きが強いとはいえないという批判がなされる。本拠地を事実上のものであると解しても，それが現業の中心地であるのか，あるいは経営統括地であるのかについて見解が分かれている（後者が支配的である）。さらに，本拠地法説によれば本拠の移転が困難であることも指摘される。なお，本拠地法説は，法人格付与の観点から本拠地法により設立されることを要求するので，設立準拠法説にさらに本拠地法の要件を加重したものであるという理解が主張されている。

　㋒　まとめ　　わが国においては，設立準拠法説が通説であり，その欠陥は現実の本拠の所在地による社会保護・取引保護の監督規定を設けることにより是正されるものとする（もっとも判例は，設立準拠法と本拠所在とを同時に認定するのが常であるので，本拠地法説を採用しているという主張もなされている）。なお，設立準拠法説の欠陥を考慮して，現実の本拠地法で補う制限的設立準拠法説の主張も，条約などにおいては認められている。

　欧州連合においては，開業の自由との関係で，欧州裁判所の判例により設立準拠法主義がとられているが，各国国内法までも規定するものではない。

Ⅲ　国籍・住所・常居所の確定

1　総　　説

　わが国は原則として本国法主義を採用しているが，国籍はそれ自体が独立の法概念として現われるので，連結概念ともよばれる。連結点としての住所は，法適用通則法には用いられておらず，常居所が，前述のように，さらに連結点とされる場面が増えている。常居

所は，このような連結概念が国際的に一致していないことから生じ
る困難を避けるために，どの法域においても法概念として確定され
ておらず，国際的に統一的に捉えられ得る事実上の概念として，と
くにハーグ国際私法条約上採用され，しだいに各国国内法において
も採用されるに至った概念であるが，法概念としての性格を徐々に
帯びるに至った。そこでここでは，抵触法上の国籍，常居所の確定
の問題をまず取り上げ，特別法や英米においてなお用いられている
住所を最後に取り扱う。

2　国　　籍

（1）　総　　説　　国籍は伝統的に国際法上の国内管轄事項であると
されているので，国籍の取得，喪失などについて各国の立法が一致
していない。したがってそれらの間に食い違いが生じ，ある者が複
数の国籍を有する場合である国籍の積極的抵触（重国籍），または全
く国籍を有しない場合である消極的抵触（無国籍）が生じる。諸国
における近時の国籍法上の両性平等の浸透とともに，夫婦国籍独立
主義，国籍の生来取得に関する父母両系血統主義が広まり，英米法
系で伝統的にとられてきた生地主義との競合もあって，とくに重国
籍の発生する場合が増加しているのはわが国籍法をみれば明らかで
あろう。しかし国際私法において連結点として国籍が用いられてい
る場合には，このような抵触は通常1つの法律関係については1つ
の準拠法を定めている国際私法の建前と合致せず，準拠法を1つに
絞るための調整が必要とされる。

（2）　重国籍

（ア）　総　　説　　例えば国際結婚により出生した子は，その国籍を
異にする両親の本国の国籍法がそれぞれ父母両系血統主義を採用し

国籍留保届出総数（出生による日本国籍との重国籍者の一部）

年度	昭和59 (1984)	60 (1985)	平成7 (1995)	17 (2005)	22 (2010)	27 (2015)	30 (2018)
届出数	321	3,217	9,327	14,136	15,486	14,562	12,529

（出所）　法務省民事局各年度「戸籍事件表」,「戸籍統計」による

ている場合（最近のヨーロッパ諸国），あるいはその子が生地主義（子の国籍を生地国の国籍に従わせる立場）を国籍法の基礎とする国で生まれ両親の本国法が血統主義（子の国籍をその血統により定める立場）を採用している場合には，通常複数の国籍を取得することになる。また婚姻により妻が夫の国籍を自動的に取得するときに，その者が従来の国籍を保持する場合も同様である。

　(イ)　その１つが日本国籍である場合（内国国籍優先主義）　　重国籍者について，日本国籍がその中に含まれている場合には，法適用通則法38条１項但書により，法適用通則法の適用上その者は日本人として取り扱われる。このような内国国籍優先主義は諸国の立法において採用され，国籍法が公法であり内国で絶対に遵守されるべきこと，国籍の存否が明らかで確定に便宜であること，自国法の適用を導き出せることなどを根拠としている。

　しかしこのような根拠は私法の基礎としては適当でなく，属人法の基礎として常に内国がその者と密接に関連しているとはいえないこと（例えば移民やその子孫でなお日本国籍を留保している場合や外国で生まれ育っている日本国民の子についてはその日本国籍はすでに形骸化している），内外法平等を基礎とする国際私法の建前と合致せず，各国がこの主義によるときには国際私法の統一が無に帰すことから，立法論としては当事者に最も密接な関係を有する国籍によるべきで

ある。

　ただし「遺言の方式の準拠法に関する法律」2条2号,「扶養義務の準拠法に関する法律」については, 法適用通則法43条1項・2項によりその38条1項の適用はないので, 当事者が保有するすべての国籍が準拠法決定の基礎とされる。遺言または扶養権利者を抵触法上保護しようとするためである。

　(ウ)　いずれもが外国国籍である場合　　法適用通則法は, 諸国の立法例をも考慮して, 有している国籍のうちで当事者が常居所を有している国の国籍を優先し, そのような国籍がない場合はその中から当事者と最も密接な関係を有する国の国籍を優先する立場を採用している (38条1項本文)。各国で理論上支配的であった実効的国籍論 (本人が実際により密接に関連している国籍を優先するという立場) に近い規定ではあるが, なお段階的連結と平仄をあわせて, またその確定の容易さ, 明確さ, 法的安定性に配慮して, 常居所地国を密接関係地国に優先させている。「遺言の方式の準拠法に関する法律」,「扶養義務の準拠法に関する法律」については上で述べたのと同様にこの規定の適用はない。

　(3)　無国籍　　かつては, 無国籍となった時点を問わず住所地法をもって本国法とみなされていたが, 法適用通則法25条は, 住所に代えて, 他の場合の連結点の定め方に合わせて, 常居所を連結点とし, さらに常居所地法を本国法と擬制することをやめた。したがって, この常居所地法は本国法の代用法ではなくなったので, 法適用通則法25条を始めとする段階的連結において無国籍者の常居所地法と相手方の本国法が同一であってもその本国法は準拠法とはならず, その場合には国籍に次ぐ順位の連結点が用いられることになる (法適用通則法38条2項但書)。

無国籍者数（在留外国人）

年	昭和40 (1965)	50 (1975)	60 (1985)	平成7 (1995)	17 (2005)	27 (2015)	30 (2018)
登録者	587	2,676	1,982	1,826	1,765	573	676

（出所）　法務省入国管理局の統計による（各年12月末現在）

　なお，無国籍者の中には国籍不明の者も含まれる。

　(4)　難　民　　難民は無国籍者ではないのが普通であるが，それまでの本国と事実上の関係を失い，また関係を絶ちたいと望んでいる場合であるので，国籍によってその属人法を定めるのは妥当ではない。そこでわが国が批准した難民条約12条1項は，難民の属人法を住所地法としている。そこで本国法に代えてその住所地法が本国法として適用される。住所地法は本国法の代用法であるので，本国法によるべき場合にあたる。ただし，条約上の住所について定義もないので，その決定は締約国に委ねられ，わが国においては常居所と解する立場が有力に主張されている。また反致の成立を否定する見解も有力である。

　なお，難民条約12条1項は直接適用されるので，わが国の難民認定を受けていない者であっても，条約上の難民であり（難民条約1条），かつ，その地位でわが国に3年間居住しているときは（難民条約7条2項参照），その属人法は住所地法とされよう。

　不統一法国および分裂国家に属する者の本国法については，それぞれ別の項目（99頁以下，106頁以下）において論ずる。

　(5)　同一本国法　　例えば，婚姻の効力であるが，夫婦のような関係当事者が複数あるような単位法律関係について国籍を連結点として準拠法を決定しようとすると，両性平等の観点から，いずれか

の国籍を優先することなく夫婦に共通の本国法によることが考えられる。しかし，これは，各々の当事者の本国法とされるものと乖離したり，たまたま当事者間で外見上一致するものが本国法となったりするので，それを避けるために，法適用通則法25条は，本国法の同一性を要求している。これは当事者の有するすべての国籍を並べ，形式的に合致するものがあれば，それを共通本国法とするのではなく，各当事者についてまずその本国法をそれぞれ決定し，その上でそれらを比べて同一のものがあればそれを準拠法とするという方法である。

　例えば，日韓の重国籍者と米韓の重国籍者の間には，一見すると共通の，韓国法が準拠法となるようにも思われるが，前者について法適用通則法38条1項但書により日本国籍が優先するので，同一本国法がないものとされる。これは①当事者の本来の属人法とされない法律が，共通本国法が問題となる場合にのみ準拠法とされることを避けること，②複数国籍のうち関連性の薄いある国籍がたまたま一致することにより準拠法とされる不合理を避け，③例えば，イスラーム諸国の男性と婚姻した女性についてみられるように，婚姻により男性の国籍が付与される場合に，その男性の本国法が常に共通本国法とされることが適当でないことなどを理由とする。したがって，各当事者について，それぞれまずその本国法を確定した後に，両者を比べてそれらが同一かどうかを判断するのである。常居所についても同様の方法がとられている。

3　常　居　所

（1）　総　説　　国際私法で住所の概念が用いられると，各国による概念の違いにより国際私法統一の妨げとなることから，とくに戦

後のハーグ条約において多く採用されたのが常居所である。これは，これまで国内実質法でほとんど用いられてきていない事実概念であるとされてきた。わが国においてもハーグ条約を国内法化した「遺言の方式の準拠法に関する法律」や「扶養義務の準拠法に関する法律」においてすでに用いられていたが，法適用通則法においては，婚姻・親子の問題（25条～27条，32条。ほかに38条１項・２項，40条２項がある）のみならず，契約や不法行為などについても（８条２項，11条，15条，18条，19条，20条）採用された。属人法の基準となることもある概念である。

　(2)　概　念　　常居所とは，人が居所よりは相当長期にわたり平常に居住する場所をいうが，その概念や決定の具体的基準などに関する定めはないし，また国際的にも確定された決定方法はない。住所と異なり居住の意思は重視されないのが普通であるが，居住の目的，年数，状況などを総合して連結点として採用された趣旨を勘案しながら判断しなければない。人がその法域に属すべき場合としての常居所なのか，人の生活がその地に密着している場合としての常居所なのかで，事実の評価は異なるものといえる（水戸家審平３・３・４参照）。

　　法務省は，形式的審査権しかもたない戸籍窓口で常居所を認定しなければならない場合が生じるのに対処して，平成元年10月２日法務省民二3900号民事局長通達（基本通達）を出し，その認定基準を明らかにしている。それによると日本における常居所については，日本人については１年以内の住民票により，それがなくとも特別の場合以外は出国後５年以内は日本に常居所があるものとして取り扱い，外国人については出入国管理及び難民認定法による在留資格に応じて１年以上または５年以上の在留があれば原則として日本における常居所を認めている。また外国における常居所については，日本人は通常その外国

に5年以上，特別の場合には1年以上居住しているとその国に常居所があるものとされ，外国人については以上の基準に準じて考えるものとされる。これは明確な基準ではあるが，常居所の柔軟性を損ない，本来の趣旨にそぐわない結果を招きかねず，弾力的な運用を必要とする。法適用通則法においては，身分関係（戸籍事務）についてのみ常居所の認定が限られるのではないだけに，なおさら基本通達によることなく独自の決定を必要とする。

常居所が知れない場合に備えて規定があり，居所地法によらしめているが（法適用通則法39条本文），25条1項およびそれを準用する規定についてはこの適用はない（同但書）。また，常居所の積極的抵触については規定がないが，それは住所のようにその決定方法として領土法説をとらないので，そのような事態が生じないことを前提としているからである。

(3)　常居所の認定基準（解釈）　　住所と異なり，擬制を伴う形式的基準ではなく，居所という現実の生活の事実（所在）が重要である。連結点であるので，単位法律関係と最も密接な関係性を示す徴表が必要だが，それが連結点とされた根拠に応じて，その程度は異なりうる。例えば，属人法としての常居所については，その地域社会との結びつきの程度が強いもの，つまり基準となる人がその地に属するという程度が必要で，それ以外の場合には，人と地域部分社会との結びつきで足りよう（例えば，消費者，不法行為の当事者としての）。要は，特定の人（夫婦，子ども，消費者，被害者など）に応じてそのターゲットとなる生活が特定の土地と平常といえる程度まで結びついているかどうかである。

　(ア)　総　説

　　①　「平常の」　　これは異常の反対である通常ではなく（人里離れた所での生活は，客観的に正常の意味での通常ではないが，平常たりうる），また，「恒常」ではないが，それぞれの人のその基準とされる地域社会において，生活の平常さが基準である。その程度についてはこれまで生活の事実を示すものとして時間的な徴表，つまり居住期間が重視されてきた。すなわち常居所は，単なる居所と異なり，人が相当長期間にわたって居住する場所であることを要する，とされる。任意でない滞在は一般に平常ではない。

　　②　「居所」　　単位法律関係と最も密接な関係性を示す徴表が必要なので，擬制された形式的な居住ではなく，現実の居住を要する。ここでも，人が属する地域社会における，居住の事実が必要とされる。一般にこの事実は，時間的に表されるが，絶対的基準はない。たとえ短くても，その社会の一員となることは可能だからである。わが国では重常居所はないものとされている。

　(イ)　認定基準となる要素──当該人の属するターゲット地域社会との密接関連性

　　a）　居住の期間　　これは，居住の事実を外的にとらえるものとして重要で，一時的な居所では不十分である。しかし絶対的基準ではなく，また，「平常性」を損なわない限り，一時的な離脱は，密接関連性を遮断せず，引き続き滞在することは必ずしも必要ない。他方，長期の居住の事実から滞在地における常居所が直ちに認められるわけではなく，それぞれの人のその地の生活への統合が必要とされる。

　　b）　一般的には，社会生活で重要な，家族関係上の結びつきと職業上の結びつきが徴表としてあげられる。両者が競合する場合

には，連結の趣旨から判断されよう。例えば，属人法としてであれば前者が優先される。

　　c）居住の意思　　居住の客観的事実が充分に地域社会との結びつきを示していない場合は，居住の意思も基準となりうる。しかし単なる意思のみでは不十分である。服役や拉致，軍隊の駐留による居住は，「平常」ではないので，居住の意思は問題にならず，地域社会との結びつきは，一般に時間的には長期を要する。しかし，例えば消費者，不法行為の当事者については生活の中心地とする意思が客観的に認められれば足りる。また，入院，留学は，任意性があり，長期にわたる場合には常居所となりうる。不法滞在者の居住は，どの程度平常の居所といえるかによる。子ども（特に乳幼児）については居住の意思は問題にならないのが普通であり，その地の生活になじんでいれば足りる。

4　住　　　所

　法適用通則法は，住所を管轄の基礎とすることはあっても，連結点とすることはない。しかし，難民条約のほか遺言の方式の準拠法に関する法律2条3号も住所をなお連結点の1つとしており，また条理上住所が連結点とされることも考えられるので，住所について概説する。

　⑴　英米法上の住所　　住所は各国の国内法で用いられており，国により実質法上その概念が異なっている。大陸法における住所概念と英米法におけるそれが大きく異なっているのはよく知られている。

　　　　　英米法上の住所はドミサイル（domicile）とよばれているが，わが

国の住所と異なり無住所・重住所は認められないのが原則である。しかも法域単位で認定されるので，単一の法域をなす日本は全体として住所の単位となる。したがって大阪か東京かではなく日本かドイツか，カリフォルニア州かニューヨーク州かが問題とされる。

　イギリス法上のドミサイルは伝統的に①本源住所（domicile of origin），②選定住所（domicile of choice），③従属住所（domicile of dependence）を区別しており，①は人が出生によりその親から法律上当然に取得し，②は一定年齢に達した後に自らの選択により取得するものであるが，取得要件，とくに永住の意思の認定が厳格になされる。③は子供が親の住所に従うように，特定の人の住所に依存して住所が定まる場合である（精神的能力の十分でない者にもいえる）。妻が夫の住所に従うという以前に認められていた原則は，両性平等の観点から廃止された。いずれにせよ，住所概念は国内法上統一的に捉えられており，わが国のように各法目的に応じた住所の相対性がない点が注目される。

(2)　住所確定の基準　　住所概念が各国によって異なっているので，いずれの概念によって連結点を確定すべきかが問題となる。

　法廷地においては国際私法（例えば法例12条）と，国内実質法（民法22条）が同じ概念を用いるべきで法廷地実質法によるとする法廷地法説，国籍同様に住所の存否を問題とする国の実質法により決定するのがその国の公序にかない，また自国に住所がないと主張する国の法を属人法として適用することを避け得るとする領土法説，連結点の確定の問題であるから国際私法が自ら決定すべきであるとする国際私法自体説などが主張されてきたが，住所は，国際私法上の概念であり，国籍と異なり住所の決定が内国管轄事項であるわけではないので，国際私法自体説が妥当であるが，法例の解釈としては，法例29条2項が住所の積極的抵触（重住所）を前提としていたことから領土法説が通説であった。「遺言の方式の準拠法に関する法律」7条はハーグ国際私法条約に従い領土法説をとっている。わが国において連結点として

　　の住所の存否は，一般に民法22条に従い，生活の本拠の所在地とされ
　　るが，居住の意思と居住の事実を構成要素とする。

　すると国籍の場合と同様に住所の積極的抵触（重住所），消極的抵
触（無住所）が生じ，その解決が必要となる。法例29条2項は，重
住所についてその住所の中で当事者に最も密接な関係を有する地の
法律を住所地法としていた。改正前法例はこれを重国籍に準じてい
たが，重国籍の規定が改正され，また法人についても住所が考えら
れ得るので，密接関係地法を準拠法とした。現在の居所，最後の居
所などが基準となる。無住所については，法例29条1項により，代
用法として居所地法が適用されていた。

　もっとも法例においても，一般に住所を属人法の基準とすること
はなかった。

Ⅳ　法律回避

1　総　　説

　一般に自己に有利な結果を求めて本来適用され得る法を逃れる方
策がとられることがあるが，抵触法上も，本来であれば適用され得
る準拠法の回避を図って，抵触規則の準拠法決定要素の操作，典型
的には連結点の操作が行われる。この種の例は枚挙に暇がない。

　　　例えば，イングランドにおける婚姻に際する親の同意や一定の儀式
　　を嫌って，スコットランドのグレトナ・グリーン村で簡易な婚姻の方
　　式を選択するグレトナ・グリーン婚や，デンマークのトンデルンでデ
　　ンマーク方式で行われたトンデルン婚がある。後者は，スペイン法が
　　離婚を認めなかった時代に，離婚経験のあるドイツ人女性と結婚しよ

うとした初婚のスペイン人男性についてはドイツ法上要求される婚姻
能力証明書の免除手続において，ドイツの離婚を承認しないスペイン
法に従って免除が認められず，その再婚が認められないので，このよ
うな手続を必要としないデンマーク領内で婚姻を行ったものに始まる。
ほかにも，離婚を容易に行い，あるいはそもそも可能にしようとする
ネヴァダ離婚などのいわゆる移住離婚，リベリアやパナマへの便宜置
籍船，アメリカ合衆国でみられるデラウェア会社などがある。

2　法律回避論

　フランス破毀院のボッフルモン事件判決（1878年）はこれを法律
回避の故に無効とした事例である。その後フランスではこのような
法律回避行為はローマ法以来認められてきた「法の詐欺（fraus
legis）」として無効であると考えられており，スペイン民法12条4
項，ポルトガル民法典21条，セルビア国際私法5条，ルーマニア民
法2564条1項，ベルギー国際私法18条なども同様である（もっとも
内国法が回避される場合に限られないのが普通である）。これは準拠法の
適用結果を問題とする公序（第12章参照）と異なり詐欺的連結自体
を無効とするものであり，わが国においても旧法例10条但書は，方
式について日本法を故意に脱した場合に，本来認められるはずの行
為地法によることを認めていなかった。

　　　ボッフルモン事件判決　フランスのボッフルモン侯爵と婚姻してフ
　ランス国籍を得たベルギー人のカラマンは夫との離婚を望んだが，当
　時フランスでは離婚が認められておらず，別居判決しか得られなかっ
　たので，ドイツのザクセン・アルテンブルグ公国へ赴きそこに帰化を
　してその地の法律により離婚判決を得，ルーマニアの貴族と再婚した。
　そこで，夫であるボッフルモン侯爵がその離婚および再婚を無効であ

ると申し立てた事案について，破毀院はこのようなフランス法を回避
するためにだけなされた法律行為は無効であると判断した。

3　批判的考察

しかしこのような理論は，そもそも回避されるべき準拠法が予め
存在するかという問題のほかに，①法律回避の意思を伴わない場合
に，連結点，したがって準拠法の変更が認められるのであれば，そ
のような法律行為の効力を認めても実際上の弊害に乏しいこと，②
法律回避という当事者の内心の意思の証明は困難で，準拠法決定に
ついて法的な不安定を招くおそれがあること，③内国法の回避を問
題とすることは内外法平等という国際私法の建前に反すること，な
どを理由としてドイツ，英米，近時のイタリアそのほかの諸国では
認められていない。わが国においても通説はこれを認めていない。

しかし①はまさに当事者の思う壺であり，②は外的に認識し得る
場合にはあてはまらないし，③は一般に準拠外国法の回避をも対象
とするのであればあてはまらない。結局これは抵触規則の強行性や
各抵触規則の法目的の政策的強さとも関わり，一概にこのような理
論自体を不当と解することはできないが，とくにこれを認めなけれ
ば不都合が生じるというものでもない。ただ実際上このような法律
回避を助長することは望ましくない場合もあるので，操作を受けに
くい連結点を選ぶことが重要である（例えば，不変更主義）。

第9章　準拠法の指定

Ⅰ　地域的不統一法国法の指定

1　一般原則

　国際法上は1つの国家であると認められている共同体が，その内部においては統一的な私法をもたず，その地域ごとに独自の立法権を留保している場合がある。例えば連邦国家で，カナダやアメリカ合衆国，オーストラリアなどがそうである。これを地域的（あるいは場所的）不統一法国とよぶ。このような国家の私法を準拠法とする場合，具体的な準拠法はどのようにして確定されるのであろうか。これには従来，①間接指定主義と，②直接指定主義の対立があった。

　①は，国際私法上の準拠法の指定はすべて国家単位で行われており，したがってその指定された国家が自らどの法域の法を準拠法とすべきかを決定すべきであるとする。例えば行為地法が指定されている場合には行為地の所在する国家がいずれの地域の法によるべきかを決定することになる。

　それに対して②は，準拠法の指定の法的性格を①のようにはみずに，国籍を連結点とする場合を除けば，指定は一定の場所を指示している連結点によって直接に一定の法域の法に対してなされており，常にその法域所属国法が指定されているというふうに考える必要はないとする。つまり行為地法とはわが国の国際私法の立場で行為地とされる場所が確定されるのが普通で，その法域の法が直接指定さ

れていると考えるのである。

　①を採用する国もあるが（例えば，オーストリア国際私法5条3項），わが国の抵触法において用いられる概念はわが国の独自の立場から決定しなければその指定の趣旨は達成されないのであり，また国際私法における指定は常に国家法単位であるとはいえないから，②が正当とされ，法適用通則法の解釈においても②がとられる。したがって連結点が一定の場所を特定する要素を含んでいる通常の場合には②によるので，例えば，人の常居所地や物の所在地はわが国の法適用通則法の規定の解釈として確定され，その常居所地または所在地の法が準拠法とされるのであって，常居所地または所在地の所属する国の規則によって具体的な常居所地や所在地が決まるのではない。

　1978年のハーグの「婚姻の挙行及びその有効性の承認に関する条約」17条（挙行地の決定について），「夫婦財産制の準拠法に関する条約」17条（常居所地の決定について）などにおいても，国籍以外についてはこの立場がとられている。ただし，1973年ハーグの「扶養義務の準拠法に関する条約」16条，それに従った「扶養義務の準拠法に関する法律」7条は，常居所地についても間接指定主義をとっている。

2　不統一法国に属する者の本国法

　ところが，連結点が国籍の場合には，その本国のどの地域の法が準拠法となるかは直接には決まらないのが普通である。この場合にも，①間接指定主義と，②直接指定主義の対立がある。②により直接に指定するのがわが国の国際私法の準拠法指定，とくに本国法指定の趣旨に忠実で望ましいとも考えられるが，その基準については

住所地法によるとする立場，身分および能力に関する最密接関係地法によるべきであるとする立場など説が分かれ意見の一致がない。また，属人法として本国内のどの地域と当事者およびその法律関係が最も密接に関連しているかはむしろその本国の立法者が最もよく判断できるとして，その者の属する地方をその本国の準国際私法によらしめる①が通説となっている。この立場においては①を採用する国との間で準拠法が一致し国際的判決調和に役立つということも主張されている。国際私法により国家法単位による準拠法の指定があった場合には，一般にその国における国内的法抵触までを解決する趣旨は含まれていないし，国際的判決調和を考えると，①が妥当である。1961年の「遺言の方式に関する法律の抵触に関する条約」を始めとして，最近のハーグ国際私法条約も多くこの立場をとっている。

　もっとも，この立場によっても本国にその者の属する地域を定める準国際私法が存在しないとき（アメリカ合衆国についてこの規則が存在しないというのが多数説であろうが，裁判例もある〔横浜地判平3・10・31，同平10・5・29〕。法適用通則法38条3項が「その国の規則」としたことは，従来の解釈を変更し，統一規則によることまでも意味するものではないが，管轄権的構成をもって，「規則」がないとすることは，ありうる解釈である），あるいは国際私法と同じ規則が準国際私法規則である場合で，それに従うとその国以外の法が準拠法となるようなときには，わが国の国際私法の立場から属人法としてその法律関係と最も密接な関連を有するその国内の地域の法律を決定しなければならない。

3　法適用通則法38条3項

　法適用通則法38条3項は，まずその指定された本国の準国際私法により，それがない場合には当事者と最も密接に関係する地域の法律を準拠法としている。これは，改正前法例27条の表現があいまいで，いずれの主義によるのか不明確であった点を改め，「遺言の方式の準拠法に関する法律」6条同様に間接指定主義をとることを明らかにしている。ただしこの場合の間接指定とは，その国内における特定問題に関する法抵触の解決のための属人法の決定としての意味に尽き（その者の属する地方の決定），それとは異なる法の指定まで許すものではない。準国際私法と国際私法が同一の規則によっている場合には，準国際私法，とくにその者の属する地方を決定する機能に限定しなければならない。まして，本国法として，例えば州際私法によりその者の住所地法が準拠法とされる場合に，その住所がその本国以外に所在すると認定されることにより，その本国以外の住所地法がその者の本国法となることは許されるものではない。

　2で述べたように，アメリカ合衆国については，「その国の規則」がないとするのが，多数説であろう。

4　法適用通則法38条2項との関係

　法適用通則法38条1項・3項では，2項と異なり，「当事者の本国法によるべき場合において」としていないが，これは，1項では重国籍者の本国法が「本国法による」場合，すなわち準拠法として指定される場合のみならず，25条の「夫婦の本国法が同一であるときは」の適用に際しても問題となり，3項でも同様であるからである。2項では，無国籍者について本国法を適用すべき場合にのみその適用が問題となるので，この文言を置いている。

Ⅱ　人的不統一法国法の指定

　法がその地域により不統一であるのではなく，国内において人種，宗教などに従って，人により適用される法が異なっている国がある。例えば，インドネシア，マレーシア，インドなどである。インドでは婚姻などの身分的問題についてキリスト教，イスラム教，ヒンズー教，ゾロアスター教などのうちその人の属する宗教により適用される法が異なっている。これについては，「扶養義務の準拠法に関する法律」7条などにならって，法適用通則法40条は人的不統一法国について定めを置いている。

　法適用通則法40条1項は間接指定主義を原則とし，したがってまずその国の人際私法により，それにより得ない場合には最密接関係法による。同条2項は，常居所地または夫婦の最密接関係地が人的に不統一法国である場合について1項を準用している。この規定は住所地法にふれていないが，これは無国籍者について常居所地法が採用され，住所地について人的に法を異にするような場合がなくなったことによるが，難民についてはなお住所地法が適用され得るので，この場合にはこの規定が類推適用されることになり，人際私法がまず適用され，それがなければ最密接関係法によることになる（イラン人の本国法について宇都宮家審平19・7・20参照）。

Ⅲ　未承認政府・国家の法の指定

1　未承認政府・国家の法の適用

革命による政権交代や，かつての社会主義諸国のように新国家の

形成がある場合には，政府・国家の国際法上の承認が問題とされる。そのような場合に，国際私法上の準拠法となり得るのは，法廷地国によって国際法上の承認を受けた政府・国家の法律に限られるのであろうか。この問題は，当初第一次世界大戦中以降のヨーロッパにおいて成立した多くの新政府・国家を承認しない国において盛んに論じられた。とくに旧ソヴィエト政府は社会主義革命によって成立したので，長くこれを承認しない欧米資本主義諸国の多くにおいては，その法律を準拠法として適用すべきか否かについて立場が分かれたのである。

　　　イギリス，フランス，イタリアの判例などは，これらの国の準拠法性を当初否定したのに対して，アメリカ，スイスの後期判例のほか，ドイツ，オーストリアの判例はこれを肯定した。学説は多くこの立場を支持し，イギリス，フランス，イタリアを始め，多くの国の判例も今日これに従っている。

　　国際私法の本質を国家主権によって基礎づける国際法説の立場においては，未承認政府・国家の法律は事実としてはいざ知らず法律上は存在しないのであるから，そもそも法抵触は生じ得ず，したがってその法律の適用もできないのであるから，前者が正当とされる。また，本国法については，国籍が基準とされるが，未承認国家の国籍は，形式的には存在しないという。しかし，それが妥当でないことはすでに述べた。わが国においても，山形家鶴岡支審昭41・9・29は，中華人民共和国治下の満州で挙行された婚姻の方式について中華民国法を適用し，また福岡地小倉支判昭37・6・6は，朝鮮民主主義人民共和国に本籍を有する朝鮮人夫の本国法として大韓民国法を適用するなど，未承認政府・国家の法律を適用しなかった事例があった。

　　なお，ベルヌ条約の適用上，加盟国である北朝鮮について，条約当事国として取り扱わないという判例がある（最判平23・12・8参照。

なお，台湾については，WTO 当事国であることから，ベルヌ条約当事国であるとするのが，東京地判平23・3・2である）。

2　わが国における解決

　現在においてはわが国の判例，学説上後者の立場が通説であるといってよい。なぜなら，国際私法は事案と最も密接な関係のある法域の法律を適用して問題を解決することをその目的としており，国際法上の承認が存在するか否かという外交的・政治的問題とは無関係だからである。したがって準拠法は現実にその地において行われていなければならないが，行われている限り，それがどのような権威により命じられているかを問題とすることなく，私人の生活関係の規律に適した地域の法として適用する。すなわち，国際法上の承認の問題は，私法における法律関係の本拠や準拠法の実定性とは何らの関係をももたず，準拠法として適用しても，その国を承認することにはならない。また，承認によって準拠法を決めることにすれば，国によってその承認の有無により準拠法を異にすることになる。1932年の万国国際法学会決議を始めとして，その後の多くの国家の実行において，この立場が採用されている。明確ではないが，最判昭34・12・22を始め，判例はこの立場に立つものとみられる（なお，京都地判昭31・7・7参照）。最判昭59・7・6はこれを前提としているが，いまだ承認していない政府の法律の適用の可能性のみを認めたものにすぎない，とされる（東京地判平22・11・29は未承認国家の法の適用を認めている。もっとも，ベルヌ条約の適用に関しては，北朝鮮は未承認国家として同盟国とはみなされない。最判平23・12・8参照）。

Ⅳ　分裂国家に属する者（中国人・朝鮮人）の本国法

　未承認政府・国家の法の適用が問題となるのは，その国のすべての領域において新政府・国家の法律が実施されている場合であるのが普通であるが，第二次大戦後従来の1つの国の中で分裂が生じ，承認された政府と承認されない政府が対立しながら並存するという事態が生じてきた。かつてのドイツ，ヴェトナムなどの問題はすでに解決されたが，わが国の周辺には朝鮮，中国のようないわゆる分裂国家がなお存在している。朝鮮にはわが国が承認している大韓民国（1948年8月13日成立）と承認していない朝鮮民主主義人民共和国（北朝鮮・1948年9月9日成立），中国には1972年9月27日のいわゆる承認切り替えによりわが国により承認された中華人民共和国（1949年10月1日成立）と承認されていない台湾（1949年12月7日成立，中華民国）がある。

　わが国においては，これらの国に属する者について，その本国法を確定する必要が頻繁に生じる。そもそも分裂国家については，もはや国籍が実効性ある連結点としての資格を失っており，属人法としては本国法に代えて住所地法によるべきであるとする少数説もあるが，本国法主義を安易に放棄するものと批判される。

　この問題は未承認政府・国家の法律の適用と不統一法国の法律の適用が複合して現われており，実際にはこれまで多くの判例・学説が解決を模索してきた。朝鮮の場合を例にとると，まず承認が存在するか否かで区別し承認していない地域の国籍は存在せず，したがってわが国が承認している大韓民国のみを当事者の本国とみなす立場もある。しかし，承認の存否で区別する立場は少数にとどまり

（もっとも法務省の取り扱いには影響があるが），むしろ①朝鮮における分裂を国際私法において二国の並存状態とみるのか，あるいは，②一国内における2つの政権の並存状態とみるかという争いが一般的であった。

①は，二国がそれぞれ独立の国家を構成し，したがってそれぞれの国の国籍法があり，いずれもその正当性を主張しているので，ⓐ当事者についていずれか1つの国籍に絞り，その本国法を決定するものとする立場と，ⓑ当事者は二重国籍者となっているのであるから重国籍者と同様に取り扱うべきであるという見解に分かれる。ⓐは，なぜ1つに絞ることができるのかについて疑問があり，ⓑでは，改正前法例27条1項によると外国国籍同士の重国籍については最後に取得した国籍によるので，常に北朝鮮国籍が優先し妥当ではなく，27条1項の予想した事例ではないのでむしろ条理により属人法適用の趣旨に照らしていずれかの国籍を優先するものとされた。

②では，一国内に異法地域が並存する不統一法国と同じであるので，ⓐ不統一法国に関する規定である改正前法例27条3項によりその国の準国際私法によるが，それが存在しない場合として解決したり，あるいはⓑ通常の不統一法国ではないので，27条3項を類推適用して，準国際私法が存在しないので当事者とより密接な関係を有する国の法を本国法とする。この密接関連性においては，当事者の現在の住所・常居所・居所のほかいずれの地域に属するかという当事者の意思も重要な決め手とされる（東京地判平23・6・7参照）。

これまでは，①ⓑが判例・学説における多数説であり，②ⓑがそれについでいたが，法適用通則法の下においても，状況に大きな変化はない。しかし，いずれの立場に立っても，結局当事者とより密接な関係を有する国の法が本国法とされるのであって（法適用通則

法38条1項で常居所が基準となる点に違いがあるとしても，同条3項でも
その事実は重要な判断基準となる），大きな違いはなくなったといえる
が，本国法の認定は，依然，難しい場合が少なくない。分裂国家に
ついては，目下のところは，国際法上，わが国による承認の存否に
かかわらず二国の併存状態を認めざるをえないので，端的に法適用
通則法38条1項を適用すれば足るものと思われる（結局は，最密接関
係地法の認定の問題となる）。

　前掲最判昭59・7・6は，中国人の認知請求について，中国には，
中華人民共和国のみならず，台湾も含まれており，その者がいずれ
の地域に属するかの判断をすべきものとしている。最判昭59・7・
20は，朝鮮人について，とくに韓国法を準拠法としている。

第10章　反　　致

I　総　説

1　国際私法の抵触

　国際私法が各国の国内法である現実の下では，国際的に統一され
た国際私法規定は少なく，その内容が相互に一致しないのが普通で
ある。そこで国籍法の場合と同様に国際私法の抵触が生じる。同一
の法律関係について複数の国際私法によって指定される準拠法が表
見上複数生じる場合を国際私法の積極的抵触，準拠法が全く存在し
ないようにみえる場合をその消極的抵触とよぶが，前者については
一般に解決方法が発達しておらず国際私法を国際的に統一するほか
ないものとされるが，後者については反致とよばれる制度が認めら
れることがある。

2　狭義の反致

　沿革的には，フランス破毀院のフォルゴー事件判決（1878年）が，
反致を認めたものとして著名である。

　　フォルゴー（Forgo）事件判決　バヴァリア（ドイツのバイエル
ン）で生まれた非嫡出子であるフォルゴーが5歳のときに母とともに
フランスに移住し，長じてフランス人女性と結婚したが先立たれた。
フォルゴーは，68歳でフランスで遺言を残さず死亡したので，フォル

ゴーの残した動産の相続が問題とされたが，フランス法上の相続人は
存在せず，財産はフランス国庫へ帰属するものとされた。ところがバ
ヴァリアに居住するフォルゴーの母の傍系親族がバヴァリア法上相続
権を有するとしてフランス国庫に対して財産の返還を求めた。

　フランス国際私法によると，動産の相続は被相続人の最後の住所地
法によるが，フォルゴーは当時のフランス民法13条により外国人の住
所取得に必要とされた政府の許可を得ていなかったので，フォルゴー
のフランスにおける住所は認められず，ボルドー控訴院は本源住所と
してのバヴァリアの住所によった。しかしバヴァリアの国際私法によ
ると動産相続はフォルゴーの住所，財産の所在地によりフランス法が
適用される場合であったので，破毀院はこれを認めてフランス法によ
り請求を棄却した。

　フォルゴー事件判決にみられるように，フランス国際私法による
とバヴァリア法が，バヴァリア国際私法によるとフランス法がそれ
ぞれ準拠法とされ，事案に適用される準拠法が存在しないようにみ
える国際私法の消極的抵触について，法廷地が準拠法所属国の国際
私法の立場を認め，それに従うことでこれを解決する場合を狭い意
味における反致とよんでいる。諸国の国際私法は，このような反致
を認めるドイツ，フランスのような反致主義（1995年イタリア国際私
法13条は反致を認めるに至った）と，これを否定するギリシャ（ギリ
シャ民法32条），オランダ（オランダ民法），スカンジナビア諸国のよう
な反致否認主義とに分かれている。法適用通則法41条は，本国法に
よるべき場合に限って反致を認めている。

Ⅱ　反致の種類

　反致には，上で述べた狭い意味における反致のほかに，次のような種類がある。

　B国人XとYとの婚姻を例にとると，以下のようになる。

1　転致（再致）

　XとYがC国において婚姻を締結した場合に，A国でこの婚姻の有効性が争われたとすると，A国国際私法によると婚姻の実質的成立要件は当事者それぞれの本国法によるとされているとき，XとYについてはB国法によるが，B国国際私法によるとこれが婚姻挙行地法によるとされている場合に，これを認めてC国法を適用する場合を転致または再致とよぶ。C国国際私法では当事者の住所地法によるとしており，XとYの住所がD国にあるとされている場合には，さらにD国法によるというふうにさらに準拠法が移る場合があり，その場合を再転致または，再々致とよぶ。

2　間接反致

　最後の場合においてXとYの住所がA国にあるとされるときには，C国国際私法によるとA国法が準拠法となるので，これを認めてA国法を適用する場合，間接的に反致が生じるので間接反致とよばれる。

3　二重反致

　狭い意味での反致の場合，すなわちA国国際私法ではXとYの本

反致の種類

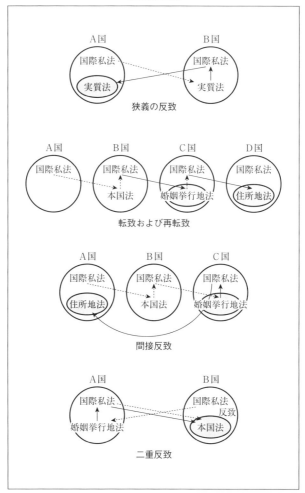

国法が準拠法とされているが，B国国際私法によると婚姻挙行地法が準拠法とされ，XとYがA国で婚姻したような場合において，A国がA国法への反致を認めるのであるが，その際に，B国国際私法においても反致を認めている場合はB国ではB国法がA国国際私法により準拠法となって反致されるのであるから，A国がこれをも認めて結局B国法を準拠法とする場合を二重反致とよんでいる。主としてイギリス判例上，反致の根拠を，指定された外国法はその外国の裁判所が裁判するように適用しなければならないとする外国裁判所追従説（Foreign court theory，外国法廷法理。114頁参照）に求めることから採用されたものである。

4　隠れた反致

　ＸＹの離婚問題について，準拠法として指定された外国法の所属する国においては，離婚問題について抵触規則がなく，ただ裁判離婚のみを認める法制の下，離婚問題についてはその法域の管轄権を認める意味で，裁判管轄規則のみが存在し，それにより同国に裁判管轄権が認められるとその法廷地の法律が適用されることになっているときに，その裁判管轄規則の中に抵触規則が隠れていると考えて，それにより日本に裁判管轄権が認められているときには，改正前法例において日本法への反致が成立すると理解する立場があった（ちなみに，法適用通則法の下では，離婚についての反致はない〔41条但書〕）。これが隠れた反致とよばれるもので，アメリカの州法から日本法への反致を認める多くの裁判例がこれによってきた。

Ⅲ　反致の根拠

1　総　　説

　このように自国の国際私法によって準拠法と指定された実質法をそのまま適用するのではなく，準拠法所属国の国際私法が指定する準拠法を自国においても準拠法とする反致は，他国の国際私法規定を顧慮するのであるが，その根拠については議論がある。

2　理論的根拠

　(1)　総括指定説　　国際私法規定が外国法を準拠法として指定するのは，その外国法を全体として総括的に指定しているのであるから，その法律の中には当然国際私法規定も含まれている。したがって，それを顧慮して準拠法を決定するのは理論的に当然であるとする見解がある。これが総括指定説とよばれる立場で，ドイツを中心としてとられ，またイギリス判例の外国法廷法理もこの見解に連なるものと解されている。

　しかし，この見解によれば，準拠法所属国もこの立場に立って法廷地国際私法を含むすべての法を指定することになるので，結局論理的に法廷地と準拠法所属国の間を無限に循環し，準拠法が決まらない結果となり，いわゆる国際的テニス競技となるという批判があり，わが国においてはとられていない。国際私法による準拠法の指定は，あくまでも実質法への指定であるというのがわが国の通説である。

　(2)　棄権説　　これは国際私法の基礎を国家主権に求め，準拠法として指定された法律の所属する国家が自国法以外を準拠法として

いる場合には，それは事案に対する自国の管轄を放棄しており，あえてその国の法律を準拠法として適用することはその国の主権を侵害し，「王に優る王党」となるので準拠法を適用しないものとする。そして，それにより生じた欠缺は法廷地法が補充するのが当然である，という見解である。

　しかし，外国法を準拠法として指定することはその国の法適用意思に基づくものでも，ましてそれを認めないことがその国の主権に触れるということはないので，この見解はわが国ではとられていない。

3　実際的根拠

　反致を理論的に基礎づけることは難しいが，実際的理由による基礎づけはできないか。

　(1)　内国法適用拡大説　　外国法が準拠法とされている場合には，その内容の確定・適用には困難が伴うので，裁判の便宜，質という観点からも内国法が適用される場合を増やすことが実際上必要で，反致によりそれが達成されるという見解である。

　しかし，このような内国法優先の考え方は，内外法平等を前提に準拠法を決定している国際私法の建前に反することになる，また，外国国際私法の確定・適用がその実質法の確定・適用よりも容易であるとはいえないとして批判されている。それにもかかわらず，実務に根強い内国法志向の傾向により支持されることがある。

　(2)　国際的判決調和説　　準拠法所属国の国際私法に従うことによって，その国で準拠法とされるものとわが国で準拠法とされるものが一致し，ことに本国法主義と住所地法主義の対立の緩和という立場から国際的な判決の調和が達成されるという主張であり，最近

わが国でも有力に主張されている。

　しかし，準拠法所属国においても反致原則が認められている場合には，準拠法所属国ではその国の法律が準拠法とされ，わが国では日本法が準拠法とされることになり，結局準拠法が両国の間で入れ替わるにすぎず，判決の国際的な調和が常に達成されるわけではないと批判されている。国際的な判決調和は国際私法の国際的統一の実現をまたねばならず，反致という手段では十分には達成されない。また国際的な判決調和を考慮すると転致などをも積極的に認めなければならないことになろう。

　(3)　判決承認の拡大説　　反致を採用することによって，自国の判決が外国でその効力を認められる機会が増えるということを根拠とする考え方である。

　しかし，判決の承認が問題とされるのは準拠法所属国に限られないし，判決の承認は，必ずしもどのような準拠法によって裁判がなされたかということに依存していないのが現状であるから，この立場には十分な理由がない。

　(4)　批判的考察　　以上をみると，反致原則には十分な根拠がないとされており，わが国の国際私法規定が当該法律関係と密接な関係があるものとして選択した準拠法が，準拠法所属国の準拠法についての考え方によって左右されることは，わが国の国際私法の決定を否定することにほかならないものとして，伝統的に反致を否定する考え方が強い。

　もっとも最近わが国においても，とくに本国法主義が立法政策的に妥当でないとして，法律関係と密接に関連する法が内国法であるときには積極的に反致を活用する立場を支持する見解も主張されているが，準拠法所属国の国際私法を顧慮するのが反致であって，密

接な関連性を有する法を発見する手段としては必ずしも適当でない。さらに，平成元年法例改正によって，婚姻・親子の問題については立法政策上の不備は大幅に是正され，最密接関係地法が新たに探求されたのであるから，反致をこのような立場で基礎づけることは妥当ではない。

　国際的判決調和は，本来，国際私法の統一によって達成されうるものであって，「屋上屋を重ねる」ことには慎重であるべきだが，国際私法の現状をみる限り，限定的には国際的私法交通の円滑と安全に資することもありうる考え方である。

Ⅳ　わが国における反致

1　総　説

　平成元年法例改正に際して，外国国際私法の解釈が外国実質法の解釈以上に難しくなっていること，最密接関係地法を各法律関係について定めた改正の趣旨からみて，反致に関する規定を削除すべきであるという意見も出された。しかし，婚姻・親子についてのみ反致を認めないことが一貫性を欠くこと，実務上日本法による方が法適用が容易となることなどを理由に，法適用通則法41条も反致を存続せしめた。これは，狭い意味における反致のみを認めている。

2　法適用通則法41条の解釈

（1）「当事者の本国法によるべき場合」　「本国法によるべき場合」でなければならず，法適用通則法4条1項，24条1項・3項，28条〜31条，33条〜37条（34条については，25条〜27条および32条が適用される場合を除く）あるいはそれを類推適用して本国法が本来適用

される場合でなければならない。したがって，例えば，ツアーでドイツに旅行中の日本人がレンタカーを運転中に自らの過失で事故に遭い，同乗者である日本人が怪我をした場合に，被害者が加害者に対してわが国で損害賠償請求すると，法適用通則法17条によって不法行為の行われたドイツ法が準拠法とされ，ドイツ国際私法（民法施行法40条2項）によれば両当事者が同一国家にその常居所地を有する場合にはその国の法，すなわち日本法が準拠法とされているときにも反致は成立しない。

　無国籍者についても国際私法の改正により本国法の代用法とみなされるものがなくなったので（法適用通則法38条2項），反致は成立しなくなった。ただし難民については住所地法が本国法とみなされるとして反致を認める立場も考えられるが，これを否定する見解が有力である。

　また法適用通則法25条，26条，27条および32条の認める段階的連結における本国法については，「本国法によるべき場合」ではあるが，とくに当事者双方に共通に密接に関連する法が準拠法として定められている趣旨から反致が成立しないこととされている（26条2項の「国籍を有する国の法」はそもそも「本国法」にあたらない）。

　なお，選択的適用を認めた24条3項本文や28条1項，29条2項，30条1項，34条等について反致を認めず，さらにセーフ・ガード条項についても，その趣旨を没却することになる反致は適用されないものとする有力な見解がある。セーフ・ガード条項については，子の保護の観点から反致を認めるべきでないとしても，選択的連結については，選択的連結自体を否定するわけではないので，解釈論としては，反致を否定すべき理由に乏しい（名古屋家豊橋支判平30・10・2は，通則法28条1項の選択的連結についてもルーマニア法からの反

致を認めている）。扶養義務および遺言の方式については，反致は認められない（法適用通則法43条）。

　(2)　「その国の法」ほか　　「その国の法」とは，その国の国際私法を指し，「日本法」とは日本の実質法を指している。外国の国際私法の解釈にあたっては性質決定，連結点の確定，法律詐欺，公序などを含めてその国の解釈に従う（もっとも，本国法上の外国裁判の承認原則などをも考慮するものではない）。隠れた反致の場合には，解釈上，この点が問題となる。

　(3)　「日本法によるべきとき」　　反致はもともとわが国の本国法主義と外国の住所地法主義の対立を緩和するために認められたものであるとされるが，実際には外国人（当時は領事裁判権を認められていた外国の国民）について，属人法であるそれぞれの本国法をわが国で適用することの問題性も意識されており，住所地法として日本法が指定されている場合に限らず，日本法が準拠法として指定されている場合は，その資格を問わずに，（行為地法，所在地法などとしての）本国法によることなく反致を認めるものである（なお，東京高決平18・10・30は，中国国際私法が，行為能力につき定住国の法律を適用することができると規定しているが，常に定住国の法律を適用するものではないので，定住国である日本の法によるべき場合とはいえないとして反致を認めない）。転致等は日本法によるべき場合でないので，原則として認められない。

　被相続人の本国が韓国である場合に，その本国法である大韓民国国際私法49条2項により，被相続人が遺言当時に日本に常居所を有し，日本法を準拠法として指定する遺言を残していた場合などに，反致が成立するかについては，次の事例においてふれる。

　(4)　反致の事例　　これまでふれた事例のほか，以下の事例が参

考となろう。

　(ア)　婚姻の実質的成立要件　　法適用通則法24条１項により各当
事者の本国法によるが，①日本所在の日本人と本国所在の中華人民
共和国人の間での日本における婚姻について，同国民法通則147条
が，同国人と外国人との婚姻には「婚姻締結地の法律を適用する」
ため，日本法への反致が認められる（平成14・8・8民一1885通知），
②日本在住のカナダ人男と日本人女の日本における婚姻について，
カナダ法が本人の住所地法によるとするので，反致が成立する（昭
和30・4・15民甲700回答）とし，さらに日本に居住するペルー人男
と中国人女の創設的な婚姻届について，ペルー民法2075条は住所地
法により，前掲中国民法通則147条は婚姻締結地法によるので，日
本法への反致が成立しうる（平成18・7・25民一1690回答）。

　(イ)　相　　続　　相続については，法適用通則法36条（法例26条）
により，被相続人の本国法によるべきところ，③中国人被相続人所
有の日本所在の不動産の相続について，中華人民共和国継承法が準
拠法とされるが，同国継承法36条によれば，中国人の国外にある遺
産相続については「動産については被相続人の住所地の法律を適用
し，不動産については不動産所在地の法律を適用する」ので，日本
法への反致が生じる（最判平6・3・8），④日本在住のインド人の
死亡に伴う相続について，インド相続法上，動産相続は被相続人の
死亡当時の住所地法によるので，日本法への反致が成立する（神戸
家審平6・7・27），⑤ニュージーランド人の相続についても不動産
所在地法および被相続人住所地法への反致が成立する（東京家審平
11・10・15。フロリダ州法から不動産所在地法である日本法へ反致を認め
る東京地判平28・7・1），⑥中国人が被相続人である場合に，その
本国法である中華人民共和国継承法36条１項により不動産相続は所

在地法によるので，日本所在の不動産の相続については日本法への反致が成立し，動産相続についてはその住所地法によるが，株式の相続は動産相続とされないので，反致が成立しない（東京地判平22・11・29。なお，中国法からの反致を認めた東京地判平27・4・22，東京地判平28・6・29，東京地立川支判平23・9・22参照），とする（なお，2010年中華人民共和国渉外民事関係法律適用法の31条は「法定相続については，被相続人の死亡時の常居所地法を適用する。ただし，不動産の法定相続については，不動産の所在地法を適用する。」と定める）。部分反致を認めることの是非が問題となる事例である。

　⑦被相続人の本国法である大韓民国国際私法49条2項が，被相続人が遺言により相続準拠法を選択することを認めているので，被相続人が遺言当時に日本に常居所を有し，日本法を準拠法として指定する遺言を残し死亡時まで日本に居住していた場合や，日本に所在する不動産相続について，日本法を準拠法として指定した場合に，反致が成立するかについて，これまで消極的な裁判例がみられた。しかし東京地判平30・1・16においては，「被相続人の相続には日本法が適用される（法の適用に関する通則法第41条，韓国国際私法49条2項）ところ，原告らは，本件遺言第2条に基づき，本件建物の所有権について，各4分の1の割合の共有持分を相続し，平成27年12月8日付けで，本件遺言に基づき，共有持分を各4分の1とする所有権移転登記手続をした」と述べて，反致を認めるに至り，被相続人の相続には日本法が適用されるとしている。なお，東京地判平26・10・14は，「韓国国際私法49条2項1号は，被相続人が遺言により被相続人の常居所のある国家の法を準拠法として指定した場合は，当該国家の法が準拠法となる旨定めているが，B〔被相続人〕が遺言をしていたことを認めるに足りる証拠はない」とする。

　(ウ)　遺言の成立・効力　　法適用通則法37条１項（法例26条１項）は遺言の成立当時の遺言者の本国法によらしめるが，ロシア人被相続人の遺言能力については，ロシア共和国民法567条が「相続関係は，被相続人が，最後の，恒久的な住居地を有していた国の法律によって定められる。」（１項），「遺言の作成および取消，遺言の形式，およびその取消書類は，遺言者がその書類を作成した時に，恒久的な住居地を有していた国の法律によって定められる。」（２項）と定めるので，その住所地であった日本法が準拠法とされ，日本法への反致が成立する（東京地判平３・12・20）。

　(5)　間接反致　　外国国際私法が日本法ではなく第三国法を準拠法として指定し，その第三国の国際私法が日本法を準拠法としている場合，すなわち間接反致は，日本法が直接に準拠法とされていないので原則として認められない。しかし，わが国の国際私法によって準拠法として指定された実質法の所属する国の国際私法が転致を認め，したがって，「その国」の国際私法によって日本法が指定されていると解され得る場合には，間接反致が認められるとする見解がある。広い意味における国際私法の消極的抵触の解決の場合であり，また国際的判決調和が達成され得るからであるが，転致の規定の適用を認めることは問題であろう。

　(6)　二重反致　　二重反致は，これを認める立場と否定する立場に分かれているが，イギリスの外国裁判所追従説によることなく，法適用通則法41条の解釈論として「その国」の国際私法の中には反致の規定も含まれるので，その国の国際私法によればわが国の実質法が準拠法として指定されていない場合であり，法適用通則法41条の単純な反致が成立しないものとして，実質的に二重反致成立と同じ結果を認める立場が有力に主張されている。

　しかし，これは国際私法の積極的抵触の場合にあたり，またその
国が二重反致を認めていると循環論に陥るので認め難い。反致規定
は国際私法の抵触を解決する規定であって，そのほかの国際私法規
定と性質を異にするのでこれを顧慮しなくても一貫性を欠くことに
はならないし，そこまで他国の国際私法に従う必要はないものとい
える。従来の通説は反致の自殺であるとしてこれを認めることに否
定的であった。東京高判昭54・7・3は，これを認めた唯一の裁判
例である。

　(7)　隠れた反致　　準拠法所属国の国際的裁判管轄規則の読み替
えによる反致は，それがその外国法の趣旨に合致した解釈であるの
か，それにより国際的判決調和が達成されるのかについて疑いがあ
る。また利益衡量を行って，事案ごとにその成否を決定するべきで
あるという見解もある。基本的には否定的に解釈すべきであろうが
（もっとも，アメリカの州法から，日本法への反致を認める裁判例は，少な
くなく〔東京家審昭35・2・8ほか多数〕，また，戸籍先例もあった〔平成
8・8・16民二1450回答〕が，平成元年の法例改正後は裁判実務は否定的
であった），その外国法上，例外的に裁判による身分関係の形成のみ
が認められており，したがって，その法域の裁判管轄権についての
規定のみが存在する結果，その身分関係の形成にわが国だけに管轄
権が認められているような場合（専属的管轄権など。要するに結果的に
準拠法が複数生じ，その1つにより反致するものは避けるべきである）に
は，その趣旨が日本法を準拠法とする趣旨も含んでいる限りでは，
認めてよい。もっとも，親子関係，離婚については平成元年法例改
正により反致が認められなくなったので（それにもかかわらず，那覇
家審平3・4・1は，親権者指定について隠れた反致を認めた），管轄権
的構成をとる，決定型のみによる養子縁組制度などで実益があるに

すぎない（青森家十和田支審平20・3・28参照）。

3　法適用通則法以外における反致

　手形法88条1項後段，小切手法76条1項後段は反致のほか転致をも認めている。また親族関係により生じる扶養義務，遺言の方式について反致の規定の適用がないことは述べた。

第11章　外国法の適用

Ⅰ　総　　説

　国際私法によって外国法が準拠法として指定された場合，裁判所は，その外国法の内容を確定し，それに忠実に解釈・適用しなければならない。しかし外国法を調査・適用することは極めて困難なことが多く，それを避けるためにいわゆる内国法志向の傾向がみられることが指摘される。外国法の証明，ならびにその結果としての準拠法の適用は民事訴訟法の問題でもあるが，そもそも準拠法とされた外国法がその趣旨通りに解釈・適用され得るか否か，その結果の処理は，国際私法の機能の実効性に関わる問題である。

Ⅱ　外国法の法的性質

　外国法の適用については，その法的性質を論ずることにより取扱いを決めるということが従来行われてきた。しかし最近では，訴訟における外国法の取扱いの問題は単にその法的性質論に尽きるものではなく，優れて法政策の問題であることが認識されている。しかし，法的性質論がなお主張されることもあるので，その概要にふれておこう。

　　外国法事実説　内国における法は内国法に限られ，外国法は単に事

125

実にすぎないとする見解である。主に英米で伝統的にとられてきたが，わが国においても法例起草者の穂積陳重は外国法事実説をとり，また，裁判例の中にはこのような立場をとるものもある。外国法が事実にすぎないものとすると，訴訟においては当事者による主張・立証をまたねばそれを取り上げることはできず，準拠外国法の適用が結局当事者に委ねられてしまうことになる。しかし，立法者は，外国法に対しても内国における法源としての性格を与えることはできるのであり，そうでないと，国際私法の前提をなす内外法平等は損なわれることになる。従来この見解を支持していたアメリカ合衆国においては連邦法において修正をみており，またフランスにおいても近時外国法はその法としての性格が認められた。

　外国法法律説　外国法は内国においても法としての性質を有するとする見解である。この中にも，イタリアにおいて主張されるように，内国においては内国法だけが法であるので，外国法は国際私法によって準拠法として指定されると内国法に変質または内国法へ編入されるという立場がある。しかし，立法者は外国法をも内国において法として認めることはできるし，外国法が内国法になるというのであれば，内国のすべての上位規範もその外国法へ適用され，その結果，内国憲法に反するすべての外国法の適用はできなくなる。これは，後に述べる公序の考え方となじまず，維持できない。もっとも，現代においては，外国法の適用根拠を内国国際私法に求める以上，外国法編入説によるほかないとする立場もあるが，形式的には外国法が準拠法とされたと同時に内国法となるわけではないので，論理必然的な結論であるとはいえない。

　そこで外国法は内国の国際私法によって準拠法として指定されることによって，内国においても法として適用されるという狭義の外国法法律説が唱えられ，判例もこれを認めており，わが国では通説となっている。

Ⅲ　外国法の確定・解釈

1　外国法の調査・適用

　外国法の適用に際しては，まずその外国法の内容を調査・確定しなければならない。外国法は内国においても法であるので，「裁判官は法を知る」という法諺に従い，裁判所が職権で調査・適用する。しかし明治23年民事訴訟法219条が「地方慣習法，商慣習及ヒ規約又ハ外国ノ現行法ハ之ヲ証ス可シ裁判所ハ当事者カ其証明ヲ為スト否トニ拘ハラス職権ヲ以テ必要ナル取調ヲ為スコトヲ得」と定めていたように，当事者の協力を求めることもできる。

　外国法を調査する手段としては，旧民事訴訟法261条の昭和23年の削除以来，一般的には認められていないとされる職権鑑定をも用いるべきであり，立法論としても一般的に専門教育の充実，司法制度の改革など法制を整備し，国際条約による国際的な協力体制の確立や関連官庁の協力，比較法研究所の設置など，外国法調査手段を整えて司法の国際化に備える必要がある。外国法が事実か法かという問題とは，必ずしも関わらない法政策的問題，手続法的問題である。国際民事手続法上の問題として，裁判管轄権同様に，渉外法的理念にも服するのであるから，本書で取り扱うべきものであろう。

　準拠法である外国法については，裁判所の調査義務（外国法に関する事実についての職権探知義務）およびその適用義務があるが，裁判所の調査によってもその存否・内容・解釈が明らかでないときは，裁判所に知られていない法規と同様証明の対象ともなる（その結果，証拠がないときは当該法規範は存在しないものとしてとりあつかわれる。大阪高決平15・4・22「死別による事実婚解消後に判決によって事実婚関

127

係が確認されたが，婚姻申告はしていないという者に対し，財産相続に関する大韓民国民法の規定が準用又は類推適用されるのかについても，その準用又は類推適用が大韓民国内の公権的解釈として肯定されている事実が明らかではない。」参照）。法規の存在・内容に関する事実の証明には自由な証明が許容され，職権探知の場合については，当事者に防禦の機会を保障することも必要となろう。

2　準拠法の解釈

　準拠法としての外国法はその外国において行われるように解釈すべきで，また法とされるものもその外国法秩序によって決定される。成文法のみならず判例法，慣習法，条理などの法源性や拘束力，ある規範が妥当力を有するか否か，上位規範との関係もこれによる。外国法は，国際私法により準拠法として指定されることによって外国法として適用されるので，具体的事案に適用されるべき外国法規範はその外国法秩序の一部として解釈，適用され，わが国の解釈方法論や法観念に従って理解されるべきではない（最判平20・3・18は，準拠法たる韓国法を，日本法を基準として解釈したものとして批判されている）。外国法の一部欠缺の場合にもその補充はその準拠法に従ってなされなければならない。また準拠法としての内国法の解釈にあたっては，ときには純粋の内国事案について適用される場合と異なり，渉外性に対する配慮を必要とすることもある（最判昭49・12・24参照）。

Ⅳ　外国法の欠缺または不明

1　総　　説

　外国法が準拠法として指定された場合，その国において当該事案に対して適用される法規範を最大限の努力を払って明らかにしなければならないが，その国とわが国との間に国交がないことや，あるいは新興独立国や政情不安定の国家である場合についてみられるように，当該法規範の内容が全く不明である場合，あるいは全部欠缺がある場合が生じる。ただし，不明と欠缺は区別され，欠缺については準拠法国の規準により処理されるべきであるが，その処理の規準も明らかでないときには，不明と同じことになる。このように適用すべき法規範が明らかでない場合の処理については，次のような見解の違いがある。

2　諸　学　説

　(1)　請求棄却説　　主として英米でとられていたように，当該外国法の内容について当事者による攻撃・防御の事実の立証がなかったものと同視し，請求を棄却するという考え方である。わが国においても，跡部定次郎教授は当事者にも外国法の法律証明としての責任を認め，職権調査によっても，当事者による証明によっても，その内容が不明である場合には，請求を棄却するとした。棄却の裁判をする限り裁判拒絶にもならず，当事者が攻撃・防御の事実を証明しなかった場合と同じく当事者は不利益を甘受すべきであるという。しかし，事実説自体はわが国ではとられておらず，また法規について事実の証明と同じ取扱いをすることは妥当でないし，また跡部教

授のように，このような当事者の責任を認めることは不当である上に，実質的には裁判拒絶となる以上，この立場は支持できない。

(2)　内国法適用説　　「疑わしいときは法廷地法による」という法諺により，外国法の内容が不明である場合には内国法を適用することにしたり，外国法がその内容において内国法と一致するものと推定して，あるいは内国法が客観的な条理と一致するものとして内国法を適用する考え方である。最近の立法例の中にもこのような立場を定めるものが多い（2011年ポーランド国際私法10条2項，オーストリア国際私法4条2項，スイス国際私法16条2項，ベルギー国際私法15条4項）。わが国においてもこれを支持する見解が強い。

しかし，内国法を優先させることは内外法平等に反し，また国際私法統一の障害ともなる，という批判がなされている。

(3)　条理説　　法規欠缺の場合と同視し，条理によってこれを補充するとする見解で，裁判事務心得（明治8年太政官布告第103号）第3条（25頁参照）に根拠を求める。これは，従来の学説・裁判例における多数説である。①具体的には，内容が不明とされる準拠法秩序全体からその外国法上妥当すると思われる法を導きだすのである（準拠法上の条理）。

しかし，その外国法秩序の基本的価値体系を探りだすことは極めて困難であり，結局，恣意的な認定に陥り，結果として内国法の適用に道を開くとする批判がなされている。また，このように外国法内容を推認できる以上，外国法不明の場合にあたらないとも批判される。準拠外国法上の欠缺補充の方法も不明である場合が外国法の不明にあたるからであり，欠缺補充の方法が条理によるか否かも本来，準拠法が決定すべきものである。また②これを手続法上の問題，その準拠法調査，事実認定の問題として捉えることを条理とする立

場もあろう。次に，③一般的条理によるという立場もあるが，単な
る条理では余りにも抽象的であるし，その一般的条理によるという
ことの根拠も明らかでない。準拠法の内容不明を準拠法欠缺の場合
と同視することも妥当でないとされる。あるいはこれも②説に収束
するものであるかもしれない。条理説においてときに誤って主張さ
れる④日本法上の条理による補充への批判もある。この場合には，
外国法上の法規欠缺は，その外国法による欠缺補充の方法によるべ
きで，わが国の抵触法上の条理で補充することは，連結のやり直し
に等しく，理論的には認められるものではない。しかし一般的にこ
の立場がとられるゆえんは，直ちに法廷地法によるよりは，わが国
の国内実質法は渉外的法律関係の規律を目的とはしていないのであ
るから，渉外実質法の欠缺として条理によりこれを形成する方が望
ましいとする，実際的な衡平感覚に基づくものという評価も可能で
ある。

　(4)　最近似法適用説　　最近の学説・裁判例に多くみられる見解
で，本来の準拠法に最も近似している法秩序を探求して適用するも
のであり，近似国法参考説と最近似国法説に分かれるとされる。準
拠法の法内容が不明な場合の負担を分配するために，裁判所の恣意
を排して国際私法の目的に即した具体的な解決基準を与え，実際的
で合理的な解決を与えることを目的とする。死後認知について北朝
鮮法を適用すべき場合に，大韓民国の法律によることなく，同じ社
会主義的法類型に属する旧チェコスロヴァキア，ポーランドの法律，
旧ソ連邦の判例を考慮して死後認知を認めた裁判例（東京地判昭51・
3・19。養子縁組について，東京家審昭38・6・13は，北朝鮮法について，
同民族国である韓国法および同じく社会主義法類型をとる旧ソ連法等を考
慮してその内容を推定している）がある。

しかし，近似法が法系論により探求される限り近似法が見つかる場合は限定されており，また，真実の法ではない近似法が本来の準拠法選定の趣旨にかなっている法であるという保証はないから，常に妥当な結果をもたらすとはいえない。しかし，条理説の客観化であると考えれば，やり方によっては本来の準拠法に近づくものとも考えられる。

3　結　　論

そこで次に，本来の準拠法の適用をあきらめて，むしろ次順位の関連性を有する法を準拠法とする補充的連結説も主張されている。しかし安易に外国法の内容不明とすべきではなく，手段を尽くして本来の準拠法により得る限りはそれによるべきである。そこでまず外国法調査の一般的方法に従い事実認定を行い，全部欠缺がある場合の欠缺補充はその外国法の解釈方法に従い，内容が明らかでない場合には **2(3)**ないし **2(4)**説によるが，それでは法内容を明らかにできず，しかも相当な手段を尽くしても合理的期間内には解決規範としての外国法を推定さえできないという，ごく稀な事例においては，これは実質法レベルの問題であるので連結自体をやり直すのではなく，内国法により補充することもやむを得ないであろう（オーストリア国際私法４条２項など参照）。

V　外国法の適用違背とその上告

内国法についてと同じように，準拠法である外国法の適用が誤っている場合にそれをもって上告できるか。外国法を適用すべき場合に，内国法あるいは本来指定された準拠法ではない外国法を適用し

たときには，わが国の国際私法自体の適用違背であるから上告がで
きる。準拠外国法の適用を誤った場合については諸外国においても
意見が分かれている。否定説は，上告審が内国法令の解釈の統一を
任務とし，また，上告を認めることは上告審にとって負担となり，
外国法について誤った解釈・適用を行うと上告審の権威を損なうと
か，外国法が事実にすぎないとして，法律審である上告審の任務で
はないことなどを理由とする。

　しかし，肯定説は，内外法平等から当然外国法についても上告が
できるとし，あるいは法的安全性のために内国における外国法の解
釈適用の統一も必要で，上告審には下級審におけるよりは優れた調
査手段が備わっていることを理由にこれを認めている。わが国の判
例もこれを肯定し（最判平20・3・18参照），学説も概ねこれに賛成
している。しかし，その具体的に上告可能な範囲については，検討
を要するであろう（民事訴訟法318条参照）。

第12章　公　　序

I　総　　説

　抵触規則に従って外国法が準拠法となる場合には，その外国法を適用して事案を解決するのが普通である。しかし，このような外国法の指定は，その内容を予め調べることなく行われることはすでにみたとおりである。そこで，次の例のようなことが起こる。

　在日韓国人二世の女性がフィリピン旅行中に同国の男性と知り合い，交際の後フィリピンにおいて同国方式により結婚をして概ねフィリピンで生活し，また子どもも同国でもうけた。ところがその後夫婦仲が悪くなり，夫が出奔して行方不明となり生活にも困ったので日本に帰還し，親元で子ども達と生活していたところ，日本人男性と内縁関係となり子どもも生まれたので，再婚のためフィリピン人夫との離婚を申し立てた。この離婚の準拠法は，法適用通則法27条に従い，おそらく夫婦双方との最密接関係地法としてのフィリピン法となろうが，フィリピンでは裁判上の別居はあるが，離婚を全く認めていないので，このままではいつまでも離婚ができないということになる。このような場合に，なお国際私法の規定に忠実にフィリピン法に従い，離婚を認めないという判断をすべきであろうか。離婚禁止自体は各国独自の判断に委ねられ，その妥当性の判断はできないが，それをこのような事案にまで適用することが妥当であろうか。また，異教徒または異人種との婚姻を認めない国の男性が日

本人女性と婚姻することを認めないという結果をわが国でも認めて
もよいのであろうか。

　平成元年法例改正前においては，離婚について夫の本国法が準拠
法とされていたので，日本人女性とフィリピン人男性の夫婦につい
て同様の問題が多数発生した。裁判例はそのような事例について，
概ねフィリピン法の適用をわが国の公序に反するものとして排除し，
日本人女性の離婚を認めてきた。また異教徒・異人種との婚姻の禁
止が男性の本国法上定められていても（法適用通則法24条１項），わ
が国では許されない。このように，国際私法の規定によって準拠法
として指定された外国法をわが国で具体的な事案において適用する
と，その結果がわが国で維持されるべき私法秩序の根本原則・基本
的法観念に著しくそぐわないとされる場合には，もはやその外国法
を適用しないものとするのが，法適用通則法42条の定める公序の問
題である。

　公序は，本来適用されるべき準拠法の適用を排除するのであるか
ら，一般の国際私法規定からみれば例外であり，また外国法の内容
をその実質的な適用結果から問題にするのであるから，内外法平等
を原則とする国際私法の基本的前提の例外となる。したがってこれ
を濫用することは原則である国際私法規定自体の否定となるのであ
るから，その発動には慎重でなければならないとされている。

Ⅱ　公序条項の名称と種類

　この公序により準拠外国法の適用を排除するという規定（公序条
項）について，立法形式上は，単純に外国法を排除する排斥条項と
よばれるものと，積極的に内国強行法を適用すべき場合を定め，内

135

国法へ判断を留保するという意味で留保条項といわれるもの，その中間として一方で絶対に強行されるべき内国法をあげながら他方で外国法の適用を排除すべき場合を定めるものがある。法適用通則法42条は第1のものに属するものと解されるが，わが国では公序の有するこのような機能と関係なく，一般に留保条項とよばれることが多い。単に外国法を排除するにすぎない公序の働きを消極的公序，内国法の適用を命じる公序の働きを積極的公序とよぶ。

　なお，法適用通則法22条1項・2項のように，42条の要件をみたさない場合においても，常に日本法を適用する規定を，法適用通則法42条の一般的留保条項に対して，特別留保条項とよんでいる。

　法適用通則法42条の定める「公の秩序又は善良の風俗」は一般に公序とよばれているが，法適用通則法中に定められているので実質法である民法90条が定める公序良俗とは区別され，しかも抵触法上のものである。しかし，これもわが国の法秩序に属する観念であるので，わが国の立場を離れた概念ではない。国際私法の機能からみてこれを文明諸国に共通の普遍的公序として捉える考え方も強く主張されていたが，現在では，抵触法が国家法であることからわが国の国家的公序であるが，国内実質法上の公序と区別されるという意味での国際的公序であると理解するのが普通である。

　なお，公序を限定的に用いるにとどまらず，事案の解決に必要であれば，法廷地法が密接関連地法であるとして内国法を適用する手段として広く用いる，いわゆる機能的公序論が主張されることがある。公序を密接関連地法適用のための一般的な救済条項の一種とする考え方である。しかし，一般に最密接関係地法を定めている本来の国際私法規定をこのような形でないがしろにすることは公序の濫用であるとして批判される。

　遺言の方式の準拠法に関する法律 8 条，扶養義務の準拠法に関する法律 8 条，子に対する扶養義務の準拠法に関する条約 4 条も「その規定の適用が明らかに公の秩序に反するとき」とする公序則を定める。

　民事訴訟法118条 3 号の公序については，399頁以下参照。

Ⅲ　法適用通則法の解釈

1　法適用通則法42条の適用要件

（1）　外国法適用の具体的結果の反公序性　　外国法が準拠法として指定されており，その外国法を問題となっている具体的な事案へ適用した結果が，わが国の維持されるべき私法的秩序を著しく損なうおそれがある場合でなければならない。準拠法となった外国法の内容自体に対する非難であれば，その法を指定したこと自体が問題となるが，公序に反するとして排斥されるのは，その適用の具体的結果である。準拠法である外国法それ自体は，公序に反しないと考えられる場合でも，その事案への適用の結果が，わが国の法秩序に著しくそぐわないことがある。したがって，この結果が，わが国の基本的法秩序を現実に侵害するおそれがあることが条件である（最判平10・3・12）。法適用通則法42条は，「その規定の適用が」として，この趣旨を明らかにしている。外国準拠法の具体的な適用結果が妥当であるか否かは，時代と社会に応じて相対的に判断されるものであり，一律，固定的な基準を設けることはできない。

　両親の離婚に際して行われる未成年の子の親権・監護権者の指定について，旧民法においては父の親権だけを認めるのが原則であり，戦後の新憲法の下にあってもこの旧民法同様の1960年施行の韓国民

法の考え方（大韓民国民法909条5項）を許容する裁判例も多かった
が（1991年1月1日韓国民法の改正法が施行され母も親権者となり得ること
とされたので，その後はこのような問題は生じない），最判昭52・3・
31は，これをわが国の公序に反するものとして排除して，わが現行
民法を適用し母を親権者として指定した。時代とともに公序の基準
が変遷する例であるともいえる。また，外国法が先決問題（第13章
参照）の準拠法として適用される場合には，本問題の準拠法として
適用される場合と比べてその反公序性は間接的となり，一般に公序
に反しないとされる場合が多い。一夫多妻婚から出生した子の嫡出
性の問題はこのような場合である。

　(2)　内国牽連関係　　さらに，当該事案がわが国と密接な牽連関
係を有する場合でなければならない。それは，いかに具体的な結果
が具体的妥当性を欠くと思われる場合であっても，準拠法としてそ
の外国法を指定した以上，それがわが国と関わりのない場合にまで
排除されるのは，本来の準拠法の指定自体を無視することになるか
らである。本来指定された準拠法の適用をやむを得ず排除するため
の，つまり公序の条項を発動することを国際的に正当ならしめるだ
けの利益をわが国が有することが必要である。その意味でこの要件
は法適用通則法42条の法文にはないが，(1)の要件がみたされる場合
にもなおそれを制限する意味で必要とされる。一般には(1)と(2)は反
比例するとされているが，強度の内国牽連関係があるから当然に公
序が基礎づけられるというのではない（2005年ブルガリア国際私法45
条2項は，公序に反する基準として「法律関係のブルガリアの公序との関
連性の程度および外国法適用結果の重要性」を考慮規準とする）。

　前述の在日韓国人女性のフィリピン人男性との離婚については，
従来の裁判例の考え方に従えば以上のような事案についてまで離婚

を全く認めないということは，具体的に妥当であるとは思われない上に，わが国としてもこれを放置できない程度の牽連関係を有するのであるから，フィリピン法の適用を法適用通則法42条によって排除して差し支えないものとされる。しかし例えば，日本に数年在住しているにすぎないアメリカ人女性とフィリピン在住の同国人男性の離婚については，十分な内国牽連関係の存在が疑われよう。翻っていえば，前述のような事案について公序を援用することには慎重であるべきである。

2　準拠法排斥後の処理

(1)　内国法適用説　　法適用通則法42条は，形式上排斥条項の形をとっているので，準拠外国法の適用を排除した結果，事案を法的に解決するために必要な法規範が存在しなくなるのではないかという問題が生じる。従来の通説・判例は，本来の準拠法である外国法の適用を排除すると生じる規範の欠缺は内国実質法で補填されるとして，例えば離婚を認めていないフィリピン法を排除すると，わが民法の規定を適用して離婚を認める判決を行う（最判昭59・7・20は傍論としてはこれを認め，下級審裁判例が多くこれに従う）。

　さらに，条理により補充するとする立場がある。この中には，適用排斥による欠缺補充は外国実質法の欠缺の場合に準じて処理し，適用を排斥された規定が例外規定ならその外国法上の一般法規により，そうでない場合には外国法の体系の中からは補充できず，条理，すなわち文明諸国が原則的に認める法意識に従って補充するという見解もある。

(2)　欠缺否認説　　しかし，最近では，法規欠缺は生じないとする見解が有力に主張されている。これによると，一定の請求につい

て外国法適用の結果が認められないのであるから，すでにその請求
について日本の実質法そのものによるものではないとしてもわが国
の実質法的判断が下されており（渉外実質法），さらに補充すべき規
範の欠缺はないとする。しかし，これに対しては，例えば離婚を認
めない外国法を排除すると離婚を認めるということは言えても，財
産分与や扶養請求を認めない外国法を排除した場合のように（具体
的に分与する財産の範囲や額を決定しなければならない），解決の仕方が
1つに限られていない場合には解決規範の欠缺が生じるという批判
がなされる。

　(3)　補充連結説　　以上のような考え方のほかに，排斥された外
国法に次いで事案と密接な関連性を有する法によるという見解もあ
り（イタリア国際私法16条2項前段など），裁判例にはこれによるもの
もある（東京地判平2・11・28は21条の段階的連結の場合に第1の連結を
排除し，第2の連結を用いた）。しかし，指定された外国法を排除した
のは，その問題について抵触法上全く新しい解決を行うためではな
いのであるから，このような考え方はとり得ないであろう。

　(4)　結　論　　そこで，外国法の適用を排除するのはやはり，わ
が国の公序観念であり，これは実質法によるものであるが，わが国
の実質法そのものではなく，抵触法レベルにおける実質法であり，
わが国の正義・公平に基づくものである。したがって排除された結
果もこの観念によって補充しないと外国法を排除した趣旨が貫徹で
きないであろう。内国法適用説もその適用範囲・内容において法律
関係の渉外性に配慮するのであれば，結論は同じことになる。

　「扶養義務の準拠法に関する法律」8条1項（遺言の方式の準拠法
に関する法律8条など）の公序による外国法排斥の結果は，法廷地法
によるものと思われ，また，同条2項は扶養義務の判断に際する公

序を具体化したものである。

3　わが国の判例

（1）　最高裁判所においては，大韓民国民法旧規定が離婚に際して父親のみを自動的に親権者として定め，母親を親権者とする可能性を排除していることが，事案によっては親権者として父親が不適当であるときに子の福祉に反するとしてこれを排除した事例（最判昭52・3・31。もっとも韓国民法はこの点について，1990年に改正された）や，同様に離婚に伴う財産分与請求が認められていない大韓民国民法旧規定を適用することが公序に反する可能性を認めた事例（前掲最判昭59・7・20。現実には，慰謝料の支払を認める趣旨であるので，公序に反しないとした。なお，横浜地判昭58・1・26，大阪地判昭59・3・29，名古屋高金沢支決昭55・3・25ほかは公序に反するとし，原審大阪高判昭56・10・14は公序に反しないとしていた。もっとも，韓国民法の1990年改正により財産分割請求権が新設された），米国特許権の侵害を積極的に誘導するわが国内における行為の差止めおよび日本に所在する侵害品の廃棄請求には，特許権の効力として米国特許法を適用するが，その域外適用規定の適用は，わが国の公序に反するとした事例（最判平14・9・26）がある。準拠外国法の適用を排除する場合には，前掲最判昭59・7・20は，傍論であるが排除後は日本民法によるとした。

他方，公序違反を否定するものとして，死後認知の出訴期間の制限が日本民法よりも限定されている大韓民国民法について，これをわが国で適用しても公序には反しないとするもの（最判昭50・6・27），中華民国の国籍を有する血統上の父の養育を受けた日本の国籍を有する非嫡出子が父に対する認知の訴えを提起する場合におい

ても，父に関する準拠法である中華民国民法の適用を公序により排除することを要しないとするもの（最判昭44・10・21），特異なものとしては，内地人女子の嫡出でない子であって昭和23年6月に朝鮮人男子により認知された者につき，朝鮮民事令11条により子は父の家に入る旨の朝鮮慣習の適用があり，共通法3条1項により日本の家を去るとすることは，同法2条2項において準用する法例（平成元年改正前）30条に反するものとはいえないとしたもの（最判平10・3・12。なお，原審の大阪高判平6・2・25は家制度に立脚した昭和23年当時の朝鮮の慣習法は公序に反するとしていた）がある。

(2)　下級審においては次のような裁判例がある。

(ア)　財産法関係

(ⅰ)　物権関係については，ロシア法により公示なく対抗できる船舶抵当権の設定（長崎控決明41・12・28），米国法による合意に基づく留置権の設定（神戸地判大6・9・16）が公序に反するとした事例があるが，他方，正当な補償を定めていないイラン石油国有化法によりイラン所在中に石油の所有権が移転した結果を認めることは公序に反しないとするものがある（東京地判昭28・5・27，東京高判昭28・9・11）。

(ⅱ)　契約については，解雇の効力が争われた事案が少なくないが，アメリカ人間でアメリカでアメリカ法を準拠法として締結された労働契約についても，労務の給付が継続してわが国で行われるような場合には，解雇の効力に関する限り，属地的に限定された効力を有する公序としての日本の労働法によって制約を受ける（東京地決昭40・4・26）とするものがあるが，アメリカ法人とアメリカ人との間の労働契約の準拠法がニューヨーク州法である場合，労務供給地が日本であっても当然には日本の強行法規が適用されるもので

はないとする事例（東京地判昭44・5・14），アメリカ会社による日本勤務中のアメリカ人被傭者に対する解雇が，契約前後の事情に照らして公序に反せず有効とした事例（東京高判昭43・12・19）がある。

　ラス・ヴェガスのカジノ会社から日本国に対する不当利得返還請求について，その前提をなす米国ネヴァダ州法上有効な賭博契約関係と内国社会との関連性が「間接的かつ希薄」であるとして，公序に反しないとした事例がある（東京地判平5・1・29）。

　消滅時効については，古い判例としては，わが国より長期の時効期間を定める契約準拠法（ハワイ州法）は，日本の公序に反するとした事例があるが（大判大6・3・17），その後は，（ニューヨーク州法が）直ちに公序に反するものではないという裁判例がある（徳島地判昭44・12・16）。

　(ⅲ)　不法行為　　交通事故に基づく損害賠償額の算定につき，死者固有の損害としての逸失利益を認めない，不法行為地法であるアルゼンチン法を適用することが，公序に反するとしたもの（福岡高判平21・2・10），子の交通事故について両親固有の賠償請求権を認めない米国サウスダコタ州法の適用を公序に反するとした事例（岡山地判平12・1・25）がある。

　(ⅳ)　ニューヨーク州法に従って仲裁契約の人的範囲を契約当事者以外にも及ぼすことは公序に反しないとした事例がある（東京高判平6・5・30，東京地判平5・3・25）。

　(ｲ)　家族法関係

　(ⅰ)　婚姻関係では，異教徒との婚姻を禁止するエジプト法の適用を排除した事例（東京地判平3・3・29），重婚を無効とする外国法の適用を排除した事例（フィリピン法について熊本家判平22・7・6，朝鮮民事令について高松高判平3・7・30），協議離婚につき慰謝料支

払義務を認めない韓国法の適用を排除した事例（神戸地判平2・6・19）がある。

　(ii)　離婚については，かつては離婚を認めない外国法の適用を排除したものが多数あった（遺棄された日本人妻とフィリピン人夫との離婚について東京地判昭35・6・23，東京家調昭36・11・10ほか多数，スペインについて東京家調昭37・9・17，日本在住の日本人妻より音信不通のベトナム人夫に対する悪意の遺棄等を理由とする離婚請求事件において，離婚を許さないベトナム法の適用排除の事例：東京地判昭38・9・6，チリについて東京地判昭55・10・3，東京地判昭58・12・16，エチオピアについて東京地判昭55・2・22がある）。ほかにも，裁判上の離別の決定後3年間経過しなければ離婚を認めないブラジル連邦共和国法の適用を排除した事例（東京地判昭59・8・3）のほか，イタリア法に従って裁判上の離婚の要件として協議別居の認許とその後の別居を要求することは公序に反するとする事例（東京地判昭50・11・17，横浜家審昭62・10・30），婚姻関係が完全に破綻していること等の事実があるにもかかわらず離婚を認めない香港法の適用を排除した事例（東京地判昭62・7・24）などがある。ミャンマー人夫婦について，イスラーム法上のタラーク離婚はわが国の公序に反するという事例もある（東京家判平31・1・17）。他方，東京家審昭50・3・13は，離婚の準拠法たるインド特別婚姻法の手続はわが民法と著しく異なるが，公序に反しない，とする。

　離婚に伴う財産分与の問題は，前掲最判昭59・7・20参照。なお離婚に際して財産分与を認めない中華民国法が公序に反するとした事例がある（東京高判平12・7・12）。

　離婚慰謝料について，それを認めないミャンマー法の適用を公序に反するとする前掲東京家判平31・1・17がある。

（ⅲ）　嫡出否認　　ブラジル人の夫がブラジル人の妻との婚姻中に生まれた子を相手方にして嫡出子否認の申立てをした事案において，嫡出子否認を認めないブラジル法が公序に反するとして排除した事例がある（大津家判平12・1・17）。

（ⅳ）　認知　　死後認知の規定を欠く外国法の適用を公序違反として排斥するものがあった（韓国法につき，大阪地判昭33・7・14および広島地呉支判昭39・6・29，リヒテンシュタイン法につき東京地判昭47・3・4，イラン法につき東京地判昭45・9・26，米国テキサス州法につき東京地判昭32・7・31，米国ミズーリ州法につき東京高判昭32・11・28）。認知請求を認めない外国法を公序に反するとする事例（インドにつき大阪地判昭53・11・27，インドネシアにつき横浜地判昭58・11・30，米国コロラド州法につき名古屋家審昭49・3・2），強制認知を認めない外国法を排斥する事例（オーストラリア法につき東京地判昭55・5・30，米国ミズーリ州法につき東京地判昭32・2・20，中華民国法につき東京高判昭43・4・26）がある。死後認知の出訴期間を1年とする旧韓国法は公序に反するとする事例（大阪地判昭33・7・14，神戸地判昭55・3・27，大阪高判平18・10・26。ただし京都地判昭39・10・9は反対），認知請求について子の出生後5年の出訴期間を定める中華民国法を適用することは公序に反するとした事例（神戸地判昭56・9・29），認知無効の訴えの出訴期限を1年とする旧韓国民法864条について，その適用結果がわが国の公序に反しないとする事例（前掲最判昭50・6・27）がある。

（ⅴ）　親子関係存否確認　　前掲大阪高判平18・10・26は親子関係存否確認の出訴期間を1年とする旧韓国法を公序に反するという。京都家判平25・11・25は，韓国人子による，死亡した父の配偶者である韓国人女性との親子関係不存在確認と，真の母と主張する韓国

人女性との親子関係存在確認を求めた訴えにつき，実親子関係存否
確認につき出訴期間を 2 年とする韓国民法865条 2 項の適用は公序
に反しないとしたが，控訴審判決の大阪高判平26・5・9は公序に
反するとして同規定の適用を排除した。

　(vi)　親権者の指定　　離婚に際して未成年子の親権者を父とす
る韓国民法旧規定909条を公序に反するものとして排除した松江家
審平元・9・13，東京地判平 2・11・28があるが，1990年の韓国民
法改正によりもはやこの規定は存在しない。ほかに，離婚に伴う子
の親権者の指定に関して，明文の規定のない朝鮮民主主義人民共和
国法が公序に反するとした事例（山口家下関支審昭62・7・28），父か
らの親権者変更を認めないイラン法を公序に反するとした事例（東
京家審平22・7・15）がある。

　(vii)　養子縁組　　養子縁組を認めないイラン法を公序に反する
としたものがある（宇都宮家審平19・7・20。反対に，パキスタンに養
子縁組法がなくても公序に反しないとした東京家審平15・3・25がある）。
養子縁組につき養親となる者の10歳以上の嫡出子の同意を要すると
するフィリピン法を公序に反するとする事例（水戸家土浦支審平11・
2・15），一人っ子政策で 1 人しか養子を認めない中国法を公序に
反するとして排除した事例（神戸家審平 7・5・10）がある。

　離縁を認めない米国法を排除した事例（テキサス州法につき那覇家
審昭56・7・31，カリフォルニア州法につき水戸家審昭48・11・8，サウ
ス・カロライナ州法につき青森家八戸支審昭33・10・24）がある。

　(viii)　相続　　不動産の私的所有を禁止し，相続の対象となし得
ないとしている北朝鮮法の適用は公序に反するという事例（名古屋
地判昭50・10・7）があるが，外国相続法の適用は公序に反しないと
いうものも多い（相続放棄の期間を 6 ヵ月と定めるドイツ法による相続

放棄の申述の却下は公序に反しない：東京高決昭62・10・29；特別縁故者
への相続財産の分与を認めない韓国法は公序に反しない：仙台家審昭47・
1・25；配偶者の相続分を子らの相続分と同一とする中華民国法は公序に
反しない：神戸家審平6・3・25，日本民法と異なる中華民国法の相続分
および遺留分の割合を遺留分算定に適用することは公序に反しない：東京
地判平4・6・26)。

第13章　先決問題と適応問題

I　先決問題

1　意　義

　養子を残して死亡した者の財産の相続について，相続の準拠法である被相続人の本国法（法適用通則法36条）によれば，養子にも相続権が認められるとする。ところが，ほかの相続人がその養子の相続権を認めない場合に，そこでいう養子とは何か，養子縁組が法的に有効になされていたかが問題とされよう。国際私法は単位法律関係ごとに準拠法を定めるという構造を有しており，この場合にも養子縁組が相続とは独立の単位法律関係として定められているので，これを養子縁組の準拠法（法適用通則法31条）によらしめるということも考えられる。しかしこの場合の「養子」が，被相続人の本国法が念頭においているものを意味するのであれば，あるいは養子縁組の準拠法が想定するものとは異なる意味を有するものとなるかもしれない。

　このように，相続という単位法律関係に属する問題に論理的，実際的に先立って解決されなければならない，独立の単位法律関係（養子縁組の成立）が存在する場合に，この問題を先決問題とよび，後続の問題（相続）を本問題という（通常は，本問題の準拠実質法の構成要件が先決問題となる法律関係を含んでいる）。もっとも養子縁組の有効性を先に問題とすれば，その結果によって相続権の有無の問題

も解決され，先決問題とはいえなくなるので，この先決問題は相対的な存在である。また離婚の前提としての有効な婚姻の存在のように，抵触規則の要件においてすでに定められた前提となる法問題があり，その成立が否定されると論理的に本問題が発生し得なくなる場合には，前提となる問題を先行問題として先決問題とは区別する立場もあって，先決問題の意義および範囲について一致が存在しない。わが国では先行問題の定義上の問題や先決問題の解決の仕方の特徴により，先行問題と先決問題を区別することなく，両者を含めて先決問題と称するのが普通である。

　ただし，不法行為が成立するための前提としての不法行為能力，遺言の成立の前提としての遺言能力のような問題は性質決定上それぞれ不法行為あるいは遺言という単位法律関係に含まれており，独立の単位法律関係に属しない，すなわち不法行為や遺言の準拠法によって解決される法問題であるので，先決問題ではなく部分問題であるとされている。また実際に先決問題が意味を有するのは，先決問題と本問題の準拠法が異なる場合である。

2　解決の方法

　(1)　総　説　　「子に対する扶養義務の準拠法に関する条約」5条2項は，扶養義務が一定の親子あるいは親族関係に依存している場合があることを考慮して，この条約がそれらに影響を及ぼさないことを定めているが，これはこのような先決問題を意識しているからである。しかし，わが国の国際私法には，一般的に先決問題がいかなる準拠法により解決されるべきかについて定めた規定はない。

　(2)　本問題の準拠（実質）法説　　そこで，本問題の準拠実質法によって先決問題にあたる権利が認められて初めて本問題に属する

権利が問題となり得るというので，本問題の準拠法によるという見解もあるが，これは渉外的法律関係については成り立たない。つまり，準拠実質法において権利とされるものが，その国の国際私法によって指定される外国法によって定められる場合には，その国の実質法による権利と一致しないからである。

　前述の例に即していえば，生じた問題は，相続の準拠法において「子」とされる者の中に養子も入るか否かという問題であると考えると，その相続の準拠法の所属する国においてもこれは渉外的法律関係であって，その国の国際私法によって準拠法が決められ，それによって解決すべき問題であるともいえるからである。

　(3)　準拠法（所属国国際私法）説　　本問題の準拠法適用上新たな抵触法問題が生じるので，その準拠法所属国の国際私法によって先決問題の準拠法を定めることによって，準拠法所属国と法廷地において先決問題の抵触法上の取扱いが一致し，国際的判決調和が保たれるとする立場が，次に主張される。しかし，本問題について法廷地国際私法により指定された準拠法が，準拠法所属国国際私法により指定された準拠法と一致しない場合には，問題の解決について判決調和はない。また，法廷地国においては，同一の先決問題が本問題が異なるごとにその準拠法が異なる可能性がある。例えば，同じ養子縁組が相続において争われるのと，親子関係において争われるのとでは本問題が異なり，したがって，準拠法，すなわちその有効性も異なり得るのである。あまりにも国際私法的判断を優先させた解決で，準拠法が複雑となるという批判が生じる。

　(4)　法廷地（国際私）法説　　次に，法廷地の国際私法適用上独立の法律関係について問題が生じるのであるから，先決問題が本問題として争われた場合と解決が一致するためにも法廷地国際私法に

よるという立場が主張される。しかし先決問題が生じるのは法廷地国際私法の適用に際してではなく，準拠実質法の適用に際してであるという批判がある。

　(5)　折衷説　　裁判例および学説における多数説は，従来，法廷地法説であったが，最近法廷地法説を原則としながら，事案解決の妥当性を達成するために準拠法説をも併用する折衷説が主張されている。中華民国人男と中華民国法上認められた儀式婚を東京で行った日本人女が，夫死亡による相続問題において，夫より後に死亡した夫の父の養子から，婚姻無効を主張された事案において，裁判所は法廷地法説に立って婚姻の方式を改正前法例13条1項但書に従い，挙行地法である日本法による届出がないことから婚姻の有効性を否定して女の相続権を認めなかったが（東京地判昭48・4・26），事案の解決の妥当性からみれば準拠法説により婚姻を有効に成立したものと解する折衷説の有用性が認識されている。しかし，このような使い分けの基準が不明確である上，国際私法規定の不備をこのような方法で有効に補うことができるのか疑問であり，一般的には法廷地国際私法説によるべきものであろう。もっともこの場合には適応問題が生じうるが，適応問題として解決すれば足りる。

　(6)　結　論　　単位法律関係毎に分割して準拠法を指定する国際私法の構造，内国の判決調和からみて法廷地法説が妥当である。判例もこの立場に立っている（最判平12・1・27）。

Ⅱ　適応問題

1　意　義

　未成年の女性が婚姻した場合に，その夫との身分的効力の問題は

法適用通則法25条により，その両親との関係は法適用通則法32条により定まる。ところがそこで準拠法とされる2つの法律の内容によれば，例えばその者の居住すべき場所の決定（同居請求権，居所指定権）において，夫権を認める準拠法と親権を認める準拠法において，それらが相互に内容的に矛盾する場合に，いずれの準拠法に従うべきかが問題となる。同様に，親権の準拠法によれば親権が存続し，後見の準拠法によれば後見が開始する場合にも，いずれの準拠法によるべきかが問題となる。

　　古典的事例においては，ドイツ人男女がドイツにおいて夫婦財産契約をせずに婚姻し，その後スウェーデン国籍を取得した後に夫が遺言なく死亡した場合，その財産に対する妻の権利が問題とされた。改正前法例によれば，相続としては25条により夫の死亡当時の本国法であるスウェーデン法が準拠法とされるところ，昔のスウェーデン法によればこのような財産に対する寡婦の権利は夫婦財産制の問題として定められており，相続権としては存在しないので，次に夫婦財産制の問題として改正前法例15条により婚姻当時の夫の本国法であるドイツ法によると，これは相続の問題として処理されており，夫婦財産制の問題ではないので，スウェーデン法，ドイツ法のそれぞれにおいては，その構成は異なっていても妻の権利が認められるように規定されているにもかかわらず，結局この寡婦には何らの権利も認められなくなる。

　　また，以前のスウェーデン法と同様にブラジル，カナダのケベック州，アメリカのカリフォルニア州などでも，死亡した夫の財産に対する残された妻の権利を，夫婦財産制の問題として処理する法的構成をとるものとされており，相続法的構成をとる国との間で，同様の矛盾を生じる。

　このように国際私法においては，生活関係を単位法律関係ごとに分解して準拠法を定めているので（いわゆるモザイク的構成），妻の

相続権や財産権をめぐる法制のちがいがあるときには，ある生活関係が複数の単位法律関係と関連性を有し，それぞれの準拠法が内容的に矛盾する場合が生じる。つまり，問題解決に際して規範の間における矛盾が生じないように，それぞれの実質法内部においては保証されている体系的整合性が，国際私法の介入により破壊される結果となるのである。もちろん国際私法の任務は準拠法の決定・適用に尽き，準拠法の内容相互の関係にまでは及ばないとすることもできる。しかし，それでは国際私法を原因とする規範矛盾を放置することになり，その本来の目的である事案の法的解決は得られず，また，少なくとも最終的に適用される法律の特定は国際私法の任務に属するものと考えられるので，そのような複数の準拠法の間の調整が必要となる。これを適応問題あるいは調整問題とよぶ。さらに，一般的に抵触規則により準拠法とされるものの間の規範矛盾のほか，実際上多く生じる法廷地手続法と国際私法により指定された準拠実体法との間で生じる規範矛盾の解決もこれに含められる。

2　適応問題の解決

(1)　解決の方法

(ア)　総　説　　しかしこのような適応が必要となる場合を予め一般的に確定することはできず，具体的場合について解決しなければならないので，一般的な規則を定立することは甚だ困難で，適応問題を論ずることはむずかしい。一般に規範の重複，欠缺，質的矛盾が生じるので，これらについて一応の解決をノイハウスに従って考える。

　ノイハウスは矛盾が無視できる場合は放置する。そして調整すべき場合については抵触法上の解決と実質法上のそれを区別している。前者は矛盾する法秩序の１つを排除し，またはそうでないと規律さ

れずに残ってしまう問題へその１つを拡張して適用し，あるいは第３の法秩序による置換を行うことで，後者は２つの実質法を組み合わせて一種の混合法を形成し，または準拠法の修正を行う（例えば請求の排除・制限，選択権を認める，法規定の制限・補充，とくに期間の伸長，裁判官による全くの新しい規律），という。

　解決の一般原則は立て難いが，原則として前者が優先し，後者は最後の手段である。

　抵触規則による矛盾の解決は，抵触規則自体の改正によって解決し得る場合が多く，適応問題が生じない国際私法は優れた立法であるといえる。

　(イ)　規範重複　　この場合にはそのままでは解決が定まらないから，放置することはできないのが通常である。そこで一般的に抵触法が原因であるから，先ず抵触法的解決，つまり矛盾する規範のいずれかの排除，あるいはいずれかの適用範囲の拡張，さらに第３の法秩序による置換を行い，それでも解決できない場合には，次いで実質法的解決，つまり抵触規則はそのままにその両準拠実質法の結合または修正を行う。またいずれの方法にもより得ない場合には抵触法において独自の実質法的解決を図る。

　例えば，妻の親と夫の間の，妻の居所指定に関する矛盾については，婚姻後の関係については，夫婦関係が優先するとして婚姻の効力の準拠法を優先させる（実質法上は，成年擬制により解決されるのが普通であろう）。親権と後見との間では，親権の準拠法を優先させる。

　(ウ)　規範欠缺　　国際私法のモザイク的構造上やむを得ないものとして放置する考え方もあるが，(イ)の場合と同様に適応を認める立場においては，例えば上で述べた夫婦財産制と相続の準拠法の矛盾について，夫婦財産制準拠法によらしめる立場もあるが，相続の準

拠法を優先させるという考え方が有力で，相続の準拠法による性質
決定と関わりなく，残された妻の死亡した夫の財産に対する権利に
ついて定める実質法規を，それが夫婦財産制として定められていて
も適用することになる。

　㈡　性質上の規範矛盾　　例えば相続準拠法と物権の準拠法の矛
盾として，被相続人の属人法がイギリス法で，それによりスペイン
にある土地について信託上の権利を得た場合に，スペインには信託
が存在しない場合である。あるいはかつてのドイツ法においてドイ
ツ人母がその嫡出子を連れてイギリス人男と婚姻したときに，その
子をイギリス人が養子とすることは，その母が同時にその子を養子
としない限りは，イギリス法によって母子関係が切断されるが，ド
イツ法上その嫡出の母による養子縁組の定めはない，というような
場合が生じた。

　所在地法たるスペイン法とイギリス法上の信託権の抵触について
は，相続準拠法としても物権準拠法を選択することは，遺産の統一
性を損ない，より大きな問題をひきおこすので，受託者の信託上の
形式的権利の移転を無視し，受益権者，つまり相続人の権利を処分
権の制限を伴う完全な所有権として取り扱う。イギリス人夫のドイ
ツ人妻については，自らの嫡出子の共同縁組が認められるべきと考
えられていた。

　⑵　結　語　　適応は，国際私法の過度の形式主義を緩和する手
段として，妥当な実質的結果を導くように認められるべきであるが，
抵触法は一般的に規律され得ない分野をできるだけ作らないように
努めるべきであるし，裁判官による適応は，法的安定性のために例
外的にのみ認められるべきものである。

　なお，本問題の準拠法と先決問題の準拠法の間の矛盾の調整であ

る代用や，準拠法変更により生じる置換もある。

(3)　**外国実体法と内国手続法の適応**　　一般に国内法においては，実体法が定める権利や制度は，その実現のための手続が用意されて，実体法と手続法が調和している。ところが，渉外的法律関係については，準拠実体法は，外国法により，手続は，「手続は法廷地法による」の原則の結果内国法となり，両者の不調和が生じることが少なくない。このようなときには適応が問題とされる。いくつか例をあげておこう。

　まず，外国準拠法上認められている法制度が内国法には欠けているので，その内国手続法による実現が困難である場合がある。例えば，法定別居であるが，わが国にはない制度であり，法定別居に関しては手続が定められていないので，法定別居の裁判はできないこととなる。そこで準拠法が法定別居を認めているのであれば，離婚手続を別居手続に適応させるべきであるとする有力説がある。

　次に，準拠外国法上，決定型の養子縁組のみがある場合，わが国でこれを実行し得るかが問題になる。契約型の普通養子縁組制度しか持たなかった時代には，実務上分解理論をとって，養子縁組の許可制度を利用したのであるが，現在では，特別養子縁組の手続を外国法上の養子決定の制度に適応させるという見解が有力である。

　さらに，離婚についての外国準拠法上，厳格な裁判離婚がとられている場合に，わが国の家庭裁判所が外国の裁判所の裁判の代行をすることは手続的に可能であろうが，例えば，調停離婚を認めることができるかという問題がある。調停離婚は協議離婚同様，当事者の合意を基礎とし，判決の形式をとらないのであるから，裁判離婚の代用にはならないというのが多数説であろうが，適応可能という説もある。

各　論

第14章　自　然　人

Ⅰ　権利能力

1　総　　説

　人が法的な権利義務の主体として認められることは，近代法の重
要な前提である。しかし人格の始期，終期に関しては必ずしも国に
より法制が一致しているとはいえない。例えば，人格の始期につい
て出生をもって始まるとしても，その出生にあたる事実が何かにつ
いて民法と刑法では異なる解釈がとられているように，国によって
具体的な出生の定義は異なり得るし，フィリピン民法41条但書のよ
うに分娩後24時間の生存をとくに要件として人格の始期を定めてい
る法制もある。また，人格の終期についても同時死亡の推定などに
ついて法的取扱いが国により異なっている。そこでこのような問題
について抵触規則が必要となろう。伝統的には一般的権利能力と個
別的権利能力とに分けて準拠法を決定してきた。

2　一般的権利能力

（1）　準拠法の決定　　人の人格の問題であるからその者の属人法
によるとする立場に従えば，わが国においては当事者の本国法によ
らしめることになるのに対して，法廷地法説は，外国人か否かを問
わずおよそ人間である以上その人格を否定することはできず，これ
は法廷地の公序に関わると主張する。

しかし，一般的権利能力を個別的権利能力と切り離した問題として準拠法を決定することは無意味であるとする見解が，わが国では通説である。およそ人間である限りにおいて人格が認められるのは当然であり，仮にそれが否定されるような法制，例えば民事死は公序に反するから認められず，一般的権利能力はそれ自体として問題となることは実際上ない。それはせいぜい相続や損害賠償のような具体的な法律関係について初めて法的に問題とされ得るので，その法律関係の準拠法によらしめるべきであることを理由とする。

法適用通則法4条は民法の現代化にあわせて明確に「行為能力」に限って規定を置いており，一般的権利能力については規定がない。そこで条理によるほかないが，公序は準拠法適用の具体的結果に働くべきものであって，従来の通説のように公序を準拠法決定にあたり一般的に働かせることは適切ではない上に，権利能力が独立の単位法律関係であることを否定して，当該の者について一般的権利能力の存否の判断が問題に応じてその準拠法となるものにより左右され，統一性を欠く結果となる可能性が生じるのは妥当ではない。また，諸国の立法においても，行為能力と区別して一般的権利能力を当事者の本国法によらしめるものが少なくない。したがって，理論的には一般的に権利能力が問題とされる場合にはその当事者の本国法によるということになる（ただし，その場合，国籍法上の人格の有無という問題が生じることもある。なお，平成27・8・12民一課長回答参照）。

(2) 準拠法の適用　　人格の始期，終期の問題は，前述のように当事者の本国法によるが，多数説によれば，問題となる法律関係の準拠法，すなわち効果法（後述）によることとなる。同時死亡の問題についてもこの準拠法によるので，その者の本国法によるべきであるが（イタリア国際私法20条は権利能力を本国法によらしめながら，そ

の21条により同時死亡の推定は効果法による），効果法によるという立場では，相続について問題となるときには相続の準拠法（被相続人の本国法）によることになる。もっとも結局，当事者の本国法によるべきことになると，いずれにせよ，複数人の死亡のときに適応が必要となり得よう。

3　個別的権利能力

　人が個々の権利を享有し得るか否かの問題が，個別的権利能力の問題である（例えば，胎児の相続能力や不法行為による損害賠償請求権）。これはその権利から離れて独立に決定し得る性質の問題ではないので，当該の権利の準拠法（効果法）によらしめるのが通説であり（したがって，2(1)によれば，効果法により胎児の相続能力が認められても，その一般的権利能力が認められたことにはならない），一般的権利能力について属人法説などを唱える者もこの立場をとるのが普通である。

II　不在者および失踪宣告

1　総　　説

　人の所在および生死の不明な状態が一定期間続く場合には，その者の死亡を推定または擬制し，その者をめぐる不安定な法律関係を確定する制度がある。国際私法においては，財産所在地法によるべき暫定的な措置を除き，不在者の財産管理の制度まで含んでいる。

2　不　在　者

　人が住所または居所を去って容易に帰来する見込みがない場合に，残された財産を保全するために何らかの措置をとる必要がある。こ

の場合についての各国の立場はまちまちである。わが民法は不在者がなお生存するという推測のもとに，その財産管理の措置を講じており，不在者財産管理人が置かれなかったときには，家庭裁判所は利害関係人または検察官の請求により財産管理人を選任するなど，財産管理に必要な処分を命ずることができるものとしている（民法25条〜29条）。そこで，この場合の裁判所の国際裁判管轄について，平成30年人事訴訟法等改正により，家事事件手続法に規定を新設した。

　したがって，内外人を問わず，不在者の財産が日本にあるときには，日本の家庭裁判所が管轄を有し（家事3条の2），不在者の財産に関する保全的処分を命じることができる。その場合の準拠法は，日本法であるというのが通説である。

3　失踪宣告

(1)　総　説

　人の不在状態が一定期間続く場合には，その者の死亡を推定または擬制し，その者をめぐる不安定な法律関係を確定する制度である。

(2)　国際管轄権

　(ア)　総　説　　公的機関による宣告が行われるのが普通であるので，その国際的な管轄権が問題となる。国際民事手続法の問題であるが，法適用通則法に規定もあるので，便宜上ここで論じる。

　(イ)　国際管轄権一般　　法適用通則法は，失踪宣告のような一般的死亡宣告制度を持たない国もあり，在外日本人の保護の必要性もあるので，法例6条をあらため，原則的な失踪宣告の管轄権として，わが国の本国としての管轄権および居住国としての管轄権を明文で認め，例外的な管轄権としては，所在する財産およびその者に関する法律関係に限定し，内国関連性については，従来批判の強かった

法律関係との関連性を広げるとともに，効果の点での限定性を明らかにした。

⑶　法適用通則法 6 条の管轄権

㋐　法適用通則法 6 条 1 項の管轄権　　失踪宣告の原則的ないし一般的な管轄権としては，1 項により，①国籍，つまり日本人については常に裁判管轄権があること，②住所，つまりとくに外国人についてその者の住所がわが国にあるときには，日本に管轄権があること，を定めている。①については，その者が生存の認められる最後の時に日本国籍を有していれば，その者の住所や財産の所在地，関連法律関係の存在と関わりなく，常に，裁判管轄権が認められるものであり，とくに外国で失踪した（一定の危難等による）日本人について意味がある規定となる。運用上制限はあり得るが（例えば訴えの利益など），在外日本人保護を考えた規定である。②は，不在者について，その者の生存の認められる最後の時の住所が日本に所在するときに，日本の原則的管轄権を認めており，とくに定住外国人について意味がある規定である。

㋑　6 条 2 項の管轄権　　法適用通則法 6 条 2 項は，さらに，例外的ないし限定的な管轄権として，①わが国における財産の所在，②不在者の法律関係が，日本法によるべきときなど，その性質および諸事情に照して日本に関係があるときを定めている。これらはいずれも原因を限定して管轄権が認められている点で注意を要する。

①まず財産について，有体物の場合にはその所在地は明らかであるが，債権の場合には，ドイツ法の例にならって日本で訴求することのできる権利については日本に所在するものと解される（破産法 4 条 2 項等参照）。したがって，民事訴訟法 3 条の 2 以下の規定により国際裁判管轄権が認められる場合，例えば債務者の住所または営

業所が日本にある場合や日本が契約上の義務の履行地となる場合，日本で不法行為が行われた場合がそれにあたる。さらに著作権や特許権などの知的財産権については，それらが日本で発行され，または登録されたものである場合が，日本に在る，つまり日本法上保護を受ける知的財産権は，日本に所在するものとみなされる。有価証券については，それが日本に所在することが必要である。これらの財産についてのみ，日本の管轄権が限定的に認められるのである。

　②法律関係について，まず，これまで通り，日本の国際私法により日本法が準拠法となる法律関係がある場合があげられる。例えば，日本法を準拠法とする身分的法律関係がある場合である。平成元年法例改正により両性の不平等による問題は発生しなくなったが，法適用通則法27条におけるように，外国人夫婦が同一の外国国籍を有する場合，あるいは夫婦が外国常居所地法を同じくする場合，日本に住所をもたない不在者についてわが国における失踪宣告の必要性が全くないといえるのかは疑問とされ得るので，外国法が準拠法となる場合であっても，日本と関係のある不在者の法律関係があるときには，それらの法律関係に限定して，わが国の裁判管轄権を認めることとして管轄権を広げた。

　契約（例えば保険契約）については，日本法が準拠法となる場合も㈹②にあたる。

　⑷　準拠法の決定

　不確実な法律関係の確定，あるいは残された財産の処理を中心に準拠法を考えると，それらにより影響を被る国の法律を準拠法とすべきことになるが，人の人格に影響を与えるという点からみれば，その者の属人法によるべきことになる。

　しかし，法適用通則法は，管轄権がわが国に認められる場合には，

準拠法と手続の密接な関係をも考慮して，常に準拠法を日本法とした。外国がその管轄権に基づいて自国民について失踪宣告を行う場合には，後述のように，準拠法が何かは日本の国際私法が決めるわけではない。

⑸　準拠法の適用

法適用通則法は，6条1項・2項いずれの管轄原因に基づく場合であっても，単位法律関係ごとに準拠法を決めていく国際私法の原則に従って日本法による失踪宣告の効果は死亡の擬制という直接的効果に限られることを前提としている。したがって，人の死亡による婚姻の解消や相続の開始といった間接的効果は，いずれの場合についても，それぞれの法律関係の準拠法による（すなわち婚姻の解消は法適用通則法27条説もあるが25条により，相続の開始は法適用通則法36条による）。

⑹　失踪宣告の取消し

失踪宣告がなされた後に，宣告された失踪者の生存が確認されたり，または，宣告とは異なる時に死亡していたことが判明した場合には，その宣告は請求により取り消される必要がある。

失踪宣告の取消しには裁判を要するが，日本において失踪宣告があったときのその取消しについては，日本に当然管轄があり，取消しの審判ができるものとするのが通説であった。

平成30年人事訴訟法等改正は，失踪宣告の取消しの審判の国際裁判管轄規定を新設し（家事3条の3），①従来の多数説通り，日本において失踪の宣告の審判があったときには，その取消しについて，常に，わが国の裁判所に管轄権があるとする。さらに日本以外における失踪宣告があった場合についても，②失踪者の住所が日本国内にあるときまたは失踪者が日本の国籍を有するとき，または，③失

踪者が生存していたと認められる最後の時点において，失踪者が日
本国内に住所を有していたときまたは日本の国籍を有していたとき
に，わが国の裁判所に失踪宣告の取消しの国際裁判管轄権があるも
のとする。②③の場合は，外国の失踪宣告の承認を前提とするもの
であり，取消しの裁判は，わが国における失踪宣告と同様日本法を
準拠法とする。

(7)　外国失踪宣告の承認

　失踪宣告の取消しのときにふれたように，外国でなされた失踪宣
告も承認の対象となりうる。家事事件手続法79条の2が新設された
結果，外国失踪宣告にも，その性質に反しない限り，民事訴訟法
118条が準用される。

　民事訴訟法118条準用の結果，具体的には，承認の要件はなお解
釈に委ねられるが，確定非訟裁判であり，かつわが国の失踪宣告に
相当するものであることが必要であり，そのうち，同条1号の国際
裁判管轄の要件と3号の公序の要件を具備する必要がある。

　1号の裁判管轄については，法適用通則法6条1項に相当すると
きは，間接管轄として不在者の生存の認められる最後の時点におけ
る本国または住所の地の裁判所の裁判であれば足りる。効力の限定
された法適用通則法6条2項によるときは，それぞれ財産所在地ま
たは諸事情に照らしてその国と関係があるときにのみ管轄が認めら
れるものである。なお，跛行的関係の発生を避けるためより広い管
轄を主張する見解も有力であったが，法適用通則法6条の下では，
その必要はない。

Ⅲ　行為能力

1　準拠法の決定

　人が単独で有効な法律行為を行える法律上の能力を行為能力とよぶ。法例は身分・能力が属人法によるという大陸法の伝統に従って，本国法主義を採用してきた。能力の問題は属人法の主要な適用事項であるといってよい。法適用通則法4条1項は，これを行為能力に限って維持した。連結点としての住所・常居所と比べると，国籍は明確であり，取引保護については別途手当てをすることから本国法主義が引きつがれたのである。

　以上からみると，反致の規定（法適用通則法41条）が適用される。また，行為当時の国籍により準拠法が決定される。

　なお，手形法88条1項，小切手法76条1項も，行為能力について本国法を準拠法としている。

2　準拠法の適用

（1）　総　説

（ア）　総　説　　　行為能力とは，自然人の法律行為の能力のみを指し，法人のそれを含まず，また不法行為能力も含まない。行為能力には，身分的行為能力と財産的行為能力があるが，前者においては，それぞれの身分的行為ごとに能力の定めが置かれ（例えば，婚姻能力など），それらを通じる一般的な行為能力はない。そこで，身分的行為能力はそれぞれの行為の準拠法によらしめ，法適用通則法4条が予定する行為能力は，財産的行為能力に限ることになる。

（イ）　法適用通則法4条　　　財産的行為能力には，①年齢に基づく

行為能力の制限のほかに，②事理を弁識する能力に欠ける者の行為能力の制限，③婚姻に基づく行為能力の制限がある。

　たしかに，②については，内国取引保護の必要性があるが，法適用通則法5条により，すべて日本法によるものとされている。

　③との関係においては，わが民法も戦後の改正に至るまで認めていた妻の無能力などが問題となるが，これは夫婦間の問題であるとして法適用通則法25条によらしめるべきであろう。

　したがって，法適用通則法4条が予定する問題は，①に限られることになる。

　(2)　年齢に基づく行為能力の制限　　各国の法律によると，成年をもって人が完全な行為能力を獲得するものとされるのが普通である。ところが，成年年齢は，伝統的に国により異なっている。例えば，多くの欧米諸国はかつては21歳を成年年齢としていたが，現在では18歳とするところが多く，わが国も令和4年4月1日からは，18歳をもって成年年齢としている。ところが韓国においては19歳など，成年年齢は国により異なっているので，抵触規則が必要となる。

　法適用通則法4条1項は，行為能力の前提としての成年年齢を当事者の本国法によらしめているが，この本国法は，そのほかに未成年者の能力補充の問題，未成年者の法律行為の効力，などに適用される。未成年者が婚姻によって行為能力を獲得するか否かという成年擬制の問題は，身分的法律関係の前提としての成年・未成年の問題としては婚姻の効力（法適用通則法25条）の準拠法によるが，それが行為能力の前提としての成年にあたるかは能力制限の解除として本条による。未成年者の代理人が誰かの問題は，親権（32条）または後見（35条）の問題であり，それぞれの準拠法による。この規定は，行為能力を超えて，民事面における一般的な成年・未成年の基

準にも準用されることがあるが，その場合には2項の準用はない。

　以上の原則に対する例外については次項において説明する。

3　取引の保護

(1)　内国取引の保護

(ア)　意　義　　行為能力を行為者の本国法によらしめると，その者と取引する相手方は，その当事者が外国人であった場合，その者が能力を有するか否かを常にその者の本国法によって判断しなければならないが，それでは内国における迅速な取引活動がしばしば阻害される。また，財産取引においては，その者の属人法による必要性が比較的小さい。そこで，多くの国において行為能力に関する本国法主義に例外を設け，いわゆる内国取引保護主義がとられてきた。

(イ)　根　拠　　その根拠としては，本国法が制限能力者保護にかなうとされる場合にも，取引の相手方からは，本人の本国と本国法の内容調査は困難であり，本国法により制限能力者であれば常に制限能力者として取り扱うと，相手方の正当な期待を損ない，内国取引の安全と円滑の確保に欠けると考えられ，内国取引の安全を犠牲にしてまで制限能力者の保護を貫徹すべきものとはいえない，とされる。

(ウ)　沿　革　　このような考え方が，歴史的に認められた著名な事例として，フランス破毀院のリザルディ事件判決（1861年）がある。この事例を先例として，また，立法例もあって，その後ヨーロッパ諸国でこのような原則が認められるに至り，わが国の法例3条2項に引きつがれた。

　　リザルディ事件判決　　リザルディ（Lizardi）はパリ在住のメキシ

コ人であったが，22歳，23歳の時にパリのフランス人商人達から相当
額の宝石類を購入し，約束・為替手形に署名したが，その後の支払請
求の過程で，当時のメキシコ法が25歳をもって成年年齢としていたの
で，自らが未成年者であるとしてその取引の無効を主張して訴を提起
した。フランス民法３条３項の双方化による能力に関する本国法主義
からすれば，この主張は認められなければならないはずである。とこ
ろが，第１審セーヌ裁判所は，リザルディの抗弁を認めず，代金支払
を命じ，パリ控訴院もこれを支持した。破毀院は内国取引保護の見地
から，相手方のフランス人商人達が善意かつ無過失で取引の相手方の
外国人としての身分を知らなかったときには，成年年齢を21歳とする
当時のフランス法により成年者としてリザルディを取り扱って差し支
えなく，諸外国の法律を知る必要もないと判断した。

　㈢　法適用通則法　　取引保護は一般的に考えられるべきで，内
国取引保護は，内外法平等という国際私法の基本理念に反するとい
うことから，法適用通則法４条２項は行為地取引保護を採用した。
立法例は分かれているが，最近のヨーロッパの主要な立法例は，双
方的取引保護（行為地取引保護）規定を支持している。

　なお，法適用通則法４条１項の法律行為には身分的法律行為も含
まれ得るとする解釈がある以上，従来通り，親族法または相続法に
よるべき法律行為を除外する必要があるとされた。外国所在の不動
産に関する法律行為については，不動産のみを対象とする理由がな
いとか，そもそもとくに慎重な配慮を要する取引とはいえないとす
る立場から，適用除外とする理由がないとする案もあったが，双方
的取引保護規定を有しながら，外国不動産に関する法律行為を適用
除外する規定をもつ国もなおあることから，適用除外が維持された。
ただし，法適用通則４条２項の行為地取引保護との関係で，３項で
は「行為地と法を異にする地に在る不動産」と表現を改めた。

また，手形法88条2項，小切手法76条2項は特則を置いている。

(2)　法適用通則法4条2項

(ア)　隔地者間の法律行為　　行為地取引保護において問題となるのは，隔地的法律行為の行為地を含めるかという点である。隔地的法律行為は，それぞれの当事者の所在する地が異なる場合なので，実際上共通の取引地が存在せず，当事者それぞれの行為能力について注意が必要なので，取引保護の対象とならないとして，「当該法律行為の当時そのすべての当事者が法を同じくする地に在った場合に限り」として，行為地取引保護の対象としていない。インターネット取引などで注意すべき点である。

(イ)　善意・無過失　　法適用通則法4条2項はその文言上，相手方の善意・悪意を問題としていない。したがって，相手方が本人の本国法上その者が無能力とされていることを知っている場合であっても，行為地法により能力者として取り扱って差し支えないことになる。法例修正案参考書は，他方が無能力者であることを知りながら法律行為をするようなことは極めて稀であり，意思の善悪の証明は困難でいたずらに訴訟を増加せしめるから，善意・悪意を問わないとし，手形法88条2項や小切手法76条2項も主観的要件を課していない。

もっとも立法論としては，善意無過失を要件とする方が属人法主義を原則とする限り合理的であり，リザルディ判決，ローマI規則13条はこれを要件とし，最近の各国立法例の中にも，このような相手方の善意無過失を要求しているものがあり，1931年万国国際法学会決議は善意を要件とする。そこで，制限能力者保護と取引保護のバランスからは「法律行為の相手方が，その法律行為の当時，当該法律行為をした者が本国法によれば行為能力の制限を受けている者

であることを知り，又は過失によって知らなかったときは，取引保護規定を適用しないものとする。」とする案（中間試案）もあったが，準拠法の明確性や訴訟の遅延をおそれる立場から主観的要件を課していない。

　㋒　行為地法によるべき範囲　　本国法上も行為地法上も制限能力者である当事者については，文理上もはや本規定とは無関係であるようにみえる。しかし，行為地取引保護主義の趣旨からは，本国法の認める能力制限の範囲・程度が行為地法のそれより大である場合には，法適用通則法4条2項を類推してそれを行為地法のそれまで引き下げるべきであるとし，例えば，本国法上制限能力者の行為が無効とされている場合であっても，行為地法上単にそれが取り消し得べきものであるにすぎない場合には（例えば日本民法5条2項。ほかに日本民法21条参照），取消しにとどめて相手方を保護するのである。

　㋓　類推適用　　次の場合にも類推適用が考えられる。

　　（ⅰ）　妻の無能力　　昭和22年削除の民法14条以下の妻の無能力の問題は，法適用通則法25条により定まる準拠法による。しかし，それにより妻が無能力であっても，行為地法上能力者である場合には，能力者とされるので，例えば日本での妻の法律行為は能力者の行為とされる。

　　（ⅱ）　成年擬制　　これまでの通説は，民法753条のような問題は婚姻の効力の問題として法適用通則法25条によらしめるので，法適用通則法4条2項を類推適用すべき場合があるとしてきた。当事者の本国法上成年擬制の制度がなく，その未成年者の夫婦が例えば日本で法律行為をした場合，日本法上の成年擬制からその行為を有効と認めるというものである。しかし，この問題を婚姻の一般的効

力の問題とすると，能力を属人法以外によらしめることの問題性が
あり，そもそも当事者の年齢による民事行為能力の問題であると考
えるとすると，端的に法適用通則法4条1項によることになるので，
法適用通則法4条2項の適用もある。先の**2(2)**（167頁）を参照して
欲しい。

　　(iii)　その他　　ほかにも，法人の行為能力，代理などで，取引
保護につき問題とされる。日常家事債務に対する配偶者の連帯責任
については283頁参照。

Ⅳ　後見・保佐・補助開始の審判

1　総　説

　事理を弁識する能力を欠く常況にある，あるいはその能力の著し
く不十分な者について，国家または公的機関がその者を制限能力者
と判定することによって，本人を保護するとともに，その者と関係
を有する者および一般社会の公益を保護するための制度が，禁治
産・準禁治産宣告を始めとする制限能力者の宣告制度であった。平
成11年の民法の一部改正により新たな成年後見制度が導入され，禁
治産・準禁治産宣告というこれまでの無能力者制度が改められたこ
とに伴い，法例においてもこれらの用語が削除された。わが民法は
「後見開始の審判」「保佐開始の審判」「補助開始の審判」を区別し
て定めているが，国際私法上これらをとくに区別する必要もないの
で，制限能力者制度を一本化して，法適用通則法5条が定められて
いる。

　したがって，「後見開始，保佐開始又は補助開始の審判」は，制
限能力者を裁判により決定するものと性質決定される。

　2000年の成年者の国際的保護に関するハーグ条約は，要保護状態にある成年者について保護措置の管轄権，準拠法ならびに外国の保護措置の承認・執行を定めたものであり，保護措置の管轄権は原則として要保護者の常居所地国，例外的にその現在地国などに認められ，準拠法は原則として法廷地法による。外国の保護措置は一定の拒否事由にあたらない場合には承認され，一定手続に従って執行可能となる。1996年のハーグ「親責任及び子の保護措置についての管轄権，準拠法，承認，執行及び協力に関する条約」に準じた規定となっている。

　なお，平成元年法例改正により「成年被後見人」という文言が新たに入り，成年者のみを対象とする制度に変更されたようにみえる。民法上は「未成年者」をも対象とするものとされており，解釈上疑問は残るが，法適用通則法もこれを踏襲するものと解される。

2　国際管轄権

　公的または国家的機関による決定であるので，その国際管轄権が問題となる。従来の通説は，明文の規定はないが原則的管轄権は，その者の能力の制限に関わり，本人保護，本人に対する対人主権，また，家事審判法7条の準用する非訟事件手続法2条の趣旨，法例修正案参考書の趣旨からみてその者の本国にあり，例外的管轄権は，居住地国の利益を保護するために外国人についてのみ特別に定められていたこととしていた。しかし，その後この原則的管轄権は批判され，むしろ本人の居住地に管轄がありそれで足りるものとされた。

　たしかに，対人主権を根拠として本国に原則的管轄権を認めることは不必要であるが，居住地国のみに管轄権を限定することはときに不都合を招く。例えば，外国に移住した日本人であっても，その

国で保護を受けうるとは限らず，なお日本に財産があり，また親族がいるなど日本との関連性があり，ときに日本へ帰国する可能性もある限り，外国における心神の状態調査の点，また，日本法上要求される本人の陳述聴取（家事120条）などで困難があったとしても，これは今日では日本の領事などの活用により克服できない不便宜であるとはいえず，わが国に管轄権を認める実益がある場合が認められる。したがって，本国の管轄権をも認めるべきであろうと考えられ，在外日本人の保護などの観点からも法適用通則法5条は日本人について本国の管轄権を認めるに至った。それと並んで日本に住所もしくは居所を有する者（外国人）についての管轄権も認めているが，財産所在地としての管轄権は，過剰管轄になるものとして，採用されなかった。もっとも，外国に所在するわが国の定住外国人については，場合によっては緊急管轄権が必要となる可能性はあろう。

3　準拠法の決定

法例は，禁治産に関するオーストリア国際私法15条などと同様に，本人の能力に関わることであるのでその原因について，本国法主義を主として採用しながら，外国人について日本の裁判所が「後見開始ノ審判」を行う場合には，日本法を累積的に適用する（法例4条2項但書）という，折衷主義をとっていたが，法適用通則法は，すべて日本法によるものとした。もともと，効力については，当事者の国籍により同じ裁判地においてその裁判の効力が異なるのは望ましくないとして，法廷地法主義をとっていたのであり，大きな変更はないこととなる。

4　準拠法の適用

　原因については本国法によるとしていた法例は，その4条2項但書で日本法による制限を付していた。日本法を累積的に適用する趣旨については，従来，特別留保条項であるとする通説と，内国取引保護規定であると解する立場があった。そして本国法上禁治産（後見開始に相当する）の原因があるが，日本法上は準禁治産（保佐開始に相当する）の原因にしかあたらない場合には準禁治産宣告をすべきである，とされてきた（長野家飯田支審昭46・12・23）。しかし，これでは本国法上禁治産宣告が認められ（例えばかつての韓国人について），その原因が存在する場合に，わが国でも禁治産宣告ができるかという点で問題があり，また，本国法上補助のような制度がない場合に，日本在住の外国人について補助開始の審判ができないなどの問題があったが，法適用通則法は日本法によることと改めたので，その点での困難はなくなった。

　裁判の効力はすべて日本法によるので，本人の行為能力の制限の程度，能力補充の方法は，すべて日本法による。ただし，誰が後見人であるかは後見の準拠法（法適用通則法35条）による。日本において被後見人保護の裁判がなされる場合には，すべて日本法による（法適用通則法35条2項後段）。

5　後見開始等の裁判の取消し

　管轄権は裁判を行った機関の所属する国にあり，外国の禁治産宣告，後見開始の裁判などの取消しは，わが国ではなし得ない。日本でなされた裁判は，日本法の定める取消原因があれば取り消すことができる。

6　任意後見

(1)　本人の事理弁識能力のある間に，その能力が定かでなくなったときに備えて，予め自己の後見事務を一定の者に委任し，そのときが来ればそれに従って後見を受けるという制度である。比較法的には，一種の任意代理に属するものと一種の法定代理に属するものとに分けられる。わが国の任意後見制度は，任意後見契約により，予め任意後見人を選任し，後見事務を一定の内容，方式に従って委任し，それを「日本国内で」登記することによって成立し，本人の事理弁識能力が十分でなくなったときに，任意後見監督人を裁判所に選任させることによりその効力を発生する，つまり任意後見を開始する家庭裁判所の審判を要する。一方で法定後見に優先するとともに，他方で，任意後見では本人保護が十分でないときは（例えば委任事務のみでは，十分に本人保護ができないときなど）法定後見も設定する申立てを考慮することになる。これは，本来の法定後見がありうる場合に，それに代えて，予め任意に後見事務を委任し（自ら後見事務の内容を設定できる），家庭裁判所の（間接的）監督のもと後見制度を設定できるものであるので，一種の法定代理である。すると法定代理の原因法律関係の準拠法によるべきであるが，わが国における渉外的法定後見は，法適用通則法5条で認められる場合にのみ日本法により裁判所によって設定されるものであるので，それに代わる任意後見も5条の準用により，日本法により認められる場合にのみ成立し，日本において登記されたものでなければならない（後見登記等に関する法律5条による任意後見契約の登記において，2号が，本人が外国人である場合も予定しているが，これは法適用通則法5条がわが国に住所を有する外国人に対する法定後見についても国際裁判管轄を認めていることに対応するものであり，1号でいう公証人も日本の公証人に

限っている趣旨である）。日本法上発効しないものは，すべて任意代理または事務の委任に属するものとなる。

(2)　わが国における任意後見は，日本法上の法定後見に代わるものとして，法定の枠内で許されるものである。任意後見の開始は，任意後見監督人の選任によるので，法適用通則法5条および35条を準用するほかない。すると日本人については日本法上の任意後見契約があるときには常に，外国人については，日本に住所・居所があり，かつ，日本に契約の登記があるときに，任意後見監督人の選任があった場合に，その開始が認められるというべきであろう。それ以外のありうる「任意後見」は，わが国では，わが国の裁判所の間接的な監督を受けることのない任意代理ないし委任契約として取り扱われる。

　(ア)　任意後見契約　　この契約の成立・効果おび方式の準拠法は当事者自治は認められないので日本法であり，したがって，日本人であれば常に，また，日本に居住する外国人は，「任意後見契約に関する法律」に従い，公正証書による，任意後見契約を結ぶことができる。その登記は，「後見登記等に関する法律」5条により行うが，後述の任意後見監督人の選任およびその審判も登記される（同条6号）。

　(イ)　任意後見の開始　　任意後見法4条1項によれば，任意後見契約の発効は，原則として「任意後見契約が登記されている場合において，精神上の障害により本人の事理を弁識する能力が不十分な状況にあるときは，家庭裁判所は，本人，配偶者，四親等内の親族又は任意後見受任者の請求により，任意後見監督人を選任」し，同条3項によれば，「第1項の規定により本人以外の者の請求により任意後見監督人を選任するには，あらかじめ本人の同意がなければ

ならない。ただし，本人がその意思を表示することができないとき
は，この限りでない。」とされるので，任意後見監督人の選任の審
判をもって，任意後見が開始することとなる。

　⑺　この審判の国際裁判管轄は，法適用通則法5条および35条の
趣旨により，本人の住所・居所（日本人が本人であるときに，これが日
本にないときには，東京家庭裁判所〔家事事件手続規則6条〕がこれにあ
たる）が日本にあれば，認められる（任意後見に対する日本の裁判所の
監督の実効性を考慮すれば，受任者の住所が日本にあるときも考えられる
が，本人が外国人のときには疑問である）。

　(3)　外国における後見開始等の審判がわが国で承認されうる場合
に，その外国法上の任意後見制度が，わが国で認められるかである
が，公的機関による監督を要するなど法定代理型の任意後見は，日
本法によるもの以外認められない。任意代理ないし事務の委任とし
て処理される。

7　外国の後見開始等の裁判の承認

　外国でなされた後見開始の裁判の効力をわが国で認め，被宣告者
がわが国にやってきた場合に被後見人として取り扱うべきか否かに
ついては，これまでは承認説よりも，否認説が通説であった。後見
開始の裁判が公示制度と密接に関連し，外国における裁判に伴う公
示がわが国には全く及ばないことなどから，内国取引保護に鑑みて
承認しないというのが理由である。しかし，裁判国やその裁判を承
認する第三国で行われた被宣告者の行為は，被後見人の行為として
取り扱っても差し支えないので，この場合には，厳密な意味におけ
る承認ではないが，承認類似の問題が生じるとして，非訟事件裁判
の承認については，民事訴訟法118条を類推適用してその1号と3

号を要件とし，いわゆる準拠法要件は要求しないとする有力な見解
があった。

　外国においてなされた後見開始の裁判は，それが公示制度と密接
に結びついている限りは属地的であり，わが国において承認の対象
とはならないとされてきたが，問題は内国取引の保護であろう（裁
判自体は条約によるのでない限り常に属地的効力しかもたない）。そこで，
法適用通則法の制定にあたっても，何らの手あてもなされなかった
が，後見登記等に関する法律（平成11年法律第152号）による登記が，
外国における相当する裁判の登記にも使える（登記に際しての自動承
認または承認の裁判の登記）ということを条件に，また，このような
公示が必ずしも重要でない場合には（例えば，一定資格などの要件と
しての能力証明），外国非訟事件の裁判の承認の対象としてもよいの
ではないだろうか。その場合には民事訴訟法118条を類推し，国際
裁判管轄，公序を要件とする。ただし，被後見人保護，とくにその
法的審問権の保障も公序の中で考慮されるべきである。

　平成30年人事訴訟法等改正により，家事事件手続法79条の2が新
設され，「外国裁判所の家事事件についての確定した裁判（これに
準ずる公的機関の判断を含む。）」については，「その性質に反しな
い限り」，民事訴訟法118条が準用されることとなったが，外国の後
見開始の裁判については，承認の対象とすべきか等について，なお
解釈に委ねられている。

　承認説に立ち，外国後見開始の裁判が承認された場合には，その
効力は認められることとなるが，外国に住居所を有する日本人につ
いては，法適用通則法35条に規定を欠くので，その後見等に関する
審判は，日本の家庭裁判所による代行が認められる場合に限られる。

　仮に否認説に立ち，あるいは承認説で具体的場合に承認を否定し

た場合には，裁判国あるいはその裁判を承認する第三国における本人の行為の効力は，裁判の実体法上の効力として，法適用通則法5条の準用による準拠法による（第三国による承認も）。

第15章　法　　人

Ⅰ　総　　説

　経済活動において，自然人以上に重要な機能を営むのが法人である。しかし，団体としての実体が存在すれば法上当然にその人格が認められるものではなく，国によりその法人格付与についての制度が異なっている。そこで，国境をこえた法人の経済活動については，国際法的発想から，法人とされる団体の国籍をまず決定し，それによりすべてのその渉外的な法問題を解決するという法人国籍論が支配した時代もあった。しかし，フランスおよびイギリスにおける第一次大戦に際する敵性法人の決定について法人国籍論の欠陥が意識され，むしろ背後にある自然人の国籍，したがってその団体の管理を基準とする敵性の決定がなされるようになって，法人国籍論は廃れた。現在における法人をめぐる渉外的私法関係の規律においては，本来自然人にのみ認められる国籍という観念を用いることなく，その抵触法上の問題と外人法上の問題を区別し，それぞれの規律を行うのが一般的である。

　わが国においては，国際的法交通の利益のため正当化された法例の制定当時，外国人（条約国国民）の処遇と国益の保護が立法者の一番の関心事であり，したがって，法人については，未発達な抵触法的処理よりは，外国法人の処遇が問題とされた。そして当時の法人の属地的性格からみて，原則的には国益保護の観点から，外人法

的処理だけを想定し，民法および商法において規定を設け，それで
足りるものとして法例には規定を置かなかった。すなわち，外国法
人は国内で法人たり得ないということを前提に議論が進められ，そ
の問題は，一方で民法上外国法人の認許として規定され，他方で商
法の外国会社の規定とされたのである。したがって，外人法的処理
が先行し，それで解決されない問題を，外国における法発展を参考
にしながら，抵触法的処理についてもその属人法を中心に議論し，
やがて，両者の関係については諸説があったものの，外人法的処理
と抵触法的処理が併行して議論されるようになった。なお，近時，
これらと区別して外国国家行為の承認と考える立場も主張されてい
る。

II　抵　触　法

（1）総　説　　法人をめぐる抵触法問題については，自然人につ
いて属人法を考えるのと同様に，法人についてもその法人の人的法
律関係に一般的に適用される法，法人が属する地の法として従属法
が認められている。その2つの決定基準についてはすでに第8章II
2において述べておいたように，わが国においては，判例は，両基
準にふれており，いずれによるかの立場は必ずしも明らかではない
が，設立準拠法説が通説である。ただ，法適用通則法の制定時にも，
規定の要否，従属法の基準，その適用範囲などについて議論がまと
まらず，規定の導入は見送られた。

　属人法と異なり従属法は，存在する人の人格を支配するというよ
りも，その地に属するに至る団体の存在の創設をも支配するもので
あるので，法人格の存否の問題にとどまらず，団体・組織の形成に

も広く適用されるため，法人の経済政策的取扱いにも影響されやすい（デラウェア会社など）。自然人と異なり，設立が必要であり，それにより存在が属する地の法である従属法が，広く法人の設立，存続，内部組織からその消滅に至るすべての抵触法上の問題に適用されることとなる。

(2)　従属法の適用範囲

(ア)　設立に関する問題　　法人設立の実質的・形式的要件，設立無効などに適用される。

(イ)　内部組織に関する問題

①法人の機関の構成，種類・性質・選任・退任，内部的権限および義務

②法人との関係における構成員の地位およびその得喪，構成員相互の関係，社員権の譲渡性など

③債務に対する構成員の責任

④定款および寄附行為ならびにそれらの変更の問題

⑤組織変更など

(ウ)　法人の消滅（解散および清算）　　解散の時期，解散事由，解散の効果，清算などが従属法による。ただし，破産が解散事由とされ，清算を伴う場合には，破産の問題として，破産開始地法による。

(3)　権利能力

(ア)　一般的権利能力　　法人の人格の存否およびその範囲はその設立準拠法による。定款上付された法人の目的の制限については，内国取引の保護の見地から行為能力に関する法適用通則法4条2項の類推適用により修正するという見解もありうるが，とくに外人法たる人格の範囲の制限の程度が内国公序に反する場合は別として，一般的にはその行為能力の段階で判断すれば足りるものといえよう。

　(イ)　個別的権利能力　　自然人の場合と同様に，個別的権利を法人が享有し得るか否かは，その権利の服する準拠法によるが，その権利が従属法によっても享有し得るものでなければならない。例えば法人の相続権は，相続の準拠法によるだけではなく，法人の設立準拠法によっても認められることが必要である。

　(4)　行為能力　　法人の法律行為はその機関によってなされるが，機関の職務権限，代表権の有無・範囲の問題も原則として従属法による。しかし，行為の相手方との関係においては，取引の安全を考慮する必要性から，法適用通則法4条2項の類推適用によるものと解される。

　(5)　不法行為能力　　法人およびその社員などの保護を重視すると法人の従属法によらしめるべきであり，これが従来の多数説であったが，近時においては，自然人の場合と同様に，被害者保護の観点から不法行為の準拠法によるとする見解が多数を占める（大阪地判平2・12・6参照）。

　(6)　法人格の否認　　法人として形式上存在するが，法人格の濫用があったり，法人格が形骸化している場合に，個別・具体的場合についてその法人格を否認し，法人が存在しないのと同様の取扱いをする場合がある。法人格を全面的に否定するものではないので，常にその従属法により一律の取扱いをするのは適当でない。そこで，①法人の設立準拠法によるべきもの，②具体的問題の準拠法によるべきものなどが区分されることになる（東京地判平22・9・30参照）。

Ⅲ　外　人　法

1　総　　説

　従属法の基準を設立準拠法とする立場においては，わが国に事実
上の本拠を有する外国法人についてのみならず，一般的に外国法人
の活動を規制する必要性は，わが国の取引社会の利益保護の観点か
らとくに大きいのであるが，その前提として内外法人の区別の基準
が問題となる。外国法人について，実質法としての外人法の適用が
問題となるからで，抵触法上の基準とは区別される，実質法上の基
準である。この基準についても明文はないが（具体的には各規定の解
釈問題となるが，一般論としては），従来，設立準拠法説，本拠地法説
のほかに，法人の構成員，資本・管理権の帰属等の実質に着目する
管理主義の立場が主張されている。

　そもそも法人国籍論のように一律かつ一括して内外法人を区別す
ることの妥当性に疑問がある上に，法人の実態に即した内外法人の
区別を行う必要性からは，管理主義が望ましいと考えられる。しか
し，わが国における多数説は，外国法に従って設立された法人を外
国法人であると解しているが，民法35条のように，国家をも外国法
人に含めると，むしろ内国法人でない法人，内国法によらずに設立
された法人と解する方が適当であろう。

　なお，外国人の地位・権利を定める外人法は，その準拠法が日本
法でなくとも常に適用される，いわゆる絶対的強行法であるといえ
る。

2　認　　許

(1)　意　　義　　外国法人の活動の前提としての法人格の問題は，本来，従属法によってそれが認められれば足りる。しかし，わが国においてそれが法人として活動するためには，さらに内国において法人としての活動を許される必要があるものとされる。民法35条は，実質法であるが，わが国における法人活動の前提として，その（抵触法上すでに存在する）法人格の承認（認許）について定めている。しかし，これは法人格自体の付与（存在自体を作り出すことを含めた）ではなく，わが国におけるその法人の存在を認めることである。認許は法人についての特許主義，属地主義，ひいては法人国籍論を前提とする制度であり，現在におけるその法的必要性やその認許の範囲の狭さについて批判がある。

(2)　認許の方法・範囲

(ｱ)　総　　説　　外国法人の認許には，個別的認許主義と概括的認許主義がある。民法35条１項は後者により，一定の種類の外国法人を概括的に認許するものとしている。その範囲は次のとおりである。

(ｲ)　国および国の行政区画　　外国国家は一般に国際法に基づき法人格が認められており，その法人格をわが国が私法上も認許しないことは許されない。国の行政区画はその国で私法上の法人格が認められていることが必要である。ただしそれは抵触法上の問題であるが，わが国における活動についてもそれを承認し，国債・市債の発行などの私法上の権利主体としての活動を許すのである。

(ｳ)　外国会社　　民法35条１項はかつての商事会社にかえて外国会社をあげている。会社法２条２号は外国会社を定義して「外国の法令に準拠して設立された」「法人」「その他の外国の団体であって，会社と同種のもの又は会社に類似するものをいう」としている。

「法人」には，スカンジナヴィア航空（SAS）のようにいずれかの国内法によるものではなく条約上設立された会社も含まれ，したがってSASも外国会社として認許されるものというべきであろう。また，会社法の認める外国会社には法人格を持たないものも含まれるとされるので，その限りでは，そのような団体は「外国法人」のわが国における認許（民法35条）の対象とはならず，会社法に従って新たに特別の会社形態が創設されたことになろう。

　⑷　特別法または条約による認許　　特別法によるものは稀であるが，「外国保険事業者に関する法律」が外国相互保険会社のわが国における事業を認めていたので，商事会社ではない相互保険会社も認許されてきた。この法律は廃止されたが，保険業法185条以下がこの理を認めている。

　条約による認許は，例えば，日米友好通商条約が相互に相手国の会社の法人格を承認するものとしている場合がこれにあたる。

　⑸　国際法人　　一国の法律によるものではなく，条約により法人格が認められた法人を指すが，国際連合やその専門機関のような，直接わが国が批准した条約に準拠して設立された法人のほか，わが国が批准した条約によりいずれかの国内法に準拠して設立されたもの，例えば，メートル条約に従ってフランス法に準拠して設立された，「度量衡万国中央局」などが認許される。これらは民法35条1項但書による認許である。

　⑹　外国公益法人など　　それ以外の外国法人，例えば，外国公益法人は，外国の公益がわが国の公益と抵触するので一般に認許されない。しかし，国際的に活動し，またわが国の公益と抵触しないようなもの，例えば赤十字国際委員会，国際オリンピック委員会は認許されるべきで，わが国の認許の範囲の狭さが指摘される。外国

非営利法人についても認許できないが，立法論としては，外国法人は原則として認許されるものというべきであろう。

　㈠　認許されない外国法人　　認許されない外国法人も，外国におけるその活動をわが国が認めないということではない。また，わが国における活動についても，日本法に従って権利能力なき社団・財団の活動として処理される。

3　国家的監督

　⑴　総　説　　認許された外国法人はわが国においてその目的業務を行い得るが，その活動については民法36条以下および会社法817条以下等の国家的監督がなされる。設立の容易な外国法によりながら，実際の活動を日本で行う擬似外国会社の監督が問題となる。

　この点について，旧商法482条は，擬似外国会社は，「日本ニ於テ設立スル会社ト同一ノ規定ニ従フ」として通説によれば法人格を認めないこととしていたが，会社法821条は継続取引の禁止とした。相手方保護の立場から，法人格は承認するが，取引を行った者に連帯責任を負わせることとしたが，擬似外国会社の認定の裁判上の運用が問題となろう。なお，金融業など，業法上の規制もある。

　⑵　権利享有　　民法35条2項本文は，外国法人のわが国における権利享有について，原則として同種の内国法人と同一の私権を享有する旨定めている。すなわち，従属法上認められた一般的権利能力の範囲内で私権を享有し得るが，同種の内国法人の享有し得ない私権である場合にはそれを享有することはできない。逆に，内国法人が享有し得る権利であっても，従属法上享有できない場合にはそれを享有できない。但書はさらに個別的権利能力の享有について制限を付しているが，現行法上は法人に限った制限はなく，ただ法人

の性質上享有し得ない権利，外国自然人に享有が禁止されている権利についてのみ外国法人の権利享有が制限される。

　なお，外国人土地法のように実質的に法人が外国的か否かを基準として権利享有を定めるものがある。設立準拠法による内外法人の区別では，実質的な外国法人が，外国自然人に享有できない権利の享有を認められる不合理が生じるからである。

第16章　法律行為

Ⅰ　法律行為の実質

1　総　　説

　法適用通則法には法律行為の実質に関する総則的規定はなく，これは各々の法律行為の準拠法によらしめるのが原則である。意思表示についても同様で，内容の可能性・適法性・瑕疵・条件・期限・効力発生時期，効力発生要件としての第三者・官庁の同意なども，原則として各法律行為の準拠法による。しかし，債権契約の意思表示については，債権の準拠法とは独立の準拠法を認めるべきであるという少数意見もある。とくに契約の成立に必要な申込み・承諾の意思表示の成否については，表意地法のほか，当事者の属人法，または常居所地法・営業地法によるという見解，同様の立場に立つが，ただし，申込み・承諾の瑕疵は法律行為自体の準拠法によるという限定を付す見解などがある。

2　代　　理

　⑴　総　説　　代理とは，法律行為が本人に代わって第三者によってなされるが，その法律効果が直接本人に及ぶ制度である。代理は，本人，代理人，相手方という三面関係を有する点で通常の法律行為とは異なり，本人の保護と相手方保護という特別の考慮の必要性がある。代理については法適用通則法においても規定されなかっ

たので，解釈によって補う必要がある。「第3章　第2節　法律行為」に含まれる問題である。

⑵　準拠法の決定

㈎　総　説　　代理の許容性および代理行為自体の成立・効力は，各々の法律行為の準拠法による。代理の成立，効果の問題については，法定代理と任意代理を区別する。

㈏　法定代理　　本人の意思に基づくことなく，法律に直接基づいて発生する代理関係であるから，法定代理の成立・効果は，その発生原因である法律関係の準拠法による。親権者による代理は，親子関係の準拠法（法適用通則法32条），後見人による代理は，後見の準拠法（法適用通則法35条）による。本人・代理人間の関係（内部関係）および本人・相手方間の関係（外部関係）もこの準拠法による。財産的法律行為の代理のときには，相手方保護が問題となるが，本人保護のための制度であるから，必要があれば代理権を発生させた実質法が相手方保護を考えるべき場合であり，その代理権の発生原因となる法律関係の準拠法も，通常，相手方は知るべきであろうから，とくに抵触法上の取引保護は必要ないとする見解もある。しかし，実質法上の相手方保護は，渉外関係においては必ずしも十分ではないし，立法的解決も望めない現状では，とりあえずは，法適用通則法4条2項を類推適用すべきであろう。

㈐　任意代理　　本人の意思に基づき，代理人による本人の法律行為の場所的・事項的・時間的拡張がなされる制度であり，任意代理の成立・効果の準拠法の決定には，第三者保護に重点が置かれる。本人，代理人，相手方による代理の準拠法の選択は，相手方が悪意であるなど第三者に対抗できる限りにおいて（一般に代理の準拠法は偶然の代理行為地に規定されるなど定かでないこともあって）認められる

べきであろう（例えば，代理による売買契約において代理関係の準拠法を定めておくことが考えられる）。しかし，そのような準拠法の選択がないときには，条理により，準拠法を決定する必要がある。

　（i）　内部関係　　代理権の存否・範囲は，授権行為によって発生するのであるから，本人と代理人の関係は，その準拠法による。ただし，その準拠法は，とくに反対に解すべき事情がない限りは，その授権行為の基本関係（例えば委任や雇用）の準拠法（例えば，法適用通則法7条以下）によるが，当事者が明示で指定している場合には，その準拠法による。

　（ii）　外部関係　　相手方と本人の関係については意見が分かれる。これは代理人の法律行為の効果が本人に帰属する根拠が，授権意思と代理意思のいずれに求められるかという実質法上の対立とも関わる。かつての通説は，授権行為の準拠法によらしめる。しかし，授権行為の準拠法を相手方が知ることは困難であり，本人保護にすぎるという批判を受けた。また相手方保護の観点から代理行為自体の準拠法によるという見解も出されたが，代理の三面関係を無視するものと批判され，むしろ代理行為地法によるという見解も主張された。そこで，原則として授権行為の準拠法によるが，取引保護のために法例3条2項（法適用通則法4条2項）を類推適用して，行為地の法が取引保護のために代理の成立を認めている場合にはそれによるという見解が有力となっていた（神戸地決昭34・9・2参照）。たしかに，条理により法適用通則法4条2項の趣旨からまず授権行為の準拠法により本人を保護しながら，行為地法により取引保護を徹底する立場は一考に値する。しかし，授権行為の準拠法を相手方が知っている場合があることを理由にまずそれによる本人保護を図ること，さらに知り得ない場合にまで授権行為の準拠法によって本人

を保護することは，結局，授権行為の準拠法の調査を常に要することになるし，さらに知り得ない場合にまでそれにより本人保護に徹する必要もないから，むしろ取引保護の立場からは端的に現実の代理行為地法によるとする見解を正当とする。本人も，代理行為の行われる地を知るべき立場にある。

　(iii)　表見代理・無権代理　　これは代理人とされる者の行為の効果が本人に及ぶか否かが問題となる場合であり，その代理権の存否，範囲は前述の準拠法によって判断される。しかし，一応権限があるとされながら，それを踰越した場合には，なお先に述べた準拠法によって処理できるが，権限がないとされた場合，あるいは，初めから全く権限をもっていなかった場合にも代理行為として本人に行為の効果を及ぼすべき場合がある。それをどのような要件において認めるべきかが表見代理，無権代理の問題である。しかし，この点に特有の問題はなく，(ii)によるべき問題である。

　国際取引における代理関係の実態が，代理を業とする企業を中心として営まれていることから，最も密接な関係に立つ法の選択・適用という国際私法の理念に照らし，また，取引の安全，とくに当事者の期待の保護を根拠として，代理人の営業所所在地法説が主張されている。しかし，業としての代理行為は別として，一般の代理関係に対する取引保護の観点からは代理行為地法説が簡明であり，しかも上で述べたように原則としてそれで十分であろう。全く権限のない無権代理についても，同様とされる。

　本人と代理人の関係（内部関係）は，何らかの授権関係があればその関係の準拠法により，なければ本人の利益になる場合には事務管理，不利益になる場合は不法行為の準拠法による。

　(iv)　私　見　　抵触法上の任意代理の成立および効果とは，単

に代理権の存否・範囲の問題につきるものではない（抵触法上は，代理関係の成立・効果が単位法律関係であり，有権代理・無権代理の区別は，実質法上のものである）。すると一方で代理制度を利用する本人の立場と，他方で代理人との取引を行う相手方の立場との調整が必要となるが，本人は代理により自己の活動を法的に拡張できる利益を有する以上，代理人およびその活動をコントロールすべき義務があり，他方，代理行為と関わる第三者の取引保護の要請も強い。したがって，代理関係の成立の準拠法は，代理行為地法となる。そこにおいて，本人と相手方にその取引において共通の場が提供されることとなり，本人も代理の成立をコントロールすべきこととなる。この行為地は，代理人が業としての代理を行い，営業所がある場合には営業所所在地ともみられる。本人保護は，準拠実質法上で判断される。

　代理の準拠法は，代理の成立から消滅に至るまでの代理に関するすべての問題に適用される。代理権の存否・内容・範囲，代理行為の要件・効果・瑕疵，顕名主義かどうか，表見代理・無権代理，本人への効果帰属の有無・程度である。

　代理の許否は代理行為の準拠法による。

　なお，本人・代理人関係は，全く両当事者に関係がないときは事務管理となるが，内部関係があれば，その準拠法による。

　　(v)　ハーグ条約　　代理の準拠法については1978年のハーグ条約があり（批准国は，アルゼンチン，フランス，オランダ，ポルトガル），その5条は，本人・代理人間の内部関係は当事者自治によるとし，法選択がないときには6条以下で準拠法を定め，本人・第三者間の外部関係については，11条以下で代理権の有無・範囲，それに基づく行為の効果を代理人の行為時のその営業所所在地国法および行為

地国法によらしめている。

3　条件および期限

　これを法律行為に付すことができるか，付すことができるとした場合の法律行為の効力の問題は，各法律行為の準拠法による。

　なお期間をもって定められる期限についての，その期間の計算方法についても同様である。

Ⅱ　法律行為の方式（形式的成立要件）

1　準拠法の決定

　（1）　総　説　　法律行為については実質と方式が区別され，前者については共通の原則がないので各法律行為の準拠法によるが，後者については一般的な原則が認められている。しかし，この両者の抵触法上の性質決定による区別は明らかとはいえない。

　方式とは，有効な法律行為が成立するために必要な意思表示の外部的表現方法，外部から認識可能な形式的成立要件を指し，例えば，法律行為が書面によるべきか口頭でなされれば足りるのか，書面について自署・捺印を要するか，公的機関の証明や証人の立会いの要否，届出（公的な機関の関与）などという問題である。成立の要件とされない単なる証拠方法は含まない（一般にこれは手続の問題とされる）。外部化することにより，意思表示の存在を争えなくし，また，一方で外部からの圧力から自由な意思形成を確保するとともに，他方でそれを慎重に行わしめることとなる。

　準法律行為については，法律行為に準じて，意思の通知，観念の通知の方式は同一の原則による。

なお，婚姻の方式についての特則（法適用通則法24条2項・3項），遺言の方式についての特別法である「遺言の方式の準拠法に関する法律」，手形・小切手行為に関する手形法89条1項，小切手法78条1項などの特則は，以下の原則には従わない。

また，消費者契約の方式については，消費者を保護するために法適用通則法11条3項・4項・5項に特則が設けられている。

(2)　一般原則（本則）

(ア)　**法適用通則法10条**　　形式的成立要件である方式は，実質的成立要件と密接に関係するので，本条は，端的に成立の準拠法によるものとしている。

(イ)　**法適用通則法34条**　　法例22条は婚姻を除く親族関係についての法律行為の方式について，一般の法律行為の方式についての法例8条と異なり，成立の準拠法によらしめていた。国際私法の現代化に際して，この規定は不要とも考えられたが，法制上の理由から，親族関係一般にまで対象を広げ，かつ，隔地的法律行為を含まない，法適用通則法34条として存置された。

(3)　補　則

(ア)　**「場所は行為を支配する」**　　一般的原則を常に適用すると，法律行為の成立が困難となる場合が生じる。例えば，法律行為の実質の準拠法上の方式（例えば，契約の成立に特別の書面が必要とされているとき）が行為地法上履践できないような場合には，それが履践できる場所でその行為を行わなければならなくなり，当事者にとっては極めて不便である。そこで，法律行為の成立を容易にし，当事者の便宜を図り，その期待にも沿うために，「場所は行為を支配する（locus regit actum）」という原則が古くから認められてきた。もともと，この原則は行為の実質についても妥当したが，今日では方

式についてのみ認められている。

　法適用通則法10条２項，34条２項はこれを任意的に認めている。したがって，方式については，その法律行為を有効に成立させる準拠法が選択的に適用される。

　〔イ〕　行為地の決定（隔地的法律行為）　　行為地が連結点とされる場合に，その行為地の決定が困難な場合，すなわち隔地的法律行為がある。これには，規定が欠けているとする立場が従来有力であり，この点につき，契約の申込地と承諾地のいずれもが行為地であり，双方の行為地法上の方式を履践する必要があるという見解（双方行為地説），申込地のみを基準とすべきであるという見解（申込発信地説），申込地法と承諾地法のいずれかの有利な方式によれば足りるとする見解（択一説）もあったが，申込みは申込地法，承諾は承諾地法という配分的な適用説が支持されてきた（各方行為地説）。また，準拠法を単一にするため，択一説と各方行為地説のそれぞれの長所をとる見解もあった。

　電子的手段による取引が増大している現実の中では，この問題の重要性が増していることに鑑み，法適用通則法は，隔地的単独行為については，その10条３項において，その通知を発した地を行為地とみなし，これまで争いのあった契約の申込地と承諾地が異なるような隔地的契約の方式については，10条４項に新たに規定を置いた。これによれば，２項・３項によることなくこれまでの択一説の考え方に沿うものが採用された。そもそも，申込みまたは承諾についてだけの方式があるかは疑問であるが，隔地的契約の方式について申込地法または承諾地法のいずれによってもよいこととし，それで実務的にも問題がないとされた結果である。本則も適用されるので，３つの方式の選択が可能である。

(4)　法適用通則法10条5項　　物権行為の方式については法適用通則法10条2項・3項・4項の適用はなく，1項により実質の準拠法，すなわち物権の準拠法である目的物の所在地法（法適用通則法13条）による。物権については方式が重要な意味をもつが，目的物の所在地法によらなければ，物権をめぐる方式に関わる利益の保護ができないことを理由とする。

2　準拠法の適用

　以上により指定された準拠法が，方式をめぐる諸問題に適用される。最判昭53・4・20は，債権の上に設定された質権を第三者に対して対抗するために，債権質の準拠法である日本民法上必要とされる確定日付ある証書による債務者に対する通知または承諾の問題を，債権質の実質の問題として方式とはしなかった。物権行為の対抗要件である登記や引き渡しの必要性の問題はこのように実質の問題と考えられるが，対抗要件にも方式の問題は生じ得る。したがって，最判昭53・4・20の場合に，確定日付ある証書によるべきか否かは方式となるが債権質を物権と法性決定する限り，物権行為についての法適用通則法10条5項によるので，結局は，判例のように被担保債権の準拠法によるべきこととなろう。

　いずれの準拠法によっても，方式が不備の場合の効果については，準拠法の選択的適用を認めた趣旨から，その法律行為の効力をより肯定する準拠法による。例えば，一方の準拠法によれば無効であるが，他方の準拠法によれば取消しのときは，取り消し得るにすぎないものと解される。

第17章　物　権　法

Ⅰ　準拠法の決定

1　動産・不動産異則主義と動産・不動産同則主義

　物権の抵触法上の取扱いについては，19世紀以来動産と不動産を異なる規則によらしめる動産・不動産区別主義または異則主義と両者を同一の規則によらしめる動産・不動産統一主義または同則主義という 2 つの対立する立場があった。

　不動産については，古くからその所在地法によるものとされてきたが，動産については，その所在地が変更され得ることから権利関係の不安定さ，不確実さを避けるために所有者の住所地法によるとされた。しかし，19世紀後半になって，むしろ動産も所在地法によらしめるべきであるとする見解がとられ始めた。これは経済状態の変化により，動産の価値の増大，その種類の増加，所有者の住所地と動産の所在地の乖離の発生がみられたほか，所有者の住所も変更されることが多くなり，また複数の所有者について困難が生じること，動産と不動産の区別が時に法律上困難である，などという理由から，従来の考え方では取引の円滑と安全が損なわれるおそれが出てきたことによる。このようにして，最近ではむしろ物権をその目的物の所在地法によらしめる動産・不動産同則主義が一般に認められており，法適用法通則13条もこれによる。ただし，英米を中心になお異則主義の影響がみられる。

2　所在地法主義の根拠

　物権が物に対する直接的支配権，排他的権利であること，また，それ以外の法によることが技術的に困難であることがあげられており，物の所在地の公益（物権の排他性・直接性，物権法定主義など）と密接に関連することから，その目的物の現実の所在地の法によるべきであるとされる。

　しかし，動産については，これらの根拠は不動産と比べるとそれほど的確にはあてはまらない。

3　法適用通則法の規定

　(1)　総　説　　法適用通則法13条は同則主義を採用しているが，1項は物権の存在自体について定め，2項は物権の得喪および変動について規定する。

　(2)　物権およびその他登記をすべき権利　　わが民法上は支配可能な有体物を物というが，何が物とされるか，動産・不動産の区別はその所在地法により，それを目的とする権利を物権とする。登記すべき権利とは，物に関する権利であって，登記すると物権と同一の効力または類似の効力（対抗力）を生じる権利を指す。例えば，日本民法上は不動産の買戻し権（581条），不動産賃借権（605条）は，本来債権であるが（したがって，その成立・効力はそれぞれの法律関係の準拠法による），法律により登記すれば対抗力を認められる。物に関する権利であるから夫婦財産制や商号などは含まない。

　(3)　間接保有証券に関する権利関係　　株式や社債などに関する権利の保有・変動については，物権の問題として，その権利を表章する証券の所在地法によることが考えられるが，証券自体が不発行であったり，あるいは証券自体は預託機関に預託され，取引に際し

ては有体物たる証券の授受は行われず，預託機間に設けられた口座管理の電子帳簿上の処理によることが実務的取扱いであることに鑑み，いわゆる間接保有証券の決済システムについて一般の物権の準拠法によることが適当でないこと，国際的取引については実質法の統一は困難であるが統一的取扱いが必要であることから，2002年にハーグ国際私法会議で「口座管理機関によって保有される証券についての権利の準拠法に関する条約」が採択された（2017年4月1日発効，モーリシャス，スイスおよびアメリカ合衆国が批准）。

　　2006年ハーグ間接保有証券準拠法条約　「あらゆる株式，債券若しくはその他の金融上の証書若しくは資産（現金を除く）又はそれらに関する利益」を証券として（1条1項(a)号），口座管理機関によって保有される証券に関する一定の事項の準拠法を決定することを対象に（(a)証券口座への証券の増額記録に起因する権利の法的性質ならびに口座管理機関および第三者に対する効果，(b)口座管理機関によって保有される証券の処分の法的性質ならびに口座管理機関および第三者に対する効果，(c)口座管理機関によって保有される証券の処分のパーフェクションの要件，(d)口座管理機関によって保有される証券に関する利益がほかの者の利益を消滅させるかまたはほかの者の利益に対して優先するか，(e)口座管理機関によって保有される証券に関する利益を口座名義人またはほかの者と争う口座名義人以外の者に対して口座管理機関が負う義務，(f)口座管理機関によって保有される証券に関する利益の換価の要件，(g)口座管理機関によって保有される証券の処分が配当，収益もしくはそのほかの利益の分配を受ける資格または償還金，売却金もしくはほかの代わり金に及ぶかどうか〔2条1項〕)，まず，口座管理契約により，関連口座管理機関が一定の事務所を有する国の法の中から，準拠法として明示的に選択された国の法律によるが（4条），それにより得ないときには，書面による口座管理契約締結当時の事務所所在地国法により，それにもより得ないときには，関連口座

管理機関の設立準拠法所属国法が，さらにそれにもより得ないときにはその営業所所在地法による（5条）として，物権の準拠法とは大幅に異なる準拠法を定めた。それまで欧米で概ね認められてきたという関連口座機関の所在地法によるというルール（PRIMA ルール）を修正して，当事者自治を認めながら定着させようというものである。

(4) 物権変動における所在地法の準拠時点

(ア) 総 説　　目的物の所在地が変更した場合にいずれの時点における所在地法によるべきであろうか。法適用通則法13条2項は，準拠法の適用範囲に入る物権変動の問題についてその準拠時点を固定し，その原因事実の完成時としている。法律行為による場合も，それ以外の事実による場合も含む。

(イ) 物権変動の法律要件完成時期と所在地の変更

(i) 総 説　　所在地変更以前にすでにその所在地法上物権変動を構成する事実が発生し，物権変動が生じたものとみなされ得る場合は，新所在地法上の物権変動の要件をみたさない場合においても，すでに生じた物権変動には何らの影響も与えない。逆に，旧所在地法上要件をみたしていない場合には，その後の所在地変更により，新所在地法上旧所在地で生じた事実が物権変動の要件をみたしていたとしても，変動はまだ生じていない。例えば，法律行為による場合，日本にある動産について売買契約がなされ，引渡し前にドイツへその物が輸送されたとすると，日本法上は引渡しを要さず契約中の所有権移転の効果意思によって有効に移転がすでに行われているので，ドイツ法上，引渡しを要件としていても物権変動には変化はない。ところがドイツにある物について売買がなされ，引渡し前に日本へそのものがもち込まれても，日本法上の意思主義によっても，新たな所有権移転の意思表示がないと変動は生じない。

(ⅱ) 継続的事実に基づく場合　　要件たる事実が一応完了し得るような単一のものではなく，継続的性質を有し，それが全体として完成する前に所在地を変更したような場合には，原因事実の完成当時の所在地法によるから，新所在地法による（例えば遺失物の取得のための経過期間）。

　取得時効については，その要件とされる平穏・公然・善意・無過失などは，占有開始当時の目的物所在地法説，時効完成当時の目的物所在地法説，両者のいずれかによるとする折衷説，所有者または占有者の住所地法説などがあるが，わが国では時効完成当時の目的物所在地法によるというのが通説である。善意を要件とする国で悪意で占有していた動産が善意を要件としない国へ移った場合には，悪意による占有の部分につき通算すべきではないとする説もあるが，やはり時効完成当時の目的物所在地法によるべきであろう。ただし，時効の中断・停止は，時効完成当時の目的物所在地法により得ないので，その事由の発生当時の所在地法によるのが通説であるが，有力な反対説もある。

　時効期間の算定方法には①比例計算主義と②通算主義がある。スイス国際私法102条1項は外国で生じた未完成の事実はスイスで生じたものとみなし，またドイツ民施法43条3項も同様であるから，②をとるものとみられる。わが国には明文の渉外実質法はないが，法適用通則法13条2項の趣旨からは，それぞれの所在地で一部完成している時効期間は，その事実を承認することが妥当であり，ただ，どのようにして具体的に尊重するかについて①②が考えられる。

　①は旧所在地法上例えば10年の時効期間が定められており，そのうち5年の占有があったとすると，ちょうど2分の1の期間が経過したので，新所在地法上20年の期間が定められていても，残りは15

年ではなく20年の２分の１の10年でよいとするもので，新・旧所在地法を継起的に適用する。後者は専ら新所在地法によりなお15年の占有を必要とする。時効の性質上，比例的に当事者に期待権が形成されるわけではないし，また権利状態の固定化も生じるわけではないから，②をもって正当とするが，これは本来，新所在地実質法の解釈問題であるともいえる。

（5）　物権変動と所在地の確定

（ア）　総　説　　不動産の所在地は明らかであるが，動産についてはその所在地の変更が生じ得，その確定が必要である。次のような場合には，目的物とその所在地の密接な関連性が疑わしく，法適用通則法13条２項によるのが適当でない。なお，南極や公海のように法律のない場所が所在地とされる場合には，当事者の本国法によるほかない。

（イ）　移動中または運送中の物　　運送中の物（res intransitu）が目的地到達前に生じる物権の変動については，変動時の現実の所在地が偶然的であるか，あるいはその確定に困難を生じる為に，所在地の公益を理由とする所在地法主義の趣旨にあわないので，過去の所在地である発送地を基準としたり（2011年ポーランド国際私法43条），譲渡契約の準拠法を物権の準拠法とする見解，一律に決めることなく仕向地，処分行為地から所有者が選択するという見解もある（スイス国際私法104条は，発送地法，仕向地法，原因法律行為の中からの準拠法の選択を認めるが，第三者に対抗できないものとする）。しかし，目的物との実質的関連性，物権準拠法としての適格性からみて，将来の所在地である仕向地で現実の物権変動の効果が生じるのが普通であり，仕向地と密接な関係を有するので，仕向地法によるのが通説・判例（大判大９・10・６）である（イタリア国際私法52条参照）。選択的

な仕向地がある場合に困難が生じることから批判もあるが，発送地についても同じ問題が生じる。船舶による運送途中の物については，旗国法によるという見解もあるが，やはり仕向地法による（後掲の最判平14・10・29は自動車についても，運行の用に供していないものは，運送中の物として仕向地法による可能性を認めている）。

　なお，移動中の物についてその所在地が比較的安定し，確実である場合には所在地法によらしめてもよい。例えば，運送中に比較的長期に倉庫に保管されている場合には，その所在地法による。

　運送中の物について貨物引換証や船荷証券のような有価証券が発行されている場合に，それが物権的効力を有するか否かについては，運送中の物であるので仕向地法によらしめる立場，証券の性質の問題であるので証券発行の基礎である運送契約の準拠法によるとする立場，さらに所在地法を累積的に適用する立場，証券自体の問題として証券の所在地法説もあるが，証券自体の物権的効力の有無であるから証券所在地法説が多数を占める。

　(ｳ)　輸送機　　船舶・航空機・自動車などの輸送機は移動することをその本来の機能とする物であるので，それらに関する物権変動は，現実の所在地法ではなく，それが所属する国の法，すなわち船舶・航空機は旗国法（松山地判平6・11・8），自動車は登録地法による（最判平14・10・29は，自動車について運行の用に供し得る状態のものである場合にはその利用の本拠地法を，運行の用に供し得る状態にない場合には，その物理的な所在地法を準拠法としている。自動車が自動車としての用を為すのは運行の用に供しうる状態であり，そうでない場合には単なる「物〔動産〕」にすぎないとするところからの区分であると思われるが，物権の得喪の原因事実としてのその基準の妥当性，定義などについて疑問が呈されている。ドイツ民法施行法45条1項参照）。もっとも，その

妥当性については法律回避への考慮から異論が唱えられる場合もある。

Ⅱ　準拠法の適用

1　法適用通則法13条1項

（1）　総　説　　物権に関するすべての問題に，原則として物の所在地法が適用されるが，法適用通則法13条1項は物権の存在を対象としている。

物については，物権の対象となり得る物，動産・不動産および主物・従物などの区別がこれによる。物権の存在に関する諸問題，つまり，物権の種類・内容・効力，例えば，占有権，所有権の内容・効力，用益物権の種類・内容・存続期間などもこれに含まれる。地役権について，要役地と承役地が異なる法域に属するときには，両所在地法がともに地役権を物権として認める必要がある。

（2）　物権的請求権　　物権的請求権もこれによるが，関連して生じる損害賠償請求権，代金返還請求権，費用償還請求権などについては意見が分かれ，物権的請求権と密接に関連する問題であるとして目的物の所在地法によらしめる立場と，これらは独立の債権であるとして法定債権に関する法適用通則法14条以下を適用する立場（例えば，損害賠償請求権について，大阪地判昭35・4・12参照）があった。しかし，一律に決するのではなく，当該権利の性質に応じて決定すべきであるとする立場が有力に主張されている。

（3）　所在地変更と既存物権

（ア）　総　説　　所在地法により有効に成立した物権は，目的物の所在地がその後変更されても有効に存続する。しかし，その物権が

いかなる内容を有するかについては，新所在地法による。例えば，外国で取得された物権も，わが国に目的物が所在する限り，その内容はわが国の法律による。スイス国際私法102条2項・3項は，外国において成立した所有権留保については，それがスイス法上認められないときにも，第三者に対抗できない限り，3ヵ月間はその効力を認めるという特則を置く。

　(イ)　所在地法上認められない物権　　したがって，所在地法上全く認められていない物権は，少なくともその国に目的物が所在する限りは認められない。しかし，その物権は消滅したわけではないから，目的物が旧所在地国に戻るか，その物権が認められる国に移ると再び物権として認められる。ただし，ある物権が新所在地法上認められない場合でも，その国の法律上認められる類似の物権として認められることがある。

　(ウ)　新所在地法による効力　　旧所在地法により有効に成立した物権は，新所在地法上もその種の物権として認められるが，その種の物権として効力を生ずるには，新所在地法上要求される要件を具備する必要がある。例えば，旧所在地では，質権に占有を要しないが，新所在地法では質権に占有を要するときは，占有を備えないと質権の効力が認められない。

2　担保物権

　(1)　総　説　　特定の債権を担保するために認められる物権である。物権としてはその準拠法によるべきであり，担保物権についても専ら法適用通則法13条によらしめる立場もあるが，被担保債権との関係が生じるので，約定担保物権と法定担保物権に分けて説明されるのが普通である。多くは法適用通則法13条により解決されるが，

一部条理によるべき部分がある。

(2)　約定担保物権

(ア)　総　説　　債権の効力を担保するために，当事者間の契約によって任意に設定されるもので，わが国の質権，抵当権などがこれにあたる。設定契約（物権契約）の成立の問題は，かつては附従性から被担保債権の準拠法と所在地法の双方がそれを認めることを要求する立場（累積適用）が通説であった。今日では，直接にある担保物権それ自身を発生せしめることを目的とする物権契約である限りにおいて，物権の問題であるから専ら行為当時の目的物の所在地法が適用され（法適用通則法13条2項），被担保債権の準拠法を考慮する必要はないとされる。

その内容・効力は13条1項により目的物の現実の所在地法による。

(イ)　権利質・債権質　　権利質または債権質は，権利または債権を目的とする点で有体物を対象とする通常の質権と区別される。地上権のような物権が目的である場合にのみ目的物の所在地法により，株式，無体財産権などの財産権が目的である場合には，それぞれその目的たる権利の準拠法，例えば，株式質については会社の従属法による。

債権質一般については，従来は，①物上質と同じ物権として法例10条（法適用通則法13条）によるとする見解，②債権譲渡の一種と解し，客体たる債権自体の準拠法によることを原則としながら，第三者に対する効力については法例12条（法適用通則法23条）を準用する立場，③債権質を物権と解しながら法例10条（法適用通則法13条）によらず，有体物の所在地に相当するものとしてその客体たる債権自体の準拠法によるとする立場に分かれていた。③は①が不可能でないまでも，有体物でない物の所在地を決定することが過度の擬制を

強いると批判し，また②が国際私法上担保目的のために債権を支配することを債権譲渡と構成することは妥当でないとし，債権質がその目的たる債権の運命に直接影響を与えるものであるから，その準拠法は債権の準拠法と合致させるべきであるとする。

これに対して，④基本的には客体たる債権自体の準拠法による，としながら，第三者に対する効力については，その債権をめぐる権利の優劣は，同一の準拠法により判断しなければ決することができないおそれがあるので，実際上の考慮から結論的には②と同様に，客体たる債権の債務者の住所地法によるべきであると解する立場もあった。しかし，③によるのが多数説であり，判例もこの立場に立つ（最判昭53・4・20）。もっとも，法適用通則法23条が債権の準拠法によることとした結果，②によっても債権自体の準拠法によることになったので，いずれによっても債権自体の準拠法によることとなった。

無記名債権については，有体物と同様に，その債権を表章する証券の所在地法による。

(3)　法定担保物権

(ア)　総　説　　留置権，先取特権などは，一定の債権の効力を担保するために，とくに法によって認められる担保物権である。

(ⅰ)　成　立　　成立と効力はともに単一の準拠法によるのが望ましいこと，附従性があっても，やはり被担保債権の準拠法とは独立であること，物権である以上その準拠法によるべきことを理由として，その成立について所在地法によらしめる見解もある（大判昭11・9・15，神戸地決昭34・9・2，広島地呉支判昭45・4・27など参照）。しかし，通説は被担保債権の準拠法と目的物の所在地法を累積的に適用する（秋田地決昭46・1・23，高松高決昭60・4・30，東京高決平

29・6・30〔債権先取特権につき，目的物たる債権自体の準拠法による〕
など参照）。これは，法が一定の債権を保護するためにとくに認めた
権利であるので，被担保債権の準拠法が認めない法定担保物権の成
立を認めることは債権者の過度の保護となり，債務者の予期しない
負担をもたらすこと，また，これは被担保債権の1つの効力にほか
ならないし，同時にそれ自体，物権の問題でもあることを理由とす
る。ただしこの見解は，法定担保物権が，被担保債権の効力と物権
の双方の法律関係の性質をもつことを根拠とするものではない。1
つの法律関係を二重に性質決定することはあり得ず，あくまで物権
の問題であり債権の問題ではないが，法定担保物権は一定の債権を
担保するために法律によりとくに認められる権利であるから，物権
の準拠法が認めても，被担保債権の準拠法がそれを認めない場合に
おいてまでこれを認める必要はないという考慮から，物権の準拠法
に対して，被担保債権の準拠法が制限的に重ねて適用されるにすぎ
ないのである。

　被担保債権の準拠法と目的物の所在地法を累積適用することは，
物権の成立を制限することになる。とくに例えば，債権の準拠法が
物権的効力を認めるが，物権の準拠法は債権的効力を認めるにすぎ
ないときには，留置権も先取特権も全く認められないことになる。
するとこの種の債権保護の制度が欠けることになり不合理であるの
で，国際私法上における適応問題の1つの場合として，例えば，債
権的効力をもつ留置権または先取特権も認めるという解決が必要と
なろう。

　(ii)　効　　力　　一般に目的物の現実の所在地法によることが認
められているので，例えば，先取特権相互間あるいは先取特権と抵
当権との間の順位の決定については，目的物の現実の所在地法によ

るべきである。これに対して，通説の立場を徹底して，その存続・効力についても累積的適用を主張し，ただ順位の問題については技術的に統一的決定を必要とするので専ら法例10条（法適用通則法13条）によらしめるという立場があった。しかし，担保物権の効力の問題に複数の異なる法を累積的に適用することは，一般的に法律関係を複雑にし，利害関係人にとって予測が困難であり，また順位の問題は効力のうちで重要なものであるから，これだけ法適用通則法13条によるのは便宜にすぎると考えられる。ただ，累積適用の趣旨からみて効力においても累積適用を原則としながら，両準拠法間に矛盾が生じるとき，あるいは担保物権の順位の問題など累積適用になじまないときには専ら物権の準拠法によるとする有力説もある。

　（イ）　船舶先取特権　　特殊なものとして船舶先取特権が実際上問題とされる。通常の法定担保物権と同様に取り扱い，その成立については，被担保債権の準拠法と物権準拠法（これを原因事実完成時の船舶所在地法とする水戸地判平26・3・20もある）の累積適用とする立場が通説であろうが，効力も含めて物権準拠法による立場も有力である。また，船舶をめぐる物権関係は目的物の所在地法ではなく旗国法によらしめるのが通説である（前掲秋田地決昭46・1・23参照）。しかしこの権利と旗国法との結びつきを疑い，むしろ被担保債権の準拠法のみによらしめたり，あるいは被担保債権の準拠法と法廷地法（船舶の差押え時の所在地法）によらしめる立場，法廷地法のみによる立場などが主張されている。便宜置籍船について，実質的船主の営業本拠地法によるという少数説もある。

3　物権の変動（法適用通則法13条2項）

　（1）　総　　説　　物権の変動に関する問題も目的物の所在地法によ

る。不動産については問題がないが，動産の所在地の変更を含めて，原因事実完成当時を基準としている。物権の得喪に関する物権行為の成立・効力も原因事実完成当時の所在地法による（法適用通則法13条2項，最判平6・3・8参照）。ただし，法律行為による場合の原因行為との関係，とくに債権行為との関係については後に述べる。

(2)　法律行為による場合　物権変動が法律行為（売買や贈与など）による場合，その物権行為の成立要件・効力は，原則として要件完成当時の目的物所在地法による。物権行為の行為能力は法適用通則法4条により，外国に所在する不動産については当事者の本国法による（法適用通則法4条3項）。物権行為の方式は法適用通則法10条5項により本条による。

(3)　法律行為以外の事実による場合　物権変動が法律行為以外の事実によって生じる諸問題についても所在地法による（無主物先占，遺失物拾得，埋蔵物発見，相続，時効など）。一定期間の事実・行為の継続性が要求されている場合についてはすでにふれた（203頁以下参照）。

(4)　動産売買契約による所有権移転　動産の国際的売買契約における所有権移転の問題について，必ずしも目的物の所在地法によらないとする学説がある。すなわち当事者間においては当事者間の信頼関係や便宜，準拠法の予見可能性を考慮して売買契約の準拠法により，第三者との関係においてのみ目的物の所在地法によれば足りるとするのである。しかし，前者の問題は，債権的性質の問題であるのが通常で（危険負担など），債権的性質のものを除き真の物権的問題に関しては，外形的な事実に対する他人の信頼を保護する物権の性質からは所在地法によるべきであり，両関係を区別する必要はない。最近当事者の意思により所在地法を決定すべきであるとす

る注目すべき見解が主張されている。

4　物権の準拠法と他の準拠法との関係

（1）債権の準拠法との関係　　目的物の所在地法は物権行為について
のみ適用され，その原因行為たる債権行為には適用されない。
したがって，ある債権行為によって所有権が移転するか（意思主義），
登記や引渡しを要するか（形式主義）のような物権変動の問題だけ
が物権の準拠法によるのであって，例えば，売買契約自体の有効性
は，契約債権の問題としてその準拠法（法適用通則法7条以下）によ
る。

　債権の発生・物権移転の効果が同時に生ずる物権変動の意思主義
についても，国際私法上は，その意思表示の物権的側面と債権的側
面を区別して取り扱う。例えば，わが国では，売買契約の中に所有
権移転の効果意思が含まれる限り，1つの意思表示により所有権を
移転すべき債権と所有権移転の効果が生じる。しかし，ドイツにあ
る動産について日本で日本法（またはフランス法）を準拠法とする売
買契約をした場合には，その契約の中に所有権移転の効果意思が含
まれていても，所在地法上必要な引渡しがないから，物権的効果は
生じない。けれども，債権契約の効果，すなわち所有権を移転すべ
き債権は準拠法（日本法またはフランス法）上発生する。

　逆に，意思主義をとる国にある動産について，形式主義をとる国
の法律を準拠法とする売買契約をしたとき，例えば，日本にある動
産をドイツ法を準拠法として売買した場合には，ドイツ法上は債権
法上の効果しか生じないが，所在地法たる日本法によれば，意思表
示に所有権移転の効果意思が含まれている場合には，物権移転の効
果が生じる。ただ，形式主義の国における売買には上述の効果意思

が含まれない場合が多い。このときは，意思表示により直ちに所有権が移転するわけではない。その後引渡しがあれば物権行為があったといえるので所有権が移転する。

では，ドイツにある動産をドイツで売買したが，その物が日本に移動したときはどうか。こうした場合は，稀ではあろうが売買契約の中にすでに所有権移転の効果意思が含まれており，それが存続する限りにおいては，日本に入ったときに所有権は移転する。しかし，それ以外の場合には日本において改めて所有権移転の意思表示をしないと（通常はこの意思を含んだ新たなる売買契約などが必要となろう），物権移転の効果は生じない。

物権変動の原因たる債権行為が準拠法上無効または取り消された場合の物権変動の効力，すなわち，物権変動の有因性・無因性も物権変動の準拠法による。

しかし，危険負担の問題は，売買契約に基づくものとして債権の準拠法によるべきである。

(2)　総括準拠法との関係　　ある物権が夫婦財産または相続財産の中に含まれるかは，総括財産の準拠法としての，夫婦財産制の準拠法または相続の準拠法による。しかし，個々の物権が総括財産の部分となり得るか否かは，その物権の属性の問題であるからその目的物の所在地法による。例えば，相続財産中に土地所有権が認められても，かつての社会主義国におけるように，その所在地法が土地所有権の相続性を制限している場合には，相続の対象とはなり得ない。また，夫婦財産制における配偶者の財産に対する法定抵当権が認められるかどうかは，総括財産の準拠法（夫婦財産制の準拠法）による。しかしそのような権利は目的財産の所在地法（個別財産の準拠法）により物権とされないと，抵当権としての効力を有し得ない。

このような場合を称して,「個別準拠法は総括準拠法を破る」という。このことは個別財産が物権以外の場合にもあてはまるとされ,例えば,不法行為に基づく損害賠償請求権は,相続のみならず請求権自体の準拠法（法適用通則法17条以下）によっても相続性が認められないと相続できないとされてきた。しかし,このような原則が一般に認められるべきか否かは,明文の規定のないわが国では検討を要する。一般的にいえば適応の場合として処理されれば足りるものといえよう。

第18章　債　権　法

Ⅰ　契約債権

1　総　説

　渉外的な要素のからむ国際契約が最近では著しく増加しているが，そのような契約について紛争が発生した場合に，関連する種々の法律の中のいずれを基準とすべきかが重要な問題となることが多い。各国の契約法の内容が大きく相違することが多いのであるから，これは紛争の解決にとってときに決定的な争点となる。

2　準拠法の決定

　(1)　当事者自治の原則　　契約の準拠法については，沿革的には，ほかの法律関係と同様に，予め一定の客観的な連結点により準拠法を決定するという客観主義の立場がとられ，契約締結地法，契約履行地法，当事者の属人法などが準拠法とされていた。しかし，デュムーランが夫婦財産制について当事者による準拠法の暗黙の合意を認めたといわれるように，財産的契約について当事者の意思により準拠法を決定する主観主義もあり，19世紀後半に至ってこの考え方が強く支持されることになった。

　それは，①すべての契約に通ずる一律の連結点を確定する客観主義による準拠法の決定が，契約の内容・種類の多様化とともに極めて困難となり，一律に準拠法を決定することは妥当でない（消極的

根拠），②契約における意思自治・私的自治の考え方が浸透するとともに，渉外的契約においても当事者による自由な契約の形成を認めるためには，準拠法の選択も認めるべきである（積極的根拠），さらに，③実際上，当事者の予見可能性を高め，裁判所などの準拠法認定の手間も省け，当事者の取引にとって都合の良い法を選べる（実際的根拠），という理由に基づく。意思自治として当事者が契約の法を自ら制定することになるとする批判が唱えられたこともあり，また当事者による準拠法指定行為の有効性を判断する基準がいずれかの国の実質法によらざるを得ない以上，循環論に陥って，当事者自治の原則が論理的に不可能であることを主張する見解もあった。さらに，その名称についても批判されたが，今日では，いずれも十分に理由がないものとして，債権契約についての当事者による法選択が，諸国の立法，判例，学説，条約によって広く認められるに至っている。これを当事者自治という。

(2)　原則の制限に関する諸説

（ア）　総　説　　しかし，他方ではその後の国家による私的自治への介入，とくに古典的な，当事者の実質的な対等性を原則とする契約の自由の制限が実質法上広く認められるに伴い，当事者自治のあり方について批判がなされ，当事者自治の制限説が唱えられてきた。

（イ）　質的制限説　　当事者が自由に法選択を行えるのは，強行法規の回避を許さないという意味で当事者に任意の決定を許している任意法規の枠内に限られるという立場である。すなわち，準拠法の指定は，強行法に反しない限度でのみ認められるという。

　しかし，この場合の強行法規と任意法規の区別は実質法上のものであり，任意法規が何かはいずれかの国の実質法を準拠法とする決定があって初めて分かるもので特定の国の実質法の任意法の枠内に

おける法選択は，抵触法的指定とはいえず，実質法的指定の問題である。したがって，当事者自治によって，当事者は，強行法を含めて自由な法選択が行えることになる，と批判されてきた。もちろん，実質法において契約の自由の制限が広く認められている現状においては，抵触法上も意思自治の制限があり得るのであって，準拠法の如何にかかわらず適用されるべき抵触法上の強行法規（絶対的強行法規）の存在が主張されているが，質的制限説の問題ではない。

　(ウ)　量的制限説　　量的制限説は，当事者による法選択の対象となる実質法は無制限ではなく，その契約と一定の実質的関係を有する法，例えば契約締結地法，履行地法，目的物所在地法などに限られるとする。この立場も，主として，契約と密接に関連する国の強行法の回避などを制限することを目的とする。

　しかし，当事者の自由な法選択を認めたのは，契約における当事者の自由を認めたのであるから，量的制限を制限する根拠に乏しく，また客観的連結が困難であることが前提であったのであるから，このような制限はその理由に乏しい。実際にも両当事者および契約と関連性のない中立的実質法やその業界で首導的な国法を準拠法とすべき場合もある。もっとも，財産契約以外について当事者自治が認められる場合には，例えば，法適用通則法26条２項のように量的制限を認めるべき場合はある。

　(エ)　法律回避論　　さらに，法律回避論（97頁以下参照）による制限説もあるが，わが国の通説は法律回避論を認めていない。

　(オ)　附合契約　　附合契約について当事者自治を認めない立場もある。附合契約が当事者の実質的対等性を制限している点からは理由があるが，その規制が必要であるとしても，準拠実質法による規制で通常は十分であり，甚しい不公正が生じる場合には公序で制限

できるものとして，当事者自治をこの場合に否定する理由とまでは
ならない。

　そこで，当事者が契約と最も密接な関係のある法律を一番よく知
っているのが通常であり，また当事者による準拠法の予測可能性，
正当な期待保護という理由，あるいは当事者も裁判所も準拠法決定
について手間をかける必要がなくなるという実際上の便宜もあって，
当事者自治原則はなお認められているといえる。

　㈹　場所決め理論　　フランスのバチフォルやイギリスのチェシ
ャー（Geoffrey C. Cheshire　1886‐1978）の唱える「場所決め理論」
は，当事者は単に契約事実の形成においてその場所との関連性を自
由に決定できるにすぎず，契約の準拠法自体は裁判官がその契約と
一定の場所との関連性を考慮した結果具体的に決めるのであって，
当事者意思も考慮すべき一事情に過ぎず，当事者による準拠法の合
意も拘束力がないとする。

　わが国においてもこのような見解をとる立場もあったが，それに
よると準拠法の合意にかかわらず，裁判の場で初めて準拠法が決ま
るのであるから，当事者による準拠法に関する事前の予測，期待は
みたされず，法的安定性からは問題がある。

　㈺　強行法規の特別連結理論　　これは，契約の準拠法とならな
かった国の強行法であっても一定の要件をみたす限りは適用される
とするもので，当事者自治のもたらす問題点を部分的に解決しよう
とする。例えば，契約の準拠法がアメリカ法でない場合に，アメリ
カの消費者保護に関する強行法の効力が問題とされる。

　この理論を主張したヴェングラー（Wilhelm Wengler　1907‐1995）
によれば，国際的判決調和，司法的協調に配慮して，①その強行債
務法の当該事案への適用意思の存在，②管轄ある強行法であること

を確定するために，事案と強行法所属国との十分に緊密な牽連関係があること，③その強行法の適用が法廷地の公序に反しないこと，が条件となる。要件については種々の相違があるが，このような考え方自体は，1978年ハーグ「代理の準拠法に関する条約」16条やローマ条約7条1項により一般的に認められ，スイス国際私法19条，1991年国際法学会バーゼル決議9条なども認めてきた。ローマⅠ規則9条は介入規範について規定を置いている。

ローマⅠ規則第9条
「1項　介入規範は，一国による，その公的利益，とくにその政治的，社会的，または経済的組織の維持のために，その遵守が極めて重大であるので，本規則の基準による契約の準拠法にかかわらず，その適用範囲に属するすべての事実関係へ適用されるべきものとみなされるような，強行規定である。
2項　本規則は，法廷地法の介入規範の適用を妨げない。
3項　契約上の債務が履行されるべきまたは履行された国の介入規範は，それが契約の履行を不法なものとする限りにおいては，その効力を認められる。この介入規範が効力を認められるか否かの判断においては，この規範の態様または目的及びその適用または不適用のもたらす結果が顧慮される。」

わが国では，立法論として支持する学説も強いが，裁判例においてはそれが問題とされ得るものがあるにとどまる（東京地決昭40・4・26は，アメリカ人間の労働契約について，公序の名の下にわが国の労働法を準拠法と関係なく適用した。雇用契約について準拠法と関わりなく絶対的強行法たる労働法規の適用を認める東京地判平16・2・24参照）。内国法が準拠法でない場合に，内国強行法が公序によることなく適用される可能性を認めることには，比較的支持が得られるが，外国強

行法の適用性については，争いがある。法適用通則法は，この点について一般的規定を置いていないが，消費者契約および労働契約については，弱者保護の観点から，契約の準拠法に属さない強行規定を顧慮しうることにしているが，準拠法のいかんを問わず，常に適用されうるわが国の絶対的強行法規との関係については注意が必要である。

　(ク)　当事者自治の事項的拡張　　最近の立法例および国際条約等においては，契約債権についてのみならず，当事者自治を事項的に拡張して（物権，離婚，相続など），あるいは内容的に広げようとする傾向があり，わが国においてもすでに夫婦財産制についてこれを認め，また法適用通則法は，法定債権についても限定的に認めるに至ったが（16条，21条），その当否や趣旨については，さらに個別的に検討する必要がある。

　(3)　法適用通則法の規定　　法適用通則法は，「法律行為」の節に契約債権に関する規定を置いているが，これは，「法律行為」という名称，ならびに従来の法例7条の規定上の位置にとらわれるものであり，性質決定上妥当とは思われない。したがって，本書ではこれまで通り，契約債権のところで取り扱うものとする。

　(ア)　準拠法選択の合意　　法適用通則法7条は，契約について当事者自治を定め，当事者による法選択を認めている。

　　(ⅰ)　契約関係の渉外性　　準拠法選択の合意は，主観的連結であり，したがって契約関係の渉外性を必要としている。もちろん，純内国的契約においても，日本法の任意規定の枠内においては，例えば「本契約の履行の問題はイギリス法による」として外国法を指定することはできるが，これはわが国の実質法の解釈問題である。実質法的指定とよばれるもので，強行法を含めた外国法の選択を認

める抵触法（つまり法適用通則法7条）上の当事者自治（抵触法的指定）の問題ではない。

　　(ii)　選択可能な準拠法　　法適用通則法26条2項と異なり，選択可能な法の範囲についての制限はないので，契約と関連性のない法の選択もできる。国家法でない，レークス・メルカトーリアやユニドロワ（UNIDROIT）国際商事契約原則などのいわゆるソフト・ローおよび国際条約は，文言上異論もあるが，事項的に当該契約の分割指定の対象となり得る限り，指定になじむ。ただし，バック・アップ準拠法が必要となることが多いので，結果的には，実質法的指定と異ならないこととなろう。

　　(イ)　法律行為　　法律行為とは，物権行為（法適用通則法13条），身分行為（法適用通則法24条以下）のように明文がある法律行為が除かれるので，債権行為を意味する。法例7条の制定過程においては当初「契約」が単位法律関係とされていたが，法律行為の方式の規定より前に行為の効力を定める準拠法を決定しておく必要性があること，契約のほかに，単独行為も含めるという趣旨で「法律行為」とされた。ここでは契約のみを取り上げているが，単独行為にも適用される，なお合同行為も「法律行為」に含まれるものとされている。

　　(ウ)　分割指定　　成立と効力をすべて1つの準拠法によらしめるのは，伝統的な準拠法単一の原則によるものである。つまり契約についてはとくに成立と効力が因果関係にあり密接に関連しているので，方式・能力などの問題を除き，それらを単一の準拠法によらしめるのである。しかし，近年ローマ条約（ローマI規則）を始めとして，契約を分割してそれぞれに準拠法を指定する分割指定（デプサージュ）を認める立法例もあり，わが国でも契約が部分的に分割

できる場合について，これを認める見解が有力となっていた（東京地判昭52・5・30参照）。法適用通則法の制定に際しても，当事者の意思の尊重，当事者の期待の保護，立法例との国際的調和という観点から，これを明文で認める提案も主張されたが，分割の限界に明確な基準を定立することの困難性などから，規定を置くことなく解釈に委ねることとされているが，事項的に分割可能であれば，認めるものであろう。なお，黙示の合意による分割指定を認めるかは，現実の意思の解釈問題となろうが，分割の趣旨が明らかである場合は別として，分割の限界や，その趣旨をめぐって争われる状態においては認めるべきではないであろう。

　㈢　当事者意思

　（ⅰ）明示の準拠法指定　　法適用通則法7条に従って，明示の指定が認められることについて争いはない。したがって，当事者は契約の中で，例えば「本契約の準拠法はフランス法である」というような準拠法条項を挿入して，その契約が服する準拠法を定めておくことができる。その準拠法が当該契約と関連性がないような場合にも，その合意は有効である。指定の対象となり得るのは，解釈上国家法に限られ，また実定性を有するものに限られるとするのが一般的であり，いわゆる化石化条項は抵触法的指定としては無効とするのが通説であるが，争いがある。レークス・メルカトーリアのような，いわゆる援用可能統一規則の指定について争いはあるが，実質法的指定と解するのが普通である。もっともこの点につき前記㈡(ⅱ)参照。

　　化石化条項　契約締結に際して，当事者が一定の時点の内容の法律を準拠法として指定し，その内容的変更を認めないような準拠法条項。

いわゆる不変更主義とは区別される。その有効性をめぐっては，諸説があるが，国家契約においては，「安定化条項」として認める見解が有力である。

　　(ii)　準拠法指定行為の有効性　　この法選択の合意の有効性について争いがある場合に，この合意は抵触法上のものであり，いずれかの実質法によって判断すると循環論に陥るとして，例えば準拠法指定行為の錯誤や詐欺のような瑕疵は国際私法自体によって規律する，というのが従来の多数説であった。実際には，これが日本民法における法律行為の瑕疵の取扱いと変わらないものになるとしても，国際私法上，解釈によって補充されているとするものであった。

　しかし最近では，1955年のハーグ「有体動産の国際的性質を有する売買の準拠法に関する条約」2条3項，ローマⅠ規則10条1項のように，統一条約の性格からみて，当事者が指定した準拠法により，その指定行為の有効性も判断するのが簡明で，当事者も予見できるとする見解が有力である。また，抵触法上の法律行為としての準拠法指定行為については，抵触法自体が準拠法を決定することができ，これは循環論に陥らないとして，法例改正に際しても「当事者による準拠法選択の有効性は，その選択が仮に有効であるとした場合に法律行為に適用されるべき法律によって判断する旨の規定を設ける。」という案も提示された。

　しかし，ローマⅠ規則10条2項が「一方当事者の行為の効果を，前項に定める法によって決定することが合理的でないことが諸事情から明らかであるときは，当該当事者は，契約に同意しなかったことを主張するために，その常居所地法を援用できる」とするように，論理的矛盾は避けられるとしても生じうる内容的矛盾（例えば，詐

欺・脅迫により準拠法の合意を成立させた当事者は，その合意の効力が認められなくなるような内容の準拠法を選ぶはずがないのではなかろうか）を回避する規定を同時に定める必要がある。また解釈に委ねても実務上困難は生じないということから，規定は置かないこととなった。条約においてはその統一的解釈の必要性から規定を要するが，国内法としてはその限界を明らかにした上で，採用すべきであろう。なお，ローマⅠ規則の下では，合意された準拠法の実質法が適用されている点注意を要する。また，ローマⅠ規則10条２項は，「ただし，諸事情からみて，１項にあげられた法により一方当事者の行動の効果を定めることが正当化され得ないことが明らかになる場合には，その当事者は，自らはその契約に同意しなかったという主張のために，その常居所国法を援用できる。」としている。

　　(ⅲ)　準拠法指定の時期　　準拠法指定の時期は，訴訟における口頭弁論終結時までのいつでもよいものと解されてきた。もっとも，訴訟時に一方当事者が主張する準拠法に対して，相手方が単に争わない場合にも合意が成立するか否かには争いがある。また，いったん合意した準拠法を後に至って変更する合意を行うこともできるが，第三者の利益を害する場合にはその変更は制限を受ける，とする立法例が多い。そこで，当事者の意思を尊重し，また，客観的連結により準拠法が定まる場合をも考慮して，法適用通則法は，その７条で契約締結時に限り，９条は契約締結時以降の準拠法の合意を準拠法の変更として一般的に認めている。ただし，法適用通則法10条１項は，その方式については契約締結時に決まる準拠法に固定している。その理由は，方式は「外形的な発現形態であって，その有効性はそれが発現した時点において確定的に決定されていなければならない」とする点にあるとされる。また，準拠法の変更が第三者の権

利を害するかについては，本来契約当事者間の決定事項が第三者に
対して効力をもつということは例外的であり，「第三者」の範囲，
「害する」ことの定義，害する場合の処理などに困難が生じるので，
それらを含めて第三者への対抗関係として処理することとなった。

　なお，準拠法の変更の効力を遡及的なものとするか将来的なもの
とするかが問題となったが，法適用通則法26条2項柱書後段におい
て「その定めは，将来に向かってのみその効力を生ずる。」と明示
されたことの反対解釈として，法適用通則法9条においては，この
点は当事者の意思に委ねることとされる。もっとも，当事者の準拠
法変更の意思解釈として，夫婦財産制のような継続的かつ恒常的性
質を有する関係に限定されていない契約においては，時間的な準拠
法分割による準拠法適用の複雑化を避ける意味でも，遡及的な変更
が普通であろうと思われる。将来に対する変更であれば，ますます
第三者の権利に影響を与えることは稀になろう。

　　(iv)　黙示の準拠法指定　　これまでも明示の準拠法指定がない
場合に，契約をめぐる諸事情（契約の型・内容・性質，契約の目的物の
ほか，裁判管轄の合意，当事者およびその国籍・住所，使用言語など）か
らみて当事者間に合意が現実に存在することが認定される場合には，
黙示の準拠法指定が認められる（大阪高判昭37・10・18参照）という
のが通説であったが，裁判例の中には直ちに法例7条2項に従い行
為地法を適用した事例も多かった。

　さらに，このような現実の黙示意思の認定をこえて，契約関係の
諸般の事情から当事者意思を合理的に推定することを解釈論として
主張する見解も有力であった。すなわち，すべての契約について一
律に契約と密接関連性を有するとは限らない行為地法を準拠法とす
ることが適当でないことから，むしろ現実の意思ではなく，ドイツ

法でいう「仮定的意思」を探求し，結果的には契約ごとに準拠法を
定められることにするものである。しかし，客観的連結と同じこと
が個別的事案に即してできるのであれば，当事者自治自体の根拠に
疑問が生じるし，さらに，個別的に準拠法が決められるのでは，当
事者による予見可能性，裁判官の負担の軽減からも利益はなく，無
原則的な当事者意思の個別的推定は準拠法に関する争いを激化させ
るとともに，法的安定性を危うくするとして，黙示的意思の範囲を
これまで通り現実的意思に限定する見解も強く主張されていた。

　この点，最近の立法例をみれば，当事者自治を認めながら，一定
の類型，例えば労働契約，消費者契約について特定の準拠法を定め
たり，あるいは，当事者による準拠法の指定がない場合には客観的
に準拠法を決定する補充的方法を定めておくという方法をとるもの
が多い。とくにスイスを始めとするヨーロッパ諸国では，特徴的給
付の理論がとられ，現代の契約の多くが金銭的給付を対価として，
それ以外の給付が反対給付としてなされることに着目し，金銭的給
付は契約の個別的特徴を示さないので，その反対給付が各契約の特
徴を示すものと解して，反対給付の義務を負う者の常居所地法（あ
るいは営業所所在地法）を原則としてその契約の準拠法とする。

　ただ，これでは例えば消費者契約では，弱者である消費者の熟知
する法の代わりに，事業者の法が適用されることになり，不当な準
拠法選択となるので，その場合には修正を行う必要があり，また反
対給付が契約の特徴を示さない場合にも適当でない。ローマ条約に
おいては，当事者による法選択がない場合に最密接関連国法により
原則的に補充しながら（4条1項），その具体的確定については特徴
的給付理論による推定を加えて（4条2項），準拠法決定の困難を緩
和し，さらに特徴的給付によらない類型に特則を置いていたが，

ローマⅠ規則は，４条以下にさらに詳細な規定を置いて，客観的連結を個別に行う方向へ修正を加えている（特徴的給付の理論は，客観的に連結される，列挙された個別契約にあたらないときの補充として用いられ，かつ，推定ではなくなっている）。

　わが国における黙示の意思をめぐる状況を打開するために，当事者による準拠法選択は，明示的であるかまたは法律行為その他これに関する事情から一義的に明らかなものでなければならないものとすることも考えられたが，「一義的に明らか」の認定上の困難，黙示の意思に関するこれまでの実務を勘案して，「仮定的意思」は，黙示の意思とはならないことを確認の上，法適用通則法７条ではとくに限定を加えず，８条により準拠法選択がない場合の客観的連結を明らかにすることとなった。その意味での黙示の指定は，７条においてもなお認められている。

　(オ)　当事者による準拠法指定がないとき　　法適用通則法８条１項は，７条による法選択がないときについて，法律行為時に法律行為と最も密接な関係を有する地の法によるものとした。個別契約ごとに連結点を定めるという方法をとらずに，客観的連結の一般原則によるものである。しかし，そうすると具体的な連結の困難が生じるので，前述した特徴的給付の理論を取り入れ，特徴的給付が１つに定まる場合について８条２項の推定規定を置いている。特徴的給付とは，当該契約をほかの契約から区別する特徴を示す給付のことであり，その給付を行うべき者に着目して，自然人についてはその常居所地，団体についてはその事業所所在地（複数存在する場合には，その主たる事業所所在地）を契約の最密接関係地として特定しようとするもので，ただ，類型的な特定であることから推定にとどめている。しかし，契約により密接関連性を別のところに求める方がよい

場合には，それを基準とすることとされ，例えば，不動産を目的物とする契約については，その所在地との密接関連性が推定され（8条3項），また，後に述べるように消費者契約および労働契約についても，特徴的給付によらないこととされた。いずれにせよ，特徴的給付による推定は，契約との最密接関係地の存在を証明することで破られるが（その際には，一般に従来の準拠法決定の際に基礎とされた諸事情が検討されることとなろう），これが当事者の主張立証事項か裁判所の職権調査事項であるかは解釈に委ねられることとされた。

　(カ)　消費者契約　　消費者契約については，特徴的給付の理論によれば常に事業者の法が準拠法と推定されることとなる上，交渉力の弱い消費者を保護する必要性から，準拠法選択がある場合についても特則が置かれることとなった。ここで対象となる消費者契約とは，事業としてまたは事業のために契約の当事者となる者ではない個人が事業者（社団または財団および消費者から除かれた個人）との間で締結する労働契約を除いた契約である。わが国の消費者契約法2条と同様の定義であると解されている。ただし，民事訴訟法の改正により，消費者契約に関する国際裁判管轄権の特則が置かれたことで（民事訴訟法3条の4第1項・3項および3条の7第5項），日本居住の消費者が外国所在の事業者をわが国で訴えることが可能となって（詳細は，363頁参照），状況は一変した。

　　(i)　当事者による準拠法の指定があるとき

　　(a)　消費者保護の強行規定　　法適用通則法11条1項は，消費者契約の成立および効力について，当事者間に準拠法の合意がある場合（7条および9条による）にはそれによるが，事業者が消費者保護に薄い国の実質法を選択するという通弊に鑑み（なお，合意管轄については民事訴訟法3条の7第5項に規定されており，契約締結時におけ

る消費者の住所地国裁判所の管轄権合意のみが原則として有効である），消費者保護のために，消費者にその生活の場の法である常居所地法による強行規定の適用は少なくとも保証することとする。ただ，ローマ条約５条２項のように，合意された準拠法と消費者の常居所地の強行規定の優遇比較を常に行い（ローマⅠ規則６条は，内容的に変更されているが優遇比較が働くことに変わりはない），より保護に厚い法を適用すべきこととすると，実務上，選択された準拠法が何であるかにかかわらず常にその常居所地法上の強行規定の存在・内容を調査し，優遇比較を行わなければならないという負担が生じるので，保護を求める消費者が自らに通常なじみのあるその常居所地法上の特定の（具体的な条文までは不要であるが，具体的な法令，どのような攻撃防禦方法に関わるかを明らかにするもの）強行規定の適用を求めるという意思表示を事業者に対して行うことにより初めてその適用をすることでその保護を行うこととしている。この意思表示は訴訟の内外，時期を問わず行うことができるが，裁判外で行われた適用主張については，訴訟において主張立証する必要があるものと考えられている。もっとも，常居所の確定は裁判所の職権によるのであるから，当事者の主張には困難が伴うことが考えられ，消費者保護に欠けることのないように運用を考える必要はあろう。

　最近の隔地的な電子商取引においては，とくに適用事例があり得る。ここで問題とされる強行規定とは，消費者の常居所地法中の消費者保護の強行規定（当事者の意思によってその適用を排除できない規定）をいい，契約の準拠法に加えて重畳的に適用されるので，例えば，契約準拠法上の無効・取消し等の事由のほか，消費者の常居所地法中の強行規定に基づく無効・取消しなどの事由を抗弁として主張できるものとされる。なお，わが国の消費者保護の絶対的強行法

規は（例えば，これにあたりうるものとしては，消費者契約法8条ないし10条，特定商取引に関する諸規定などがある），これとは全く独立に当事者の援用を待たずに，裁判所によって適用されうるとされるが，公序に基づく個別的適用でも十分でもあろうと思われる。

　(b)　方式の特則　　方式についても，法適用通則法10条1項・2項および4項にかかわらず，契約の成立について選択された準拠法が消費者の常居所地法でないときに消費者により方式に関して事業者に対して表示されたその常居所地法上の強行規定に専らよることとされ（法適用通則法11条3項），契約成立につき選択された準拠法が消費者の常居所地法であるときにも，消費者が契約の方式について専らその常居所地法によるむね事業者に対して表示したときには，10条2項および4項にかかわらず，契約の方式は専ら消費者の常居所地法による（法適用通則法11条4項）。

　(ⅱ)　当事者による準拠法の指定がないとき　　法適用通則法11条2項は，消費者契約の成立および効力について，7条による法選択がない場合について，8条の一般原則によることなく，消費者の常居所地法のみを準拠法として指定している。この場合の方式についても，10条1項・2項および4項にかかわらず，消費者の常居所地法による（法適用通則法11条5項）。いずれの場合についても，強行規定を含めた通常の客観的連結である点，注意を要する。

　(ⅲ)　保護されるべき消費者の限定　　以上の消費者保護規定は，保護されるべき消費者においてその適用範囲を限定されている（国際裁判管轄についてはそのような限定はない）。

　すなわち，自らの意思に基づき，事業者の所在地に国境をこえて赴いて，そこで契約を締結し，または，その契約の履行のすべてをそこで受ける消費者は，能動的消費者とよばれ，消費者の常居所地

法による保護を求めることが適当でないものとされる。事業者が国内的にのみ事業を展開しているにもかかわらず，消費者の常居所地法という外国法の保護をもみたさなければならないとするとその遵守すべき法に関する予見可能性，その事業の遂行に支障を来すこととなり，また，消費者にとっても自らの常居所地法による保護をもはやあてにすべきでないと考えられるからである。そこで，法適用通則法11条6項はこのような消費者保護規定の適用を受けない消費者の場合を定めている。

　1号は，事業者の事業所で消費者契約に関わるものが，消費者の常居所地外の法域にあるときに，消費者がその事業所の所在地と法を同じくする地に出かけて，その地で契約を締結したときである。ただ，そのような契約締結を，消費者がその常居所地で勧誘されていたときには，全く自発的に赴いたとはいえないので，本来の保護を受けるべきである。この勧誘は中間試案では誘引とされていたものであるが，ここでは消費者契約法4条におけると同様，契約締結などに関する個別的な勧誘行為に限られ，ウェブサイトでの一般的広告などは含まないものとされる。

　2号は，事業者の事業所の中で消費者契約に関係するものが所在する地の法と同じ法の妥当する地で，契約に基づく債務の全部履行を受けたとき，または受けることとされていたときをあげる。この場合もその地で履行を受けることについてその常居所地で勧誘されていたときには，本来の保護を受ける。

　3号は，消費者契約締結当時に，事業者が消費者の常居所を知らず，かつ知らないことに相当の理由があるときである。例えば，消費者がその常居所地を偽った場合や電子商取引の場合のように常居所地を知らないことが普通であるときなどが考えられる。

　4号は，消費者契約締結当時に，事業者が，その相手方が消費者でないと誤認し，かつ，そのことについて相当の理由があるときである。例えば，消費者が自己を消費者でないと偽った場合などがある。電子商取引では生じ得る事例である。

　(iv)　法廷地（日本）の（国際的または）絶対的強行法規　　明文の規定は設けられていないが，消費者保護に関する法廷地の絶対的強行法規が契約準拠法のいかんにかかわらず適用される。

　㈜　労働契約　　労働契約をめぐる紛争についても国際裁判管轄権の規定が新設されたので，労働者保護のために日本の裁判所の国際裁判管轄権が認められることとなり（3条の4第2項，3条の7第6項。363頁参照），法廷地法としての法適用通則法が適用されて準拠法が決定される場合が広げられたといえる。

　契約の準拠法に関する一般原則によると，不都合が生じる場合として，労働契約がある。労働契約は多様であり，方式についても一般の契約と同様に取り扱う方が望ましいなど消費者契約と異なる点はあるが，労働者保護が抵触法上も必要であるので，その保護法の決定に柔軟性をもたせつつ，消費者契約に準じた取扱いをすることとなる。

　(i)　当事者による準拠法の指定があるとき　　当事者によって，労働契約の最密接関係地法以外の法が労働契約の成立・効力に関する準拠法として指定されている場合には，使用者による恣意的な選択を正し，最密接関係地法による労働者保護を最低限保証することが望ましい。そこで，消費者契約と同じように，最密接関係地法中の特定強行規定の適用の意思表示を要件として，当該強行規定の定める事項についてはそれによることとする（法適用通則法12条1項）。最密接関係地法を最終的に決定するのは裁判所であるので，特徴的

給付理論によらずに，これまでの有力説に従って労務提供地法を最密接関係地法と推定することにしている（12条2項）。最密接関係地法中の強行法規と絶対的強行法規との関係については，(iii)参照。

　(ii)　当事者による準拠法の指定がないとき（8条3項）　当事者による準拠法の指定がないときには，特徴的給付に関する法適用通則法8条2項によらずに，労働契約の成立・効力の準拠法は，労務提供地法をもって最密接関係地法と推定する。

　(iii)　法廷地（日本）の（国際的または）絶対的強行法規　労働者保護に関する法廷地の絶対的強行法規は契約準拠法のいかんにかかわらず適用される。これは，最密接関係地法中の強行規定とは独立に，当事者の援用を待たずに，適用されるもので，わが国における最低限の労働者保護を貫徹するものである。

　⑷　各種の契約　消費者契約，労働契約のほかにも個別に取り上げるべきものがある。

　㋐　国際物品売買契約

　（i）　契約の準拠法　国際物品売買契約については，法適用通則法7条による当事者による準拠法の選択がまず認められるが，合意がないときには8条以下により定められることになる。特徴的給付は売主が行うのであるから，売主の常居所地法が準拠法と推定される。ただし，消費者契約にあたる場合には，11条の適用が問題となろう。準拠法は，契約の成立ならびに効力の問題に適用される。

　国際物品売買契約については，「国際物品売買契約に関する国際連合条約」（平成20年条約第8号）がわが国についても発効したので（平成21年8月1日，平成20年外告第394号），これが契約に直接適用されるときにはその限りで準拠法は排除される可能性がある。また，準拠法が締約国法である場合には，その一部として条約が適用され

る可能性もある。しかも条約自体およびその規定は任意的であるので、当事者は、条約の適用または規定の適用を排除しておくことができる。したがって、少なくとも国際物品売買条約については、国連条約の適用可能性と契約の準拠法を契約に適用されうる法規という観点から契約締結時に検討しておく必要がある。以下条約の概略を述べておく。

　(ii)　国際物品売買契約に関する国際連合条約

　(a)　総　説　　売主・買主の権利・義務および危険移転を対象とする実体法を統一しようとする「国際物品売買に関する統一法 (Uniform Law on the International Sale of Goods, ULIS)」および契約の申込みと承諾を中心とする契約の成立に関する大陸法と英米法の相違の調整をはかる「国際物品売買契約成立に関する統一法 (Uniform Law on the Formation of Contracts for the International Sale of Goods, ULF)」の改訂草案を一本化して、1980年4月11日、ウィーンでの外交官会議で「国際物品売買契約に関する国連条約 (United Nations Convention on Contracts for the International Sale of Goods)」(以下、CISG) が採択され、1988年1月1日発効した。2020年1月現在の締約国数は93ヵ国 (未発効を含む。署名のみは2ヵ国) であるが、英国を除く多くの英米法諸国、主要な西ヨーロッパ諸国、中国、韓国、シンガポールなどが締約国であり (北朝鮮について2020年4月1日、ラオスについて2020年10月1日、リヒテンシュタインについて2020年5月1日発効予定)、国際取引に大きな影響を与えている。CISG の構成は、第1部適用範囲及び総則、第2部契約の成立、第3部物品の売買 (売主・買主の権利・義務)、第4部最終規定であり、国際物品売買契約のうち、主として契約の成立、売主・買主の権利・義務を規律しており、規律事項以外は準拠法に委ねられる (なお、4条、

5条参照）。いわゆるバック・アップ準拠法を要する所以である。

　（b）　適用範囲　　CISG は国内法化されることなく，直接適用されるものであるが，適用対象である国際物品売買契約とは，「営業所が異なる国に所在する当事者間の物品売買契約」（1条1項柱書）であり，「当事者の営業所が異なる国に所在するという事実は，その事実が，契約から認められない場合又は契約の締結時以前における当事者間のあらゆる取引関係から若しくは契約の締結時以前に当事者によって明らかにされた情報から認められない場合には，考慮しない。」（1条2項）ものとされる。対象となる物品売買契約の確定については，2条および3条に関連規定がある。営業所については，10条参照。

　国際物品売買契約への CISG の直接適用の条件は，①当事者双方の営業所所在地国がいずれも締約国であるとき（1条1項a号），または②法廷地国の国際私法の準則（わが国においては法適用通則法7条以下の規定）によれば締約国の法が当該契約の準拠法とされるとき（1条1項b号），である。②の場合は，適用要件が充たされ，条約が直接に適用されるのであり，準拠法である締約国法の一部として適用されるのではない。なお，12条，96条による留保宣言の効果に注意が必要である。

　CISG は原則的に任意規定であるので，条約全体の適用を排除することも，その一部の規定のみの適用を排除すること（例えばインコタームズの条項によって）もできる（6条）。CISG が適用排除された限りでは，契約の準拠法による規律が必要となる。

　なお，CISG の解釈・補充について7条ないし9条参照。

　（c）　契約の方式　　契約の成立に必要な方式については，方式の自由が定められ（方式の性質決定を含めて11条参照），実質的な成立

には原則として申込みと承諾が必要とされ，第2部の諸規定（14条から24条）がその詳細を定めている。

> **書式の戦い**　個別の国際売買契約においては，売主，買主がそれぞれ自らの契約書式を用い，一方的に申込み，承諾に際して送りつけることがままある。その場合には，それぞれの書式に含まれる契約条件が食い違い，契約の成立や契約条件が明らかにならないことが生じる。書式の戦い（標準書式の裏面約款などの定型条項が一致しない場合）といわれる問題である。CISG 19条2項によるとラスト・ショット・ルールとなる可能性がある。準拠法条項の食い違いについては，契約の成立とは独立に準拠法の合意の成否として見るが，準拠法の合意はなされていないものとして，客観的連結によることになろう。

　(d)　**売主および買主の権利・義務**　　それぞれ契約で定められた義務のほか，売主の主な義務としては，契約に適合した物品の引渡があり（売主の義務は第3部第2章にその詳細が定められている）に，買主の主な義務としては，それに対応する支払がある（買主の義務は第3部第3章にその詳細が定められている）。危険の移転（第3部第4章），売主・買主の義務に共通する規定（第3部第5章）が，両当事者の義務，義務違反の救済関係について補足的な規定を置いている。

　(イ)　**運送契約**　　運送契約について，準拠法選択がないときには，ローマⅠ規則5条のような特則がないので，運送人の常居所地法（事業所所在地法）が準拠法と推定される（8条2項）。ただし，消費者契約の例外があるほか，推定を破るものとして，定型的には，ローマⅠ規則に定めるような事情を主張できるかということになろう。

　国際海上物品運送契約には，争いもあり，個別規定の中には直接

的適用を要すべきものもあろうが，一般的には，1924年採択の「船荷証券に関するある規則の統一のための国際条約」（ヘーグ・ルールズ）および1968年採択の「船荷証券統一条約の一部を改正する議定書」（ヴィスビー・ルールズ）が直接適用されるのではなく，1979年議定書による改正条約，つまりヘーグ・ヴィスビー・ルールズを国内法化した「国際海上物品運送法」が，日本法が準拠法となる場合にはじめて適用されるものとされている。個品運送契約か傭船契約（定期傭船契約，裸傭船契約など）かなどの区別は実質法上の区別であり，準拠法によって定まる。

　　　国際海上物品運送法（昭和32年法律第172号　昭和33年1月1日施行。最終改正：平成30年法律第29号）　運送人の責任（運送品および船舶の堪航能力に関する注意義務）およびその免責，責任限度額の制限，船荷証券（Bill of Lading, B/L）に関する規定などを置いている（本法は，船荷証券の発行されない運送契約にも適用される。1条参照）。運送人を誰にするかについて，ジャスミン号事件判決（最判平10・3・7）参照。さらに，運送人の債務不履行責任のみならず不法行為責任についても準用をみる（20条の2第1項。この点，不法行為責任についても，法適用通則法20条により，契約責任と同じ準拠法によるので，本法が適用されることとなろう）。国際航空運送契約については，ワルソー条約ないしモントリオール条約が適用され得る点注意を要する（なお，東京地判平12・9・25参照）。

　(ウ)　**保証契約**　　保証契約についても独立の債権契約として準拠法選択は認められるが，明示または黙示で主たる債務の準拠法と一致させることが多いであろう。法選択がないときには，人的担保を提供する，保証人の常居所地法が準拠法と推定されよう。しかし，

最密接関係地法として，主たる債務の準拠法が認められる場合もあり得る。保証人と主たる債務者の関係，例えば保証人の求償権の問題は，委任に基づく場合は委任契約の準拠法によるが，委任に基づかないときは，事務管理の準拠法による。保証契約の準拠法は，保証債務の附従性（東京地判平22・8・26参照），検索および催告の抗弁権，代位弁済などの問題に適用される。

3　準拠法の適用

契約の準拠法は，契約の成立と効力について適用される。

(1)　契約の成立　　成立に関する問題（意思表示の瑕疵，契約内容の可能性，確定性，目的の適法性のほか，官庁および第三者の許可など）の中で，行為能力と方式についてはそれぞれの規定があるので除かれる。

申込みおよび承諾の成否の問題についても，多数説は，契約の準拠法を適用するが，先に述べたように，これを独立に連結するという見解もある（190頁）。例えば，申込みに対する相手方の沈黙が，商法509条におけるように承諾したものとみなされるか否かについて，国によって法律が一致していないが，これを当事者の属人法によらしめる見解，当事者の表意地法によらしめるという見解，当事者の常居所地（営業地）法によるという見解，さらに最後の立場で，申込み・承諾の瑕疵は契約の準拠法によるという見解が，学説や立法例によって主張されてきた。なお，契約の無効・取消しの結果についても，成立の準拠法による。

(2)　契約の効力　　契約の解釈の問題のほか，履行に関する諸問題，例えば債務不履行の効果，当事者の権利義務，危険負担，不可抗力・同時履行の抗弁権，違約罰などの問題については，契約の準

拠法が適用される。

(3)　契約の補助準拠法　　契約の準拠法が認め，また当事者がとくにこれを排除していない場合には，取引日・時間，支払手段としての貨幣の種類，度量衡のような履行の態様に関する問題については履行地法によらしめるのが適当である。同様に，債権額を表示する貨幣については，貨幣の所属国法，また契約中に準拠法所属国で用いられるのとは異なる言語が用いられ，特有の法概念が用いられている場合にはその解釈はその言語の所属する国の法による。これらを補助準拠法とよぶ。

　履行の態様についての履行地法は，当事者が選択する準拠法の認める範囲内で実質法的に参照されているにすぎないこと，また，仮に規定を置くとしても「履行の態様」はわが国の法令上用例がなく，概念としても不明確であり，ほかに明確な表現は得難いことなどから法適用通則法にこの点に関する規定は置かれなかった。分割指定を認めると補助準拠法は不要であるという意見もあるが，黙示の指定によりどこまで認められるか，また，法定債権を含めた債権一般に生ずべき問題ではないかなど，なお検討を要する点はある。しかし，当事者による準拠法の変更が認められるのであるから，実質法的指定をこえて履行の態様には履行地法によるという趣旨は解釈上認められるべきであろう（ローマⅠ規則12条2項「履行の態様および方法および不完全な履行の場合に債権者がとるべき救済手段については，履行が行われる国の法が顧慮される。」）。

　なお，黙示による分割指定という構成には，①黙示の合意，②黙示による分割指定，という点で問題が残る。

Ⅱ　法定債権

1　総　　説

　契約債権と異なり，当事者の意思と関わりなく法律がとくにその成立を定めている債権を法定債権とよぶが，これには事務管理，不当利得，不法行為によるものが含まれる。これらをそれぞれ独立に規律することも考えられ，近年の立法例においても独自の規定を置くものが少なくない。法例はその共通の性質に着眼して，これらを一括して定めていた。法適用通則法は，不法行為を取り出して独立の規定を置くとともに，事務管理および不当利得についてはこれまで通り一括して規定している。なお，第4節債権の下に，本来であれば法律行為債権をも規定すべきであったが，前述（240頁）のように処理されるに至った。

2　事務管理および不当利得

　(1)　事務管理　　法律上の義務なくして他人の事務を管理した場合に，その管理行為を継続させると同時にその管理費用を本人に償還させ，円滑な社会生活の相互協力関係を促進するという社会公益上の必要性を制度化したものと考えられてきたが，当事者間の利益調整の観点が最近では重視され，法適用通則法は，当事者利益に配慮した規定を設けた。

　(2)　準拠法の決定

　㋐　総　　説　　債務者の属人法主義もあるが，管理行為地法主義＝原因事実発生地法主義が立法，学説によって一般的に認められてきた。当事者の意思によらずに発生する債権であり，社会公益上の

必要性に基づくので，法適用通則法14条も原因事実発生地法によらしめている。

　㈠　事務管理地　　事務の管理地とは，現実の管理がなされている地で，その客体の所在地であるが，財産管理についてはその対象である各財産の所在地，営業の管理についてはその営業所所在地，人の管理についてはその人の滞在地を指す。客体が数個の地にある場合には，それぞれの所在地が事務管理地であり，客体の所在地の変更の場合には，管理者の恣意を防ぐために，管理を開始した当時のそれによる。なお，事務管理が行われた地とその結果発生地が異なる場合には，前者によるとする立場が多かった。ただし，㈡によるべき場合も多く，実際には㈠によることは少ないであろう。

　㈡　例外条項　　当事者の常居所地法（事務管理に関係する事業所を有するときにはその所在地法）が同一である場合にはそれによるとする案，当事者間に特別の法律関係が存在する場合にはその法律関係の準拠法によるとする案（附従連結）のほか，準拠法とされる「法律が属する法域よりも明らかにより密接な関係を有する他の法域がある場合には，その法域の法律によるものとする。」とする例外条項案があったが，前２案の特則によっても必ずしも妥当な結果をもたらす保証がなく，なお例外条項による修正が必要なこともあり得るので，その実質的な内容を例外条項発動の考慮要素として例示することで，まとめて法適用通則法15条の例外条項とした。例示に該当する事情があっても，常に例外条項が適用されるわけではなく，例示に該当する事情がない場合であっても，一般に考慮要素としてあげられている事情があるときには，例外条項が発動されることもありうる。

　㈢　当事者自治　　制度の本質が，公益性よりも，当事者利益の

調整にあるとされるので，事務管理債権についても当事者による処分を認め，法適用通則法16条は当事者自治を事後的に認めることとした。もちろんもともと客観的連結により準拠法が決まっているはずなので，事後的にその変更を認めることとし，ただし，債権の準拠法であるので，契約の場合同様，第三者にその変更をもって対抗できないこととした。以上の結果，㈢当事者自治→㈡事務管理地→㈤例外条項の順序により準拠法が決まることとなる。

　(3)　準拠法の適用　　事務管理の成立および効力に関わるすべての問題に適用がある。

　㈠　成立および効力　　事務管理能力は，一般に本人の効果意思を問題としないので，法律行為ではなく，したがって，行為能力の問題を生じないから，法適用通則法 4 条ではなく，事務管理の準拠法による。成立要件および効果も事務管理の準拠法による。

　㈡　管理行為　　個々の管理行為自体はそれ自体の準拠法による。すなわち，財産管理のための債権的法律行為は債権の準拠法（法適用通則法 7 条以下）により，物権行為は物権の準拠法（法適用通則法13条）による。

　㈤　事務管理　　事務管理の前提となる一定の義務の存否は，先決問題としてそれぞれの準拠法によるのが原則である。しかし，例えば管理者と本人の間に契約が存在し，契約上の義務をこえる行為については，両準拠法の適応問題として契約の準拠法によるという見解（附従連結論）もあったが，通説は解釈論としては無理であるとする。当事者間に特別の法的関係が存在する場合には，当事者の利益の方が事務管理地の公益に優先するとする考え方は妥当であり，最近の立法例においても支持されていたので，法適用通則法15条は，前述のように，附従連結論をもより一般的に認めている。

(4)　海難救助　　海難救助契約に基づく海難救助は，契約の準拠法によって処理されるが，そうでない場合においては事務管理に準じるものとされる。したがって，原因事実発生地法によるが，公海で行われた救助については，同一船籍国に属する船舶間の場合にはその共通旗国法が準拠法となり，船籍国の異なる船舶間の場合には，双方の旗国法の累積適用説が多数説である。なお，「海難ニ於ケル救援救助ニ付テノ規定ノ統一ニ関スル条約」（大正3年条約第2号）によるべき場合には，それによる（最判昭49・9・26参照）。その後継条約で，環境保護等をも加えた国際海事機関（IMO）による1989年海難救助条約は日本未批准である（1996年7月14日発効。2019年12月16日現在，英国，米国，中国など73ヵ国が締約国）。

3　不当利得

(1)　総　説　　法律上の原因なく，他人の損失においてその財産，労務によって利益を受けた者に，その利得を返還させ，衡平を図る制度である。

(2)　準拠法の決定

(ア)　総　説　　ほかの法定債権と同様に公益を保護する，すなわち正義・公平の見地からとくに認められた制度であるので，属地法としての不当利得地法による，というのが最も有力な立法例であるが，むしろ当事者間の利益調整に制度の重点があるとされ，とくに利得の発生が一定の原因関係（基本関係）に基づく場合には，その発生地との関係の方が不当利得地より一層密接に関係すると考えられるので，その原因関係の準拠法を適用する（附従連結）という有力な主張もあった。例えば，婚姻無効については婚姻の成立要件の準拠法，贈与の撤回については贈与契約の準拠法，遺失物拾得者に

対する不当利得返還請求や添付・混和・加工については物権の準拠
法による，非債弁済は弁済行為の準拠法によるという具合である。
近年の立法例（スイス国際私法128条１項，ドイツ民法施行法38条参照）
において有力である。

　法適用通則法は，事務管理と同様に，原因事実発生地法主義を踏
襲するとともに，より柔軟な準拠法決定を可能とする修正を施した
（法適用通則法15条。東京高判平31・１・16参照）。

　ちなみに，英米法においては画一的な処理を廃し，事案ごとに準
拠法を決定し，または個別的に固有の準拠法を決定するという，契
約・不法行為と区別される第３のカテゴリーとされている。

　⒤　不当利得地　　これまで原因事実発生地とは不当利得地であ
り，直接の原因たる行為または事実の発生した地を指すとされた
（大阪地判昭36・６・30，東京地判平３・９・24。質権実行地について，東
京地判平21・３・10）。ただ，利得と損失の発生地が異なるときは利
得の発生地法により，原因たる財貨移転の開始と完成の地の異なる
ときは財貨移転完成地法によるというのが多数説である（なお，日
本の会社が，中国およびタイ王国所在の各ライセンサーに対してライセン
スを付与し，各ライセンシーからのライセンス料を日本に送金させている
場合の「利益を取得した地」は日本であるとするのが，東京地判平22・９・
30である。東京地判平29・10・11参照）。

　法適用通則法の下では，事務管理同様，当事者自治，例外条項が
導入された結果，これにより附従連結による処理が可能となり，よ
り柔軟な準拠法の決定が可能となった。準拠法決定の順位も，当事
者自治→不当利得地→例外条項となる。

　⑶　準拠法の適用　　不当利得の成立・効力に関するすべての問
題に適用される。成立要件である他人の財貨・労務による受益，他

人の損失の発生，受益と損失の因果関係などのほか，効力である利得者の返還義務の範囲，返還の方法などが(2)で定まる準拠法による。ただ原因関係たる基本関係は独自に存在するので，その問題は当然に各々独自の準拠法によって処理される。

（4）共同海損　　契約に基づかない共同海損については，不当利得に準ずるというのが通説であり，海損の結果発生地の法を準拠法とする。公海上での結果発生であれば，船舶の旗国法による。共同海損についても，準拠法選択を認める立場もあったが，法適用通則法の下では，事後の法選択は認められる。なお，ヨーク・アントワープ規則は準拠法の枠内で認められる。

4　不法行為

（1）総　　説　　違法な行為によって他人に損害を与えた場合にその損害を賠償させ，当事者間の公平を図る制度である。

（2）準拠法の決定

(ア)　一般原則

（ⅰ）不法行為地法主義　　不法行為の準拠法については，法廷地法主義，当事者の属人法主義もあるが，不法行為地法主義が一般的である。法例は原則として原因事実発生地法主義＝不法行為地法主義によりながら，法廷地法主義による修正を施すという，折衷主義をとっていた。

不法行為地法主義は，行為地の公益や秩序の回復・維持，当事者の予測可能性や当事者間の権利の権衡を図ることなどを理由としてきたが，今では一般に不法行為に関する法が被侵害利益の保護を目的とし，生じた損害の塡補に利害関係を有するのは侵害の発生地であるということによるものとされる。不法行為地は当事者にとって

共通であり，その確定も比較的容易であること，行為地法が当事者の行為の基準となっていることなども理由とされる。しかし，不法行為の成立・効力が，法廷地の公序と関わるとして，法廷地法による制限を施すことも認められてきた。

　　(ii)　不法行為法主義の問題点　　不法行為地法主義については，事案との密接関連性に対する疑問，行為地に法の存在しない場合の処理，行為地確定の困難，不法行為類型の多種・多様性などの批判があり，具体的にも，例えば公海における船舶衝突などのようにその地に法が存在しないときに，両当事者の属人法（本国法）を適用したり（ただし，東京地判平9・7・16〔大韓航空機撃墜事件〕は被害者の本国法による），損害発生地も不法行為地と認める裁判例もあった（千葉地判平9・7・24）が，隔地的不法行為については，意見が分かれていた。

　不法行為については，加害行為地と結果発生地とは一致するのが普通である。ところが，例えば，ある国の工場の排煙，騒音などが隣国の住民に被害を与えた場合，ある国で出版された印刷物により他国においてある人の名誉を毀損するような場合のように，不法行為の成立要件にあたる事実が複数の法域において発生するときに，原因事実発生地がいずれであるかを決める必要があるが，従来は，行動地説と結果発生地説が対立してきた。

　行動地説は，行為者の意思活動に着目し不法行為の主観的要件を重視するので，侵害行為が行われた場所を不法行為地とみなし，行為地で不法行為とならない行為が結果発生地で不法行為とされることのないようにする，一般予防的，行為規範的取扱いであったが，結果発生地説は，行為者の規律よりも現実に発生した損害とその塡補を重視し，客観的要件に注目するので被害者の保護となる。不法

247

行為の目的として，損害の塡補を重視する立場から，近時は結果発生地説が多数説であったが，結果が複数の場所で発生する場合に問題が生じ，例えば最も重大な結果を基準とすることとする解決が唱えられてきた。また，損害の一部または主要な発生地も結果発生地とみなされ得ることになる。しかし，その後，一律に準拠法を決定することなく，過失責任主義を基礎とする通常の不法行為については行為者の意思活動を重視する行動地説により，無過失責任主義による類型については結果発生地説によるという区分説が多数説となったが，両者の区分に疑問がもたれ，また不法行為法の目的論もからんで批判も強かった。

　そこで，ドイツ判例のとる遍在理論（行動地と結果発生地の双方を不法行為地とみなす考え方）のように両者ともに行為地とみなし，原告（被害者）に有利な法を適用するという見解のほか，具体的な事案ごとにそれと最も密接な関係を有する地の法によるとする立場などが主張されてきた。

　なお，人・物の運送中の事故のような契約責任と不法行為責任が競合する場合，性質決定として契約と不法行為のいずれか一方の単位法律関係に決定し，とくに，特別な関係が存在する場合には，当該法律関係の準拠法による（附従連結）とするのが従来の多数説であった。しかし，請求権競合を抵触法上も認めて，被害者に有利な法を選択させるという見解もあり，附従連結も解決策として主張されてきた。

　(iii)　法適用通則法17条

　(a)　結果発生地　　以上の状況をふまえて，法適用通則法は，不法行為をほかの法定債権から独立の法律関係として切り出し，損害の塡補と被害者保護を制度の中心と捉えて，結果発生地を連結点

とした（法適用通則法17条。なお，最判平14・9・26参照）。この結果発
生地は，法益侵害の結果発生地であって，財産損害発生地とは必ず
しも一致しない。

　　(b)　通常予見可能性と結果発生地　　しかし，加害者にとって
侵害結果が予見不能な場所で発生する場合に，その責任を負わせる
ことは公平を欠くので，被害者と加害者のバランスに配慮して，予
見可能性を要件とするが，これは準拠法の明確さを阻害することに
なり，また，過失の有無の判断が個別事案ごとに諸事情を考慮して
判断されるべき結果，関係者の負担が大きすぎるという批判もあっ
た。また，予見不能のときには加害行為地（行動地）法によらしめ
ることにすると，今度は，加害者が自己に有利な法の選択ができる
ようにみえるので，具体的な加害者の予見可能性ではなく，規範的
で被害者による主張も許す「通常予見することのできない」ものか
どうかを要件とすることと定められた。すなわち，予見可能性の有
無は，加害者個人の主観的なものではなく，類型ごとの客観的な判
断であることに注意が必要である。結果発生地が，通常予見できな
いときは，17条但書により，加害行為地法による。

　　(c)　被侵害利益の準拠法　　どのような違法行為が不法行為と
なるかは，不法行為の準拠法によるが，そこにおいて一定の法的利
益の存在，とくに権利の存在が不法行為の成立の前提要件とされて
いるときには，それは先決問題となろう。したがって，これも不法
行為の準拠法によるという説もあるが，権利自体が属する単位法律
関係の準拠法によるべきである。例えば知的財産権の侵害について
は，それが不法行為とされる場合には，不法行為の準拠法によるが，
被侵害知的財産権の存否，範囲については，その効果を含めて知的
財産権の準拠法（保護国法）による。

　(d)　船舶衝突　　船舶衝突については，まず，1910年の「船舶衝突ニ付テノ規定ノ統一ニ関スル条約」（大正 3 年条約第 1 号。2009年現在，海外領土を含めて95ヵ国が締約国）が適用されるべき場合には，それによる。しかし，それにより得ない場合には，結果発生地法が準拠法となる。問題は，公海上における船舶衝突の場合であり，結果発生地の法は存在しないので，まず，衝突した船舶の共通旗国法によるが，それがないときには関係船舶の旗国法の累積適用が通説である（東京地判昭49・6・17，東京高決平29・6・30参照。ただし，仙台高判平 6・9・19は，船主責任制限は法廷地法による）。公海上の船舶衝突の準拠法として，最密接関連法によるのが，東京地判平15・6・30である。

　⑷　不法行為の特則　　以上の一般原則を適用すると不都合が生じ得る生産物責任および名誉・信用毀損については特則が置かれた。

　⒤　生産物責任

　(a)　総　　説　　わが国における生産物責任の性質決定としては，明文がないこともあって，①不法行為説，②契約説，③条理説に分かれていた。そして，①によると不法行為地の確定に困難を生じる場合があり，②は一般的ではなく，③によるのが有力であった。しかし，1973年の製造物責任の準拠法に関するハーグ条約（クロアチア，フィンランド，フランス，ルクセンブルグ，モンテネグロ，オランダ，ノルウェー，北マケドニア共和国，セルビア，スロヴェニア，スペイン批准）のような重点的連結を主とする解決は複雑すぎるので，生産者と被害者の抵触法上の利益調整を図る趣旨で市場地法説あるいは被害者の常居所地法説が有力であった。スイス国際私法135条は，その 1 項で被害者の選択により加害者の本拠地の法または生産物取得地法を原則として適用し，2 項でスイス法への留保も考慮している

（イタリア国際私法63条本文は，スイス国際私法135条1項と同旨であるが，但書は，製造者による抗弁を認める）。生産物を使用する者の保護という観点からは，その者の熟知する法を準拠法とすべきであろうが，他方生産者は一定の市場を想定して大量に製造・販売するのであるから，生産者の利益（ならびに生産物の恩恵をこうむる消費者・一般社会の利益）をも考慮する必要があり，両者の利害の調整に配慮しなければならない（例えば，わが国の製造物責任法1条は，製造者の責任を定めることにより，「被害者の保護を図り，もって国民生活の安定向上と国民経済の健全な発展に寄与することを目的とする。」と述べている）。

　(b)　法適用通則法18条　　法適用通則法17条の原則が生産物責任に適用される場合，侵害結果発生地法が準拠法となるが，その責任の性質上，生産者と被害者の間のバランスをとる必要がとくに強く，生産者の侵害結果発生地の予見可能性を判断すべき事例が多発することが予測され，また通常の不法行為より責任が重いなどの特殊な類型であるので，むしろ特則を置く方が妥当な結果をもたらす。その場合，生産業者が製品の生産の基準とする市場地法が，生産者の行為規範であり，被害者と生産者の両者にとって中立的で，両者の接点をなす地の法として準拠法となるべきであると考えられたが，連結点としての「市場」概念は必ずしも明確ではないので，生産物が最終消費者に取得された地から，法文上は消費者にとっての市場地である生産物の引渡を受けた地，すなわちその占有の法的に移転した地によるとされた。

　「生産物」は，「生産され又は加工された物」を意味し，製造物責任法（平成6年法律第85号）にいう「製造物」より広い概念で，製造または加工された動産に限らず，未加工の農産物や不動産（建物）も含むものとされる。「生産業者等」とは，「生産物を業として生産

し，加工し，輸入し，輸出し，流通させ，又は販売した者」を意味
し，「生産業者及び生産業者として氏名，商号，商標その他の表示
をした者」を含む（中間試案）。すなわち，引き渡された生産物の
「瑕疵により他人の生命，身体又は財産を侵害する不法行為」につ
いて，法適用通則法18条で定義された生産業者等が負う責任の準拠
法が考えられている。単位法律関係の定義，性質決定がわが国の実
質法を参考になされているものといえる。

　法適用通則法18条前段で決まる準拠法によると，生産物が転々流
通して通常その生産物が売買される市場地とは異なる地で取得され
ることが生じ得，その場合，生産業者等の準拠法に関する予見可能
性が阻害されるので，但書で，法適用通則法17条同様の規範的な予
見可能性で絞りをかける，つまり，「その地における生産物の引渡
しが通常予見」できないときには，生産業者等の事業所所在地（事
業所を有しないときはその常居所地）法によることにしている。

　航空機の欠陥による事故により被害を蒙った乗客に対する製造者
の責任や，製品の取得者の家族などの製品の欠陥による生命，身体
などの侵害に対する生産者の責任など，いわゆるバイスタンダー
（bystander，製品の欠陥による事故で巻き添えとなった者）による損害賠
償請求について，本条によるべきかについては，明文の規定が置か
れなかったので，解釈によるほかない。性質決定に関する規定目的
説によれば，製品の引渡を受けた場合を想定している以上，引渡し
を受けた者と同視できる場合を除き本条でいう生産物責任には含ま
れないから，17条の一般原則によるべきであろう。

　(ii)　名誉または信用の毀損　　名誉または信用毀損について，
法適用通則法17条の一般原則を適用すると，被侵害法益が物理的所
在を有しないため結果発生地の決定に困難を生じ，また，インター

ネットなどの発達により侵害結果発生地が拡散的に複数生じること
も考えられるので，これについて特則を置くことになった。法例11
条1項の下においては，名誉または信用毀損情報が伝播したすべて
の法域で不法行為が発生し，各法域ごとに準拠法が決定されるとい
うモザイク理論も主張されており，裁判管轄の決定とも関わる問題
であるが，特則においては準拠法を一本化する必要性が考慮された。
名誉または信用毀損は，人格権の侵害であり，それは被害者の生活
の場で主として生じるのであろうから，被害者の常居所地（社団ま
たは財団についてはその主たる事業所所在地）の法を準拠法とするのが，
法適用通則法19条の規定である。もっとも，わが国のマスコミや日
本弁護士会などからは表現の自由を保障するためには，このような
準拠法は適当でないし，立法例も多くないのであるから特則を置く
ことなく，解釈に委ねるべきであり，また例外条項等により規定の
趣旨は実現できるとする批判もあったが，この点は，特別留保条項
で解決できるとして，このような規定が設けられた。なお，プライ
バシーの侵害については，法適用通則法17条の問題とする見解が多
数であるが，19条によらしめる立場もある。

　(ウ)　柔軟な準拠法決定の特則　　不法行為債権は契約債権同様き
わめて多様・多種類に及ぶので，一般原則や特則によりすべてがそ
の密接関係地法に連結され得るという保証はない。また，国家領域
外で発生しうる法定債権のことも考えられる。そこで，事務管理・
不当利得の場合同様，同一常居所地法への連結や特別な法律関係が
ある場合の附従連結も例示的に取り入れて，(ア)例外条項（法適用通
則法20条）による明らかな密接関係地法への留保がなされ，また，
(イ)当事者による準拠法の変更としての事後的な当事者自治が定めら
れた（法適用通則法21条）。この場合には16条同様の第三者に対する

対抗関係が考えられている。

　㈡　特別留保条項　　法例11条２項および３項の特別留保条項については，学説は，削除を主張していた。まして，柔軟な，事案に即した最密接関係地法の適用が可能となった法適用通則法においては，42条の公序則による留保があれば，特別留保条項は不要で，削除すべきであろう。いわゆるダブル・アクショナビリティー（法廷地法の累積適用を求める）の原則を認めていた英国のコモン・ロー原則も1995年法により一般的には廃止され，また特別留保条項を認める立法例も極めて限られてきている。しかし，この特別留保条項を適用した最高裁判例（最判平14・９・26）や下級審裁判例もあることから，なお存置すべきで，削除は実務に対する影響が大きく，時期尚早であるという意見も強く，例えば，名誉および信用毀損については，英国法もこれをコモン・ローに委ねており存在理由が部分的にはあるものとされ，削除は見送ることとされた。日弁連も，法例11条３項の存置には反対しないものとした。そこで，法適用通則法22条は，法例11条２項および３項の趣旨を残す規定となった。しかし，平成18年４月18日の参議院法務委員会の「特に，不法行為に関する特別留保条項については，本法の運用状況を注視しつつ，国際的調和及び利用者のニーズの観点から，その必要性について更なる検討を行うこと。」という附帯決議，さらに６月14日衆議院法務委員会において「報道の自由の確保にも留意した上」を付加した上で同旨の附帯決議がなされており，近い将来の見直しが必要であろう。実務的には，不法行為については，まず日本法上不法行為が成立しない限り，本来の準拠法の適用は考えられないこととなろう（東京地判平20・８・29参照）。

　㈣　まとめ　　以上の準拠法の適用順序は，当事者自治→不法行

為（特則を含む）→例外条項→特別留保条項となる。

(3)　準拠法の適用

(ア)　不法行為の成立および効力　　不法行為の成立および効力が準拠法によって定められる（法適用通則法17条）。したがって不法行為の主観的成立要件である故意・過失の問題，客観的成立要件である侵害の対象である法益，損害の発生の要否，違法性の問題，因果関係のほか，不法行為能力が原則として不法行為地法による。損害賠償の請求権者，損害賠償の範囲・程度・方法のような効力の問題もこれによる。最判平9・1・28は，外国人労働者の労働災害による損害について，日本法を準拠法としながら，賠償額，とくに逸失利益の算定について，日本滞在可能期間についてのみ日本の賃金センサス等の基準によっている。

(イ)　「不法」　　法適用通則法22条1項は，外国において発生した事実が，日本法によっても不法とならない限り，不法行為の成立を認めず，日本法の累積的適用を定めている。もっとも，このような日本法への特別の留保が本来不要であり，日本の公益は一般公序則である法適用通則法42条によって保護されると考える立法論的立場が正当であるが，解釈論としてもこのような累積適用の範囲を狭めようとし，「不法」とは単に（故意，過失のような）主観的違法性を指すとする見解，あるいは，違法性一般を指すとする見解もある。しかし，「不法」はすべての成立要件を指すものと解するのが多数説である（東京高判平29・9・21など）。もっとも，22条のタイトルが「公序による制限」とされた趣旨から，弾力的な運用も考えられよう。

(ウ)　損害賠償その他の処分　　法適用通則法22条2項は，損害賠償の方法，程度について1項同様に日本法への留保を定め，日本法

の累積的適用を規定する。しかし，1項について主張されるのと同じように，解釈論上日本法による制限の働く範囲を縮減するために，2項で定めるのは損害賠償の方法（金銭賠償か原状回復かのような）についての留保にすぎず，その範囲・程度については適用がないとする見解もある。立法論としては正当であるとしても，解釈論としては無理であろう。

5　知的財産権の侵害事件

（1）　知的財産権　　知的財産権とは，「特許権，実用新案権，育成者権，意匠権，著作権，商標権その他の知的財産に関して法令により定められた権利又は法律上保護される利益に係る権利」（知的財産基本法2条2項）である。これらは本来，国による特権付与として発達したこともあって，国家主権の独占的行使として属地的に限定された制度であったが，19世紀後半になって欧米各国の独自の法制化が進むとともに，国際的規律の必要性が痛感され，パリ条約やベルヌ条約が結ばれた。

　国際的な私法交通が活発になると，知的財産権に保護された物品等の国際的流通に伴い，その国境を越えた侵害事件が，抵触法上どのように取り扱われるかが問題とされる。これにつき，特別規定を置くか否かが国際私法の現代化をめぐる法制審議会においても検討されたが，なお解釈に委ねるものとされた。実際には，知的財産権をめぐる渉外的紛争は，グローバル化の進展とともに激増しているが，知的財産権は，19世紀末に締結された条約（重要なものとしては「工業所有権の保護に関するパリ条約」と「文学的及び美術的著作物の保護に関するベルヌ条約」など）によって国際的に規制され，保護されてきた。

　登録を要する知的財産権を規律するパリ条約は，主要原則として，内国民待遇の原則（2条）（ベルヌ条約5条1項），優先権制度（4条），各国工業所有権独立の原則（4条の2，6条2項・3項）（ベルヌ条約5条2項参照）を定めるが，そのうち，知的財産権の特質ならびに独立の原則からは，いわゆる属地主義の原則が各国で認められる。これを特許権についていえば「各国の特許権が，その成立，移転，効力等につき当該国の法律によって定められ，特許権の効力が当該国の領域内においてのみ認められることを意味する」（最判平9・7・1および最判平14・9・26）とされる。この属地主義は，知的財産権一般に当てはまるものとされている（もっとも，著作権については，妥当しないという見解が多い）。したがって，各国は，条約の枠内で，自国内における知的財産権の成立・効力ならびに設定を自国法により定めることができるので，知的財産法の適用範囲も属地的に限定されるものとされた。その結果，外国の知的財産法に基づいて，その行政機関により設定された知的財産権について裁判権が及ばず，したがって，知的財産権の相互承認を認めていなかった。しかし，その後，裁判権自体は及ぶものとされたことから，属地主義の結果として，法自体の抵触は生じないが，権利自体の準拠法を考えることはできるものとされてきた。外国法の内国における執行行為は認められないが，その設定あるいは行使された（あるいは設定・行使されるべき）権利の準拠法は認められるように変わってきた。それは，「保護が請求される国」（パリ条約2条2項），「保護が要求される同盟国」（ベルヌ条約5条2項）に鑑み，「保護国法」とよばれる。

　⑵　知的財産紛争に関する国際裁判管轄

　　㈠　現在においては，外国の知的財産権に基づく訴えが認められているが，その国際裁判管轄は原則的には財産関係事件のそれと

異ならない。しかし，属地主義との関係では，次の専属管轄が認められる，一定の事件類型がある。

　　(イ)　専属管轄　　登録を要する知的財産権については，その成立に国家機関（例えば特許庁）が関与するので，当該外国のみがその知的財産権の有効性について専属的国際裁判管轄を有するとする立法例が少なくない。民事訴訟法3条の5第3項は，設定の登録により発生する知的財産権のうち日本で登録されたものの存否または効力に関する訴えについては，日本の裁判所に専属する旨定めている。しかし，例えば，わが国における外国特許権の侵害訴訟において，外国特許権の無効が抗弁として主張された場合については，その判断が対世効をもつわけではないので，登録国の専属管轄ではなく，わが国の裁判権に服するものと解されている（東京地判平15・10・16参照）。

　登録を要しない知的財産権，例えば著作権の成立には国家機関が通常関与することはない。そのため，外国著作権の有効性に関する訴えについても，当該外国の専属管轄は認められないので，わが国の裁判機関に管轄があるものとされる。

　なお，同一の契約や行為によって，複数の国での知的財産権の侵害が生じるときには，併合管轄が問題となりうる。民事訴訟法3条の6や場合によっては同3条の9の解釈問題となるので，ここでは論じないこととする。

　(3)　知的財産権の準拠法　　権利自体の準拠法は直接に国際私法により定まらないので，国際私法（当該権利の法性決定〔単位法律関係への包摂〕がまず問題となろう），知的財産権関係として論を進める。

　　(ア)　知的財産権の帰属　　特許権・著作権等の譲渡・利用許諾契約については，知的財産権の譲渡等による権利関係のうち，原因と

なる債権行為については，その準拠法によるが，目的である知的財産権の変動については保護国法によるとするのが通説である（東京高判平13・5・30など）。したがって，当該契約の成立・効果は法適用通則法7条以下によるが，契約の目的である知的財産権の移転等に関する要件，対抗要件などは保護国法によるものとされる。

　職務上なされる発明や創作から生じる知的財産権の帰属については，争われることが少なくないが，職務発明について，最高裁判所は，傍論ではあるが，登録国法を準拠法としながら，外国特許を受ける権利の譲渡対価に関しては，譲渡の原因である債権的法律行為の効力の問題であるとして，労働契約の準拠法によらしめた（最判平18・10・17）。

　職務著作については，前掲東京高判平13・5・30は，著作権法の職務著作に関する規定によらしめたが，保護国法を準拠法とする見解もある。

　⑷　知的財産権の侵害　　独占的財産権である知的財産権を侵害する事件の場合に，損害賠償のみならず，侵害行為の差止めなどが問題となる。カードリーダー事件最高裁判決においては，外国特許権に基づくわが国での差止めおよび廃棄請求は，「特許権の独占的排他的効力に基づくもの」として特許権の効力と性質決定され，条理により，当該特許権の最密接関係国である登録国法を準拠法とした。そして損害賠償請求については不法行為と性質決定し，法例11条1項（法適用通則法17条）に従って，直接侵害行為地法を準拠法とした（前掲最判平14・9・26）。

　著作権侵害については，損害賠償請求は不法行為として性質決定されるが，被侵害著作権の存否・効力について，またさらに差止請求についても，ベルヌ条約5条2項の「保護国法」を準拠法とする

裁判例が少なくない（知財高判平20・12・24など。もっとも東京地判平28・9・28は損害賠償・差止請求ともに不法行為と性質決定する）。

Ⅲ　債権・債務関係

1　総　　説

　債権の目的，すなわち債務内容となる債務者の行為は各債権の準拠法により定められるが，貨幣でもって支払われる金銭債権については一般的に考える必要がある。また債権の効力については，原則として債権の準拠法が適用されるが，そのうちで債権の対外的効力，債権移転が問題となる。債権の消滅も債権の効力の問題であるが，特別の考慮が必要である。

　なお，履行の態様については，契約債権，法定債権を問わず，実質法的指定をこえて，一般的に履行地法によるものとし，さらに当事者は合意により変更できるものとすることも考えられ得る（240頁，242頁以下，253頁参照）。

2　金銭債権

　(1)　貨　幣　　金銭給付を債権の目的とする債権においては，その対象をなす貨幣について，それが契約債権であれ，法定債権であれ貨幣の準拠法，すなわち貨幣の所属する国の法による。ただし，履行態様の問題として契約の補助準拠法が問題とされることもある。

　(2)　貨幣法規の変更　　通貨の種類の変更，本位制の変更など，貨幣に関する法規の種々の変更が債権に及ぼす影響は，貨幣自体の同一性に変更はないから一般に貨幣の準拠法によるが，債権の実質に関する問題であるとして，債権自体の準拠法によらしめる見解も

有力である。ただし，増額評価は債権額自体の変更であるから，債権の準拠法による。

　(3)　貨幣価値担保約款　貨幣価値が国際的に激しく変動する場合に，そのリスクをカヴァーするために付される貨幣価値担保約款，とくに金約款の有効性などは，各国の貨幣・経済政策によって大きく左右される。しかし，これは債権額，債権自体の実質の問題であるから，債権自体の準拠法による，とするのが有力である。モラトリアムが金銭債権に及ぼす影響についても同様である。

　(4)　代用給付権　外国金銭債権については，日本民法403条は債務者の代用給付権を認めているが，このような問題については，債務の内容に関わるので債権準拠法によらしめる見解，履行の態様の問題であるとして履行地法による見解，両者の折衷説などがあるが，（債務の免責のためであるとすれば）本来債権の内容に関する問題であるので債権準拠法によらしめるのが一般的である。履行地法説も有力である。内国が履行地となるときにのみ内国通貨による代用給付権を定めている民法403条は，外国が履行地とされる債務についても双方化して解釈して，ある国の通貨で表示された金銭債務を履行地国の通貨で弁済することも認める趣旨と解する立場がある。

　債権者の有する補充権についても，最判昭50・7・15は，日本法が準拠法であることを前提にこれを肯定したが，同様のことがいえよう（この事案では債権の準拠法も，履行地法も日本法であるとみられる）。もっとも，日本民法の解釈としては最判までの裁判例は債権者の補充権を否定するのが一般的であり，また，最判を批判して，本来民法403条は債務者にのみこのような権利を認めており債権者には認められない，とする有力な見解もある。

3　債権の対外的効力

債権の効力は，原則として債権の準拠法によるが，第三者に対する効力，とくに債権者代位権と詐害行為取消権については，考慮が必要となる。

これらは手続法に関わる問題で法廷地法によるとする見解もあるが（東京地判昭37・7・20），いずれも債権の効力に関わる問題であり，実体法上の制度であるとして，債権の準拠法によるのが通説である。

ただし，詐害行為取消権については，債権者に取り消される詐害行為は債務者と第三者の間の法律行為であるので，第三者の利益をも考慮しなければならず，取り消される法律行為の準拠法によってもその取消しが認められるものでなければならないとし，両準拠法の累積的適用を要求する（東京地判平27・3・31）。また，通説は債権者代位権についても同様の累積的適用を求めるが，この場合は第三者の利益保護の必要性は大きくないので，代位行使される債権の準拠法のみによるとする見解が有力である。債権の代位行使は，当事者適格の問題でもあり，代位行使の許否は，代位行使される債権の問題である。

4　債権の移転

債権・債務の移転には，法律によるものと当事者の意思によるものとがある。

（1）　法律による移転　　相続や代位弁済のように，法律により債権・債務が第三者に当然に移転される場合である。

移転の要件・効果は，原因たる事実の準拠法による。例えば，保証人が保証債務を弁済した場合に，その保証人が債務者に対する債権を債権者から当然に取得するか否かは，その弁済行為の効果とし

て保証契約の準拠法により定まる（保険代位について，神戸地判昭45・4・14参照）。その際移転される債権の準拠法がこの移転を認める必要があるという見解もあるが，この移転が法律上定められている以上，債務者保護の必要性に乏しいとしてこれを否定する見解が一般的である。移転される債権が，そもそも性質上移転され得るものか否かは（一身専属的権利であるか否かも），その債権の性質の問題であるから債権の属する単位法律関係の準拠法による。

(2)　法律行為による移転

(ア)　債権譲渡　　債権譲渡については，その第三者に対する効力に関する規定しかなく，一般的には解釈により補う必要がある。

(i)　準拠法の決定

(a)　債権譲渡の成立および当事者間の効力　　債権も財貨の一種として取引の対象となり，法律行為による移転が，金融の手段として，あるいは担保の手段として多用されているが，債権譲渡は，原因行為としての売買などの債権行為と区別される独立の問題である（準物権行為とする東京地判昭42・7・11）。原因行為自体は原因行為（売買・贈与など）の準拠法によるが，債権譲渡行為は，譲渡される債権の運命に関わり債権の効力の問題であるから，その債権自体の準拠法によるというのが従来の通説である（前掲東京地判昭42・7・11）。当事者意思により定まる準拠法により債権の流通の円滑化を図るという観点から，債権譲渡を原因行為の準拠法によらしめたり，債権譲渡を債権行為に準じて法適用通則法7条以下によらしめるという見解もあるが，それでは債権譲渡の抵触法上の独自性を無視し，また債務者の関知しない法により債権譲渡が行われることになり，債務者の保護に欠けるというので，少なくともその流通の要請がそれほど大きくない指名債権については，これらを否定する

見解がこれまでの通説であった。ただし立法論としては債権譲渡を当事者自治に委ねる見解も主張されていた。そこで，立法例も分かれており，意見もまとまらないことから，従来通り，法適用通則法には規定を設けず，解釈に委ねるものとされる。なお，ローマⅠ規則14条，スイス国際私法145条参照。

被譲渡債権の準拠法により，譲渡可能性，譲渡禁止特約の有効性・効力，が決められる。債権譲渡契約（原因行為）は，その契約の準拠法によるが，債権の処分行為については，説が分かれる。

なお，方式は法適用通則法10条によるが，準物権行為だとすると，10条5項が問題となろう。

また，債務引受については規定がないが，その性質に鑑み債権譲渡に準じるので，ここでも意見は分かれよう。

　(b)　債務者その他の第三者に対する効力　　債権譲渡の第三者に対する効力は，債権自体の効力の問題であるから，その債権の準拠法によるとも考えられるが，第三者，とくに債務者の保護の必要性および統一的な準拠法を与えるという観点から法例12条は譲渡当時の債務者の住所地法によらしめていた。しかし，これを債権の準拠法によらしめても，それを知り得べき第三者の保護に欠けるとは必ずしもいえないし，債務者の住所変更によりほかの第三者の保護に欠けることになりかねないので，最近の立法論としては譲渡人の所在地（住所地）法説も主張されていた。UNCITRAL債権譲渡条約30条1項はこの立場に立つ。債務引受については，したがって債権自体の準拠法によるものとされてきた。

中間試案においては，①債務者に対する関係においては債権自体の準拠法によるとされ，②第三者に対する効力についても，住所を異にする複数の債務者に対する債権の一括譲渡については，各債権

についてそれぞれ債務者の住所地法により対抗要件を備える必要があるなど債権の流動化を阻害するという批判があり（規制改革推進3ヵ年計画），譲渡債権の準拠法による案と譲渡人の常居所地法によらしめる案が提案されていた。後者は準拠法を異にする集合債権の譲渡や準拠法未定の将来債権の譲渡に便宜であるが，①と②で準拠法が異なりうる結果，①により債務者の弁済すべき第三者と②による優先第三者が一致しないなど複雑な問題が生じること，立法例も分かれ，意見も一致をみなかったことから，後者の予定するようなニーズはさしてないということで，前者によることとされた。したがって，①②のいずれもが，被譲渡債権の準拠法によることとなった。

　(ⅱ)　準拠法の適用

　(a)　成立および効力　　債権譲渡の成立および当事者間の効力は，譲渡の方法を含めて，譲渡される債権の準拠法による。債権の譲渡可能性についてはこれでよい。なお，第三者に対する効力とは，対抗要件のみを意味する。

　(b)　付随的権利　　担保物権などの付随的権利が，債権の譲渡によってともに移転するかは，その債権の準拠法による。ただし，それらの権利にも固有の準拠法があり，その準拠法によって付随性が認められなければ，付随して移転することはない。もっとも，専らこれらの権利の準拠法によるという立場もある（例えば，保証契約や担保物権の準拠法によるとする立場）。

　(c)　無記名債権　　債権が証券に化体している無記名債権については，その譲渡は証券によりなされるので，動産の譲渡と同様に取り扱い，その準拠法は，第三者に対する効力を含めて，譲渡当時の証券所在地法による。

⑷　債務引受　　債務引受は，その制度の性質上債権譲渡に類似しているので，債権譲渡についての原則を類推適用する。したがって，債務引受の成立および効力は，引き受けられるべき債務の準拠法によるものとされる。

5　債権の消滅

債権の消滅は債権の効力の問題に属するから，消滅原因（弁済，更改，免除，相殺，混同，消滅時効など），その要件・効果は，原則として債権の服する準拠法による。

⑴　相　殺　　相殺は，訴訟法上の制度であるとして法廷地法によらしめる英米法の考え方もあるが，わが国では実体法上の制度であるとされる。これを債務の履行に代わる債務消滅の一方法であるとして2つの債権の相互消滅であるので，それぞれの債権の準拠法によりともに相殺が成立しなければならない（累積適用）とするのが，かつての多数説であった。法適用通則法の制定に際しては，これに反して近時の動向に則して受働債権準拠法説が有力であったが，明文の規定を設けることには，「相殺」や「受働債権」の定義において困難があるなどから，なお解釈に委ねることとなった。なお，ローマⅠ規則17条は，受働債権準拠法説に立つ。

受働債権は，相殺により，その本来の効力を発揮することなく消滅させられるのであるから，まず受働債権の準拠法によるべきであるが，他方，自働債権は，相殺により，その本来の効力を実現するにすぎないので，その準拠法によるべき必要性に乏しい。相殺は，受働債権を消滅させることにその機能があるとすれば，受働債権の準拠法によるべきである。自働債権が，先決問題としてその債権の準拠法上，成立し効力を有するべきは当然のことである。

(**2**)　時　効　　消滅時効についても，訴訟法に属するとして法廷地法によらしめるのが英米法の取扱いであるが（公序として法廷地法によったのが，大判大 6・3・17），わが国では実体法上の制度として債権の準拠法によるのが通説である（徳島地判昭44・12・16）。

第19章　婚　　姻

I　総　　説

　種々の身分的法律関係の前提，基礎をなすのが婚姻であるが，歴史的に宗教，習俗との結びつきも強く，法抵触が著しい分野である。婚姻の成立，存続，解消というそれぞれの段階において法抵触を生じ，それぞれに単位法律関係（指定概念）が分かれているので，法律関係の性質決定の問題が生じる。

II　婚姻の実質的成立要件

1　準拠法の決定

(1)　総　　説　①婚姻を契約と捉えて契約地法，すなわち婚姻挙行地法によらしめる立場や，②身分的地位に関する問題であるとして当事者の属人法によらしめる立場，③婚姻住所地法によらしめる立場などがある。③の立場は，婚姻の成立が当事者が夫婦として共同生活を営む予定の地域社会と密接な関係を有することを理由とするが，婚姻時になお不確実な婚姻住所地によることは，身分関係を不安定なものとし，婚姻時には当事者はその属人法とより密接な関係を有しているのが普通であるという批判を受ける。

(2)　法適用通則法の規定

(ア)　配分的適用主義　　法適用通則法24条1項は，②を採用して，

夫妻の国籍別婚姻件数の年次推移

国　　籍(注)	昭和45年 (1970)	55年 (1980)	平成2年 (1990)	12年 (2000)	22年 (2010)	29年 (2017)
	実 数					
総　　数	1,029,405	774,702	722,138	798,138	700,214	606,866
夫妻とも日本	1,023,859	767,441	696,512	761,875	670,007	585,409
夫妻の一方が外国	5,546	7,261	25,626	36,263	30,207	21,457
夫日本・妻外国	2,108	4,386	20,026	28,326	22,843	14,795
妻日本・夫外国	3,438	2,875	5,600	7,937	7,364	6,662
夫日本・妻外国	2,108	4,386	20,026	28,326	22,843	14,795
妻の国籍						
韓国・朝鮮	1,536	2,458	8,940	6,214	3,664	1,836
中　　　国	280	912	3,614	9,884	10,162	5,121
米　　　国	75	178	260	202	223	235
フィリピン				7,519	5,212	3,629
タ　　イ				2,137	1,096	974
英　　　国				76	51	58
ブラジル				357	247	291
ペ ル ー				145	90	98
その他の国	217	838	7,212	1,792	2,098	2,553
妻日本・夫外国	3,438	2,875	5,600	7,937	7,364	6,662
夫の国籍						
韓国・朝鮮	1,386	1,651	2,721	2,509	1,982	1,690
中　　　国	195	194	708	878	910	812
米　　　国	1,571	625	1,091	1,483	1,329	1,072
フィリピン				109	138	216
タ　　イ				67	38	40
英　　　国				249	316	222
ブラジル				279	270	325
ペ ル ー				124	100	131
その他の国	286	405	1,080	2,239	2,281	2,154

注) フィリピン，タイ，英国，ブラジル，ペルーについては平成4年から調査しており，
　　平成3年までは「その他の国」に含まれる。
(出所)　厚生労働省人口動態統計による

当事者の本国法主義に立つが，その場合に婚姻しようとする者の国
籍が異なると，いずれの本国法によるべきかの問題が生じる。そこ
で婚姻前の当事者は完全に対等であり，かつ両当事者の本国法の累
積的適用がいたずらに婚姻成立を困難とすることを理由に，その配

分的適用を行う。したがって，本国法が属人法であることに鑑みると，当事者の本国法はその者にのみ適用されることになるので，結合的連結ともよばれる。しかし，これには婚姻の成立に関わる公的機関による本国法の調査が困難で，不確実な内容の法律によって婚姻を成立させるのは妥当でないこと，後に述べるような要件の振分けの困難さが生じるとともに，当事者の双方に関わる要件については，結局双方の本国法の累積的適用がなされ，法適用が複雑になるばかりではなく，婚姻の成立を困難にするという批判があった。そこで，ハーグの1978年「婚姻の挙行及びその有効性の承認に関する条約」3条などにならい，①の立場によって婚姻の成立を容易にする立法案もあったが，①によった場合，当事者による自己に有利な法の探求という濫用のおそれがあり，偶然的に決まり必ずしも当事者との関連性の強くない挙行地法が，恒常性を要する身分的地位を決定するのは相当でないという批判もあり，また，わが国においては移民受け入れ国におけるほどの法適用の複雑さを招くことはなく，また，戸籍事務の処理にあたって挙行地法の婚姻要件具備証明書，それに代わる当事者の申述書などによる形式的な要件審査では仮装婚姻が生じるとして，各当事者の本国法主義にとどまっている。

　(イ)　一方的要件と双方的要件

　　(i)　総　説　　婚姻の成立要件には，それが存在しないと婚姻が成立し得ないものと，それが存在すると成立し得ないものとがある。後者が婚姻障害とよばれる。また，当事者の本国法はすべて一方的要件であることが原則であるが，例外的に解釈上双方要件も認められてきている。当事者の一方のみに関わる要件（一面的または一方的要件・障害事由）と，当事者の双方に関わる，すなわち，一方当事者の他方当事者との関係を問題とする要件（双面的または双方

的要件・障害事由）とがあり，具体的に各要件を両者に振り分けることが必要となるが，必ずしも明確に分類できるものではない。なお，この分類を準拠実質法である当事者の本国法によらしめるという考え方もあるが，性質決定に属する事項を準拠法を見てから決定することになり，さらに，準拠実質法上の一方抵触規定によることが理論的に妥当でないことのほか，準拠法の解釈が困難である上に，分類の矛盾が生じうるなどの実際的理由からも，ここでは抵触法上の区分であると考える。実務においてもそのような運用がなされている。

　(ⅱ)　一方的要件　　①当事者の婚姻意思は各当事者の本国法による。その瑕疵，欠缺の効果もその要件により保護される当事者の本国法による。また，精神的疾患を理由とする婚姻禁止が，婚姻意思の尊重にあるときにも，これに属する。②婚姻適齢は一方的要件である。したがって各自がその本国法上婚姻適齢に達していれば婚姻できる。ただし極めて低い婚姻適齢については公序が問題となることがある。なお，近時，立法例において児童婚の防止の観点から，双方的要件とする動きがある。むしろ，婚姻適齢を国際的な強行規定とする趣旨といえよう。③保護者などの第三者の同意もこれにあたる。

　(ⅲ)　双方的要件　　社会政策的な婚姻禁止（重婚禁止，近親婚の禁止，優生的あるいは肉体的，精神的理由による婚姻禁止，再婚禁止〔期間〕），宗教上の婚姻障害，相姦婚の禁止，つまり抵触法上，その性質からみて，双方当事者への適用が必須の要件がこれにあたる。したがって，例えば，当事者のいずれか一方の本国法上重婚が認められていない場合には婚姻は成立しない（刑法184条は，重婚の相手方となる者も処罰する）。

宗教あるいは人種の違いなどによる婚姻の禁止，また一夫多妻婚の許容は，わが国では公序に反する可能性が高い。

2　準拠法の適用

婚姻の成立に関する実質的要件に適用される。一般に要件を欠く場合に生じる効果の問題もこれによる。双方的要件においては，このような場合，各当事者の本国法が異なる効果を定めているときには，より厳格な効果を定める法（すなわち，婚姻の成立をより妨げる法）を適用する（東京高判平19・4・25参照）。例えば，詐欺・強迫によりその一方当事者の本国法上無効とされている場合には，相手方の本国法上それが取り消し得る場合にすぎないときにも，それは無効である。

Ⅲ　婚姻の方式（形式的成立要件）

1　総　　説

各国の実質法上，婚姻の成立について何らの方式を要求しないものもあるが，婚姻の身分関係の基礎としての重要性からみて，その方式を厳格に定めているのが普通である。そこで，方式（形式的成立要件）の問題は婚姻の成立にとって極めて重要である。しかもこの方式は国により，届出，儀式，当事者の出頭を要求するなどと異なっている。したがって準拠法の決定が必要となる。

2　準拠法の決定

（1）　総　　説　　婚姻が身分的法律関係であることからは，その属人法によるということが考えられる。しかし他方，婚姻を行う場所

における社会の婚姻の成立に対する公益性がまさり，婚姻挙行地法によるべきことも多い。そこで，ここにおいても方式に関する一般原則である「場所は行為を支配する」の原則によることが広く認められる。もっとも，この原則を方式一般におけるように任意的原則とするのか，あるいは，強行的原則とするのかについては，意見が分かれる。

(2)　法適用通則法

(ア)　**法適用通則法24条2項**（挙行地法主義）　婚姻が行われる場所が，その地で行われる婚姻の方式について有する公益を重視して，法適用通則法24条2項は，婚姻挙行地法を婚姻の方式の準拠法としている。挙行地においては成立の証拠・時期が確かであり，挙行地が両当事者に共通であることも根拠とされる。

(イ)　**法適用通則法24条3項**

(ⅰ)　とくにわが国における婚姻のあり方を考える場合，わが国の婚姻の方式の公益性の厳格さの程度，当事者の便宜の考慮，属人法上有効な婚姻の効力を否定して跛行的法律関係を生み出すことへの疑問から，絶対的挙行地法主義を緩和し，挙行地法主義は残しながらも（24条2項），親族関係の方式の準拠法（34条）との権衡も考慮し，実質的成立要件の準拠法である属人法との選択を認める趣旨で，当事者の一方の本国法による方式を認めている（24条3項）。

(ⅱ)　日本人条項　ただし，日本で行われる婚姻のうち，日本人について戸籍への身分関係の迅速な反映の必要性があることと日本の婚姻の方式が簡易であることから，日本人が一方当事者である場合には，挙行地法である日本法によることにした（24条3項但書。いわゆる日本人条項）。

(ⅲ)　方式の範囲　性質決定の問題として，方式とは，法的に

婚姻が有効に成立するための当事者または第三者の外面的表現方法とされるが，婚姻の公告，口頭または書面による国家機関への届出，婚姻能力証明書の提出などがこれにあたる。宗教的儀式を実質的成立要件とする法制もあるが，わが国では方式とされる。婚姻の届出が方式とされるのは，婚姻という法律行為の外面的表現方法であるからであって，名宛人が国家機関，宗教機関であるからといって，婚姻自体，あるいはその届出行為，その第三者に対する意思表示が公的行為になるものではない。だからこそ私法行為の方式なのである。もちろん届出の受理行為が行政行為となるのは，別の問題であり，行政行為が私法上の法律行為を成立させるわけではなく，それが成立の一要素となっているだけである（届出受理の時点で婚姻は成立する）。未成年者の婚姻に対する親の同意は，実質の問題である。

　(iv)　婚姻挙行地　　婚姻挙行地の概念は，日本や韓国などで認められる，婚姻届出書を本籍地の市区町村長へ直接郵送することによる届出においては，重要である。これまで戸籍実務において，わが国におけるような書面による婚姻の届出は，届出受理地が挙行地であるとされ，学説により婚姻挙行地の趣旨にもとると批判されてきたが，実務上，郵送に付した地を挙行地とすることも考えられるとされるに至った。両当事者が婚姻成立のために重要な行為を行う場所として，通常は，婚姻という当事者間の法律行為の外部的表現方法としての方式の問題であるから，その行為地である両当事者が現在し合意を実質的に行い，その外部的表示である届出書を作成・発送する場所をもって挙行地とみるべきである（神戸地判平9・1・29参照）。したがって日本人当事者による外国からの本籍地への郵送による婚姻届出は，挙行地は外国であるので，当事者の一方の本国法である日本法によって有効とされる（法適用通則法24条3項。平

成元・10・2民二3900通達第1の1(2)参照)。

3　準拠法の適用

　法適用通則法24条2項によれば，わが国における婚姻について日本方式の強制は行われず，一方当事者の本国法上の方式が認められるので，従来問題とされた，わが国における台湾の儀式婚，イスラム教・ギリシャ正教などによる宗教婚も認められ得る。ただし，その一方当事者が日本人である場合には日本法によることになる（法適用通則法24条3項但書）。また，国籍の異なる外国人間の外交婚・領事婚は，従来の実務上無効とされてきたが，一方当事者の本国法によりそれが認められるときには，有効とされ得る。

Ⅳ　婚姻の無効・取消し

　婚姻の無効・取消し自体については，明文の規定はない。

　まず，実質的成立要件を充足していないときに，それが無効とされるか，単に取り消し得るものとされるかについては，その要件の欠缺が問題となる当事者の本国法による。両当事者について要件の欠缺があり，そのそれぞれの本国法上の効果が異なるときには，それが有効なことから遠ざかる方，つまり，より厳格な効果を認める方の法律によることは，すでに述べた。

　方式の欠缺の効果については，方式の準拠法によるが，方式の準拠法とされるすべての法律により無効であるときに初めてその婚姻が無効となる。方式の準拠法が選択できるので，効果からみると，有効により近い方の準拠法が適用されることになる（なお，京都地判平4・12・9参照）。

無効とされ，または取り消された婚姻から生まれた子が嫡出子とされるか否かは，法適用通則法28条による。一方当事者が他方から得ていた財産の返還問題は，不当利得（法適用通則法14条）の問題とされる。

V　婚姻の身分的効力

1　総　　説

婚姻が成立した後の夫婦間の法律関係については，身分的効力（一般的効力）と財産的効力に分かれる。法例は，両者を区別して，それぞれの準拠法を定めていた。

2　準拠法の決定

法廷地法主義もあるが，夫婦の身分に関わる問題であるとして，当事者の属人法によらしめる立場が支配的である。

改正前法例も当事者の属人法説に立ち，夫の本国法主義を採用していたが，国籍法上の両性平等の進展とともに夫婦国籍独立主義が浸透すると，それが両性平等に反しないかが問題となった。

両性平等は，結局，実際に適用される準拠実質法の内容によるものとして，これが必ずしも両性平等に反するとはいえないとする見解も強かったが，学説は，その者が熟知し，自らに選択の余地があり，かつ密接関連性を持つ法を適用することはその本人にとって有利になるとして，抵触法上の両性平等の要請から夫の本国法主義を批判していた（30頁参照）。

法適用通則法は，婚姻関係の原則的抵触規則とされた婚姻の身分的効力の問題について，まず当事者の国籍を連結点としながら，両

性平等の立場から，夫婦に共通の要素を取り出し，その結果，連結点を補充しながら，準拠法を段階的に決定するという方法（段階的連結）を採用している。両当事者の本国法の累積的適用は，法律の調和を乱し，また夫婦のいずれかの本国法を選択する方法では，抵触法上の両性平等が十分に実現できないからである。その際，「扶養義務の準拠法に関する法律」3条が定める共通本国法ではなく，同一本国法としたが，その理由としては，当事者の属人法については統一的に決定する規定が存在し，それと異なる共通本国法がここで準拠法となることを避けることがあげられるが，さらに事案と関連性の薄い，偶然一致する国籍が基準となることを避け，また，婚姻によって妻が夫の国籍を取得するイスラム教諸国の男性と婚姻する者の立場をも考慮した結果であるとされる。

　まず夫婦それぞれの本国法を確定し，両者が同一であるときは，その同一本国法により，それがない場合には夫婦の同一常居所地法，それもない場合には，夫婦双方と最も密接に関係している地の法による。夫婦の同一本国法，ならびに常居所の認定の問題についてはすでにふれた（第8章Ⅲ参照）。第三段階の夫婦双方と最も密接に関係する地については，具体的基準が明らかでないこと，また，ドイツ法のように段階をより細かく定めるべきであるという批判もあった。

　なお，準拠法の決定時期については，変更主義を採用している。

3　準拠法の適用

　夫婦間の法律関係のうち，財産的効力を除いた婚姻の効力とされる諸問題に適用される。

戸籍法107条 2 項による年度別届出総数

年度	昭和59 （1984）	60 （1985）	平成 2 （1990）	7 （1995）	12 （2000）	17 （2005）	22 （2010）	27 （2015）	30 （2018）
届出数	331	1,061	1,865	2,284	3,312	4,207	3,994	3,636	3,769

（出所）　法務省民事局各年度「戸籍事件表」による

(1)　婚姻の成立に伴う効果

(ア)　成年擬制　　未成年者が婚姻したことにより成年とみなされるという成年擬制がある。従来の多数説は，円満な婚姻生活の実現を目的とする制度であるとして婚姻の効力に属するものとするが，ただ内国取引の保護のために法例 3 条 2 項を準用するとしてきた。この問題は夫婦間の利害調整の問題ではなく，婚姻による未成年者の一般的な民事行為能力の取得の問題であると解すると法適用通則法においては端的に 4 条によらしめる見解も有力である。成年擬制は，婚姻適齢を成年年齢と一致させる近時の傾向に従えばその意義を失いつつあるが（わが国においても民法の一部改正〔平成30年法律第59号〕により，成年年齢が18歳となり，婚姻適齢が男女とも18歳となるので，民法753条は削除される〔令和 4 年 4 月 1 日施行〕），年齢によらず婚姻により民事上の法律関係において成年者として取り扱う制度であるとすると，やはり婚姻の効力の問題とすべきことになろう。成年・未成年が先決問題とされる場合には，本問題の準拠法上の解釈問題とも考えられるが，行為能力の問題に限られないとしても，ある者の成年・未成年の問題については，法適用通則法 4 条 1 項を準用することも許されよう。

(イ)　夫婦の氏　　夫婦の氏については，婚姻を契機に生じる問題であるので，本条によらしめるのが判例・学説上これまでの多数説

であった。しかし，氏の問題はその者の人格権の問題であり，その者の属人法によるとする少数説もあった。これは夫婦の属人法が異なる場合にその内容の違いにより氏の決定について困難が生じることを理由に批判されてきたが，必ずしもそのような困難をもたらすとはいえず，また当事者の本国法を無視した場合に生じる困難もあり，戸籍実務，裁判例においても，夫婦の本国法によるとする見解が支持されている。法適用通則法は，この問題を，なお解釈に委ねているが，法適用通則法25条の段階的連結のもたらす準拠法の不明確さが問題となり，また氏の問題は公法上の問題であるとする立場もあるが，氏の私法的機能をも考慮すると，国際私法上は，その者の本国法によるほかない。

　国籍法の改正に伴う戸籍法の改正により（昭和60年１月１日施行），これまでは，日本人が外国人と婚姻しても日本人間の婚姻と異なり，当然には新戸籍の編成がなされず，氏も当然には変更しないので，氏変更の家裁の許可を得る必要があった点を改め，新戸籍の自動的編製と，婚姻後６ヵ月以内であれば，外国人たる配偶者の氏への変更を届出のみによって認めることとした（戸籍法107条２項）。実際上の不都合は相当緩和されたが，なお民法750条の不適用など，法適用通則法25条による準拠法または当事者の属人法（本国法）による解決には即していない戸籍法の原理によって処理され，国際私法上の取扱いと乖離する現象を生じ，問題を残している。もっとも，戸籍法107条１項による「やむを得ない事由」に基づく家庭裁判所の許可による氏の変更は可能であり，実際にも，外国人夫の本国法上認められた日本人妻による複合氏への変更（東京家審平２・６・20，東京家審平６・10・25など），また在日外国人夫の通称への変更（東京高決平９・３・28，福岡高決平22・10・25など）などが認められてきて

いる。

　(2)　婚姻存続による問題　　婚姻関係の存続により生じる夫婦の同居義務・貞操義務，夫婦間の契約の効力，妻の行為能力の問題などもこの準拠法による。日常家事行為による配偶者の責任については，婚姻共同体の円満な運営に不可欠で婚姻関係自体に関わる制度であると捉えて，本条によるとする見解が多数であった。しかし，端的に法適用通則法26条によるべきものと考えられる。夫婦間の扶養（婚姻費用分担など）は「扶養義務の準拠法に関する法律」による。

Ⅵ　婚姻の財産的効力（夫婦財産制）

1　準拠法の決定

　(1)　総　　説　　夫婦財産制は身分関係と財産関係とが交錯する領域であり，そのいずれを重視するかにより，属人法主義，意思主義などのほか，条例理論以来とられ，現在なお，英米法，フランス法などに残っている動産・不動産区別主義もある。

　(2)　法適用通則法

　(ア)　法適用通則法26条　　わが国ではこれを伝統的に婚姻の効力として捉えて，夫婦の属人法，とくに，夫婦の国籍が異なる場合については夫の本国法を準拠法とし，妻や第三者の利益を夫の恣意的な国籍変更から守り，また夫婦財産制の恒久的性質に照らして，婚姻当時に連結点を固定する不変更主義を採用していた。また，方式については法例8条によっていた。

　　しかし，両性の平等と婚姻の効力の統一的取扱いの実現，属人法においては過去のそれではなく，現在のそれを適用することが望ましいこと，また，第三者の利益の保護を別途考えることなどから，

婚姻関係の準拠法の一致を実現させるため，法適用通則法25条によることとしている。ただし，最後の段階における密接関係地法の認定における差異を考慮して，その準用にとどめた（法適用通則法26条1項）。夫婦財産制の固定的恒久的性質にもかかわらず，以上のような理由から変更主義を採用したが，連結点の変更があった場合に，準拠法の変更は将来に向ってのみ効力を生じる。すなわち，変更までの財産関係はそれまでの連結点による準拠法，変更後の財産関係は変更後の連結点による準拠法によるので，法適用通則法26条2項はとくに当事者自治に関してその趣旨を明らかにする規定を置いた。

　(イ)　当事者自治　　制度の財産法的側面に着目し，さらに段階的連結や変更主義の導入の結果，当事者にとっても準拠法が必ずしも明確，安定したものではなくなったこと，第三者保護について規定を設けることなどを考慮して，夫婦財産制の準拠法に関するハーグ条約やドイツ，スイスなどの立法例にならい当事者自治が認められている（法適用通則法26条2項）。しかし，制度の身分法的側面にも配慮して準拠法選択の範囲に対して量的制限を加えた。なお，重国籍者については，そのいずれの国籍を有する国の法も選択できる。「国籍ヲ有スル国ノ法律」であって，「本国法」ではないので，法適用通則法38条1項の対象とはならないからである。

　規定上は当事者自治が補充的に現われているが，実際には，まず当事者自治が働き，それがない場合に客観的な連結がなされるという意味で，契約の準拠法に関する規定と類似する。

　法選択の合意の有効性の準拠法については，法適用通則法7条と同様に定めがないが，ローマⅠ規則10条やスイス国際私法53条1項と同じように，選択された法律によるという解釈が主張されている（224頁以下参照）。いつ選択すべきかについては制限はなく，また準

拠法の変更も可能である。分割指定は夫婦財産制において認められる当事者自治の趣旨からみて一般に否定すべきであるが，これを認める有力説もある。不動産については各不動産ごとに準拠法の指定が可能となろう。準拠法選択は，夫婦の署名した書面で日付のあるものによらなければならない（法適用通則法26条2項）。婚姻後相当期間経過後に準拠法選択が重要となり得る点を顧慮して当事者間の争いを防止する趣旨で，厳格な方式をとくに定めている。法適用通則法34条の定める方式が実質法上の法律行為に関するものであるのに対して，これは抵触法上の法律行為である準拠法選択の合意に関するものである。

　(ウ)　内国取引保護　　準拠外国法上の夫婦財産制を無制限に認めると国内における取引の安全が害されるので，内国取引の保護が必要とされる。かつては，民法旧757条がこれを定めていたが，その解釈上不明確な点が多く，また保護が十分でなかった上に，法適用通則法により段階的連結，変更主義，当事者自治が採用され，準拠法が第三者にとって明確でなくなったのでさらに第三者保護の必要性がふえたこと，またこれは抵触法と密接に関わっている問題であることなどから，法適用通則法は，これを26条3項・4項として規定を設けている。

　外国法によった夫婦財産制については登記が困難であるので，この場合には相手方の善意・悪意をもって対抗関係を定めることにした。そこで，日本において行われる法律行為，あるいは日本にある財産については相手方が善意であれば外国法上の夫婦財産制（契約財産制，法定財産制を問わず）をもって対抗し得ず，日本法によることにしたが（法適用通則法26条3項），この場合の善意とは，外国法が準拠法となることを知らないことをいう。そこで，外国法上の夫

婦財産契約は，日本において登記すると第三者にも対抗できること
とされている（法適用通則法26条４項）。

2　準拠法の適用

(1)　総　説　契約によるものと法定のものとを問わず，夫婦財
産制に関するすべての問題に適用される。婚姻の身分的効力，離婚，
相続との関係が実際には問題となる。

(2)　夫婦財産契約　夫婦財産契約の許否，締結の時期，内容・
効力，変更の可否・方法，解除，当事者の問題がこの準拠法による。
法適用通則法26条１項の準拠法上夫婦財産契約が認められていない
ときも，これを認める準拠法を選択して契約を締結することはでき
る。また，締結能力については行為能力の問題とする（法適用通則
法４条）立場もあったが，その本来の性質からみて，また両性の平
等も実現され法選択も認められたので，法適用通則法26条による立
場が有力である。方式については法適用通則法34条が適用される。
外国法による夫婦財産契約は，日本において登記することによって
相手方の善意・悪意を問わず対抗できる。

(3)　法定夫婦財産制　夫婦財産契約によらない場合の法定夫婦
財産制においては，夫婦間の財産の帰属，財産の管理・使用・収
益・処分に関する権利義務関係が本条による。

婚姻生活の費用分担の問題は，夫婦間の扶養の問題であるとして，
「扶養義務の準拠法に関する法律」によらしめる見解が有力である。
ハーグ扶養条約上，同居または別居中の夫婦間扶養を含むものと解
されるので当然であろう（東京高決平30・４・19，東京家審平29・12・
８。法適用通則法43条１項）。しかし，一応夫婦間の生活費の分担の
問題として本条によるが，負担義務者に負担能力がない場合には，

夫婦間扶養の問題として「扶養義務の準拠法に関する法律」による
とする二段階法性決定をとる見解も主張されている（大阪家審昭54・
2・1参照）。

　日常家事債務に対する配偶者の連帯責任（民法761条の定めるよう
な）も，夫婦間の財産関係の問題として本条による。したがって，
その場合の第三者の保護も(4)により，法適用通則法4条2項によら
ない。

　(4)　内国取引保護　　外国法によって締結された夫婦財産契約は，
これを日本において登記すれば第三者に対抗することができる（法
適用通則法26条4項）。外国法上の法定夫婦財産制あるいは登記され
ない外国法上の夫婦財産契約は，わが国には知られておらず，内国
取引の安全を損なうおそれがある。そこで，現実の内国における法
律行為と内国所在の財産について（債権などの無体財産については法
適用通則法6条2項と同じ問題がある），相手方の善意・悪意によって
その対抗関係を定めている（法適用通則法26条3項）。しかし，この
善意が連結点自体（つまり国籍，常居所地，準拠法選択の事実など）に
ついてのものか，あるいは外国法が準拠法となること，またはその
内容についてのものかには争いがあるが，具体的には準拠法が何に
なるかを知らないことというべきであろう。対抗できない場合には
日本法による（法適用通則法26条3項後段）。また，法適用通則法4条
2項で認められた内国取引保護の双方化は，この場合には認められ
ていないが，検討の余地はあろう。

　外国人はこれにより外国法による法定夫婦財産制の保護を受け得
ないことも生じるが，法定財産制と同じ内容の財産契約を締結し，
それを日本において登記することによって，常に対抗できることに
なる。

3　婚姻解消・相続との関係

　婚姻解消および相続と夫婦財産制の関係は，その性質決定が難しい。婚姻解消による夫婦財産制の解消の問題は一般に法適用通則法26条による。したがって離婚による夫婦財産制の解消も，夫婦財産制の準拠法による。

　相続と夫婦財産制の関係については，まず法適用通則法26条により夫婦財産関係を清算した後に，相続の問題として法適用通則法36条によることになる。しかし，適応問題が生じることも少なくない。また，婚姻の無効・取消しおよびその夫婦財産制への影響は，原則として法適用通則法24条によるが，取消原因たる瑕疵の夫婦財産制に対する影響は，法適用通則法26条による。

Ⅶ　離婚および別居

1　国際裁判管轄権

　(**1**)　総　説　　渉外離婚が裁判により行われることの多い現実に鑑み，国際裁判管轄権の問題を便宜上ここで取り扱う（ちなみに，わが国における離婚のほぼ90％は協議離婚によるものであり，裁判離婚によるものは〔調停離婚を含めても〕10％程度にすぎない）。

　(**2**)　わが国における国際裁判管轄権　　渉外的離婚について，わが国の裁判所がいかなる場合に裁判管轄権を有するかについては，確たる国際法規範も，また直接の内国法規，確立した判例法もない時代には，条理により決せられ，当初は，身分問題であること，対人主権などを理由に国籍を原則的な管轄原因として認めるという立場がとられたが，その場合，夫婦で国籍が異なるときには，見解が分かれる（いずれの本国にも管轄を認めるというのが多数説であったが，

夫妻の国籍別にみた離婚件数の年次推移

国　籍注)	平成４年 (1992)	12年 (2000)	17年 (2005)	22年 (2010)	27年 (2015)	29年 (2017)
	実　　　数					
総　　数	179,191	264,246	261,917	251,378	226,215	212,262
夫妻とも日本	171,475	251,879	246,228	232,410	212,540	200,603
夫妻の一方が外国	7,716	12,367	15,689	18,968	13,675	11,659
夫日本・妻外国	6,174	9,607	12,430	15,258	10,440	8,754
妻日本・夫外国	1,542	2,760	3,259	3,710	3,235	2,905
夫日本・妻外国	6,174	9,607	12,430	15,258	10,440	8,754
妻の国籍						
韓国・朝鮮	3,591	2,555	2,555	2,560	1,450	1,174
中　　　国	1,163	2,918	4,363	5,762	3,884	3,192
フィリピン	988	2,816	3,485	4,630	3,200	2,712
タ　　　イ	171	612	782	743	563	429
米　　　国	75	68	76	74	67	43
英　　　国	15	41	28	23	19	17
ブラジル	39	92	116	103	79	106
ペ　ル　ー	6	40	59	59	37	39
その他の国	126	465	966	1,304	1,141	1,042
妻日本・夫外国	1,542	2,760	3,259	3,710	3,235	2,905
夫の国籍						
韓国・朝鮮	956	1,113	971	977	791	628
中　　　国	148	369	492	632	488	467
フィリピン	33	66	86	119	127	122
タ　　　イ	4	19	30	45	36	27
米　　　国	203	385	398	397	390	352
英　　　国	22	58	86	77	84	68
ブラジル	3	59	81	140	142	109
ペ　ル　ー	3	41	68	70	55	56
その他の国	170	650	1,047	1,253	1,122	1,076

注）夫妻の国籍は平成４年から調査している。
（出所）　厚生労働省人口動態統計による

被告の本国の管轄または夫の本国に原則的管轄を認めるという少数説もあった）。いずれにせよ，国籍を基準とする立場では外国人についてわが国が全く管轄権をもち得ないので，住所による管轄権をも認めることになる。最大判昭39・3・25は，明文の規定がないことを前提に，（日本国籍を失った）外国人間のわが国における離婚について，一般原則に従って被告の住所地を原則とし，原告が遺棄された場合，被告が行方不明である場合その他それを認めないと当事者間の公平に著しく反する場合には，原告住所地の管轄を認めるものとした（昭和39年ルール）。そこで，一般的にも，被告の住所地を管轄原因

とし，例外的にそのほかの原因を認めるとする見解が，昭和36年の
法例改正要綱試案（婚姻の部）をはじめ判例・学説によって認めら
れたが，なお本国の管轄を認める立場も有力に主張されていた。平
成8年には，日本に居住する日本人夫のドイツに居住するドイツ人
妻に対する離婚訴訟につき，ドイツにおける離婚判決がわが国で承
認されないとして，わが国の国際裁判管轄を認めた判例がある（最
判平8・6・24）。そして，これは，前掲最大判昭39・3・25とは別
に，一般的枠組においてはマレーシア航空事件判決（最判昭56・10・
16）の条理説に従いながら，原告の権利保護の必要性に基き裁判管
轄を認めようとする点で，緊急管轄を認めたものと評価する立場が
有力である。この判決に従ったとみられる裁判例もある（東京地判
平11・11・4，名古屋地判平11・11・24，東京地判平16・1・30など）。

　判例理論を整理すると，昭和39年ルールは，外国人間の離婚訴訟
を含めた一般ルールであり，それと事案を異にする離婚訴訟につい
ては，前掲最判平8・6・24によるとして，離婚に関する国際裁判
管轄権は，被告の住所がわが国にあれば認められるが，被告が外国
の住所を有する場合，原告の住所がわが国にあることのほか，いか
なる事情により，日本との関連性を認めるべきかが問題とされてき
た。

　(**3**)　平成30年に成立した「人事訴訟法等の一部を改正する法律」
は，人事訴訟事件および家事事件に関する国際裁判管轄について規
定を新設した（第26章Ⅲ**3**参照）ので（平成31年4月1日施行），人事
訴訟事件である離婚訴訟についても，これらの規定が適用される。

　(ｱ)　一般国際裁判管轄　　被告の住所がわが国にあれば日本の裁
判所の管轄が認められる（人訴3条の2第1号）。人事訴訟法3条の
2第1号は，被告の住所がない場合または住所が知れない場合には

居所によると定めているが，民事訴訟法3条の2第1項と同じように，世界中どこにも被告の住所がない場合または住所が知れない場合に初めて，日本にある居所により，日本の管轄が認められるのであり，どこかに住所が認められるときは日本の居所による管轄を認めないことになる。ただ，民事訴訟事件と異なり，「居所がない場合又は居所が知れない場合には訴えの提起前に日本国内に住所を有していたとき（日本国内に最後に住所を有していた後に外国に住所を有していたときを除く。）」（民訴3条の2第1項）にわが国の裁判所の管轄を認めるものとしていない。これは民事訴訟事件と異なり必ず一般管轄を認める必要がなく，また，世界中どこにも被告の住所・居所が認められないときには，人事訴訟法3条の2第7号による原告住所地管轄を認める可能性があることにより補充される管轄原因であるとされる。

　㈜　人事訴訟事件に特有の一般的国際裁判管轄　　以下の管轄原因があるときは，離婚事件について，日本の裁判所の管轄が認められる。

　①夫婦が共に日本国籍を有するとき（同条5号）

　②原告の住所が日本にあるときで，夫婦の最後の共通の住所が日本にあるとき（同条6号）。

　③原告の住所が日本にあるときで，被告が行方不明であるとき，被告の住所がある国においてされた当該訴えに係る身分関係と同一の身分関係についての訴えに係る確定した判決が日本国で効力を有しないときその他の日本の裁判所が審理および裁判をすることが当事者間の衡平を図り，または適正かつ迅速な審理の実現を確保することとなる特別の事情があると認められるとき（同条7号）。

　㈡　併合管轄　　夫婦の一方が他の一方に対して提起する離婚の

訴えにおいて申し立てられる，子の監護者の指定その他の子の監護に関する処分についての裁判および親権者の指定についての裁判は（人訴32条1項・3項），離婚の訴えの管轄に従うものとされる（人訴3条の4）（ただし，(イ)③参照）。

　(エ)　第三者からする夫婦を被告とする離婚無効確認の訴え　これについては，一方または双方の被告の住所（住所がない場合または住所が知れない場合には居所。第26章Ⅲ3(2)(イ)後段参照）が日本にあれば足りる（人訴3条の2第2号）。

　(オ)　人事に関する訴えについては，特別の事情による訴の却下がありうる（人訴3条の5）。

　(カ)　離婚に際しての財産分与に関する処分の審判事件　これについての国際裁判管轄は，家事事件手続法3条の12が定めているが，上掲離婚に関する訴えの管轄に従う。

　(キ)　離婚調停事件の国際裁判管轄については，家事事件手続法3条の13が規定を置いているが，人事訴訟事件または家事審判事件との連続性の観点から，①離婚の訴えについてわが国の裁判所が管轄を有するときには，離婚調停の申立てについても管轄が認められる（同条1項1号），②当事者がわが国の裁判所に離婚調停の申立てをすることができる旨の合意をしたときにも，わが国の裁判所の管轄が認められる（同項3号），ものとしている。

2　準拠法の決定

　(1)　総　説　離婚の準拠法については，離婚地の公序に関わるとして主として英米で採用されてきた離婚地法による属地法主義，大陸法で認められてきた属人法主義，また夫婦の属人法の中から選択を認める立場などがある。

(2)　法適用通則法の規定

(ア)　**離婚の実質的成立要件**　　法例は，伝統的に身分的地位について適用される属人法主義，とくに夫の本国法主義をとってきた。そこで自己に有利な解決を図る夫の恣意による準拠法変更を避けるために，原因事実発生時に国籍を固定する不変更主義を採用し，さらに離婚原因について日本法の留保による累積的適用を定めていたが，準拠法決定に際する両性平等による改正に際して，変更主義を採用し，かつ日本法の累積的適用の廃止を行い，婚姻関係の準拠法をできるだけ統一的に定めるために，婚姻の効力の規定（法適用通則法25条）を準用することにした。

　ただし，協議離婚に際して，形式的審査権しかもたない戸籍窓口における取扱いに困難を生じる密接関係地の確定をさけ，また，実質的な密接関係地となると思われる日本法を準拠法とするために，一方の当事者が日本に常居所を有する日本人であるときには日本法を適用するという日本人条項を導入した（日本法は，実際には密接関係地法に優先するだけである）。しかし，この点については，内外法平等を基礎とする国際私法の立場からは理論的および実際的に批判され，現実に常居所地の認定を厳格に行わない形で，日本人（とくに日本人夫）からの一方的な協議離婚が多くなされるなど（したがって，その無効が争われる），弊害もでている。

　法適用通則法27条が同25条を準用するとしているのは，主として密接関連地の確定において，法律関係の違いから，25条の場合と異なる要素が考慮される可能性があることに配慮した結果である。夫婦の同一本国法，それがなければ夫婦の同一常居所地法，それもないときには夫婦双方と離婚について最も密接な関係のある地の法が準拠法となる。段階的連結については，基本的に法適用通則法24条

で述べたことがあてはまる。

　外国からの郵送による協議離婚届については，挙行地の決定について婚姻届に準じる。

　（イ）　離婚の方式　　離婚の準拠法により，裁判外の離婚が認められる場合には，方式が問題となるが，法適用通則法34条の適用がある。外国における外国人の裁判外離婚の方式は，離婚の準拠法によるか，行為地法上の方式による。わが国における外国人による裁判外離婚については，離婚の準拠法により認められた方式によるか（高松高判平5・10・18参照），日本法上の方式，すなわち例えば離婚の準拠法上協議離婚が認められるとして，日本法上の協議離婚の届出で足りることになる。韓国の協議離婚に必要な，家庭法院による確認（韓国民法836条1項）を，戸籍実務上は方式の問題と解しているが，韓国においては実質の問題とするので，不調和が生じている。戸籍実務においては，韓国人夫婦の協議離婚届は，日本法上の方式にかなうものとして受理されるが，韓国法上は無効であるからである（平成16年9月8日法務省民事局民事第一課補佐官事務連絡参照）。ただし学説上は，家庭法院の確認は協議離婚の実質的成立要件とする立場が有力で，そもそも韓国の家庭法院の確認を経ない協議離婚届は，受理されないことになろう。

3　準拠法の適用

　次のような問題が離婚の準拠法によって判断される。

　（1）　離婚の許否　　準拠法が離婚を全く認めていない場合（例えば，フィリピン）もあるが，離婚の許否は準拠法による。フィリピン人夫と日本人妻の夫婦の離婚は，改正前法例においては夫の本国法主義であったために認められず，裁判所によって公序が発動され

てようやく認められていたが，日本人条項の導入により，このような場合には概ね日本法が適用されることになったので，問題にならなくなった（フィリピン法は日本人から請求した裁判所による離婚を承認する）。しかし，日本人条項によらない離婚については，同様の問題が生じる余地が稀ではあるが残るであろう。

(2)　離婚の機関および方法　　裁判機関による離婚だけを認める国も多いが，行政機関，宗教機関，立法機関による離婚が定められている国もある。また，協議離婚やイスラム教国のタラーク離婚（夫の側の一方的離婚）もある。このような離婚の方法およびそれを行う機関が何かを決めるのは，離婚の準拠法である。ただし離婚地において，いかなる機関がそのような権限を有するのかは，離婚地法によらざるを得ないから，離婚地法による制限を受ける。離婚準拠法上定められた機関を厳格に解すると，日本において外国人が離婚ができないという結果が生じるので，とくに日本の機関による準拠法上の機関の機能の代行を認める必要がある。

　日本法が準拠法となる場合には協議離婚も認められる。その方式は，法適用通則法34条による。離婚の準拠法が外国法であり，厳格な裁判離婚のみを認める場合に，調停前置主義を認める家庭裁判所で，調停または審判離婚できるかが問題とされる。これを離婚の意思表示の外部的形式，その方式の問題として行為地法たる日本法によらしめる見解，手続の問題として法廷地法によらしめる見解などがあるが，離婚の方法の問題であるとして，準拠法によらしめる見解が多数説であろう。するとわが国の調停離婚は当事者の合意を基礎とし，形式的にも裁判所の判断であるとはいえないので，準拠法上の離婚裁判のわが国における代行の問題として考えると，調停調書が判決と同じ効力をもつものとしても，代行はできないこととな

る。準拠外国法が，裁判所関与の下での合意による離婚を認める趣旨である場合にのみ，その代行としてわが国における調停離婚も認められることとなろう。審判離婚については，形式的には裁判の形をとるので，合意に相当する審判（家事277条）を行うことは可能であろう。調停に代わる審判（家事284条）が，準拠法上の裁判離婚の代行として可能かは，文言上は難しいが，場合によるものと思われる（あらためて人事訴訟にするまでもない場合など）。

外国における裁判外の離婚は，専らこの準拠法によって判断される。その方式は法適用通則法34条による。日本人夫婦は外国において，領事的に協議離婚の届出を行い，あるいは本籍地への直接郵送による協議離婚届が実務上認められている。

(3)　離婚原因　　これについては，専ら離婚の準拠法によって判断される。

(4)　離婚の効果

(ア)　総　説　　原則として離婚の準拠法によるが，婚姻の解消という直接的効果のほかは，次のような付随的効果について問題となることが多い。

(イ)　離婚に伴う財産的請求権　　財産分与における一方の持ち分の実質的清算の要素については，夫婦財産制との関係が問題となるが，夫婦財産制による清算がなされた後の問題はこの準拠法による。しかし適応が必要な場合もあろう。財産分与については，扶養・清算・慰謝料的要素があるので，むずかしいが，一般に離婚の準拠法によるものとされる（最判昭59・7・20参照）。

有責配偶者の損害賠償責任については，これを不法行為の問題と考える裁判例や学説もあるが，婚姻中の夫婦間で生じた問題であり，統一的に処理すべきであるから，原則として離婚の準拠法によらし

めるのがよい。もっとも，離婚自体による損害賠償ではなく，離婚原因たる一方配偶者の行為により生じた他方配偶者の損害の賠償は，法適用通則法17条によるのが多数説である。しかし，この場合も離婚の問題としてその準拠法によるとする有力説がある。

　なお，離婚後の当事者間の扶養の問題は，「扶養義務の準拠法に関する法律」4条1項により「その離婚について適用された法」による（329頁参照）。

　(ウ)　子に対する親権・監護権　　未成年の子の親権・監護権の帰属・分配の決定については，離婚に際して解決されるべき問題であり，子の福祉も含めて離婚のほかの問題と統一的に処理されるべきであるとして，離婚の準拠法によらしめる見解がかつての多数説であった。しかし，戸籍実務に関する基本通達（91頁参照）第7親権は，この問題を法例21条（法適用通則法32条）によらしめ，また学説の多くもこれを支持しており，裁判例もこれに従ってきた（例えば東京地判平2・11・28）。離婚以外の場合に問題とされる親権者の指定は，法適用通則法32条によるのであり，また子の利益に密着した法を適用するのが法適用通則法32条であるから，夫婦関係の解消を対象とする法適用通則法27条ではなく，法適用通則法32条によらしめることになる。

　(エ)　そのほかの効果　　離婚後の復氏の問題は，離婚の効果であるのか，あるいはその者の人格権であるのかについて争いがあるが，従来の多数説によれば法適用通則法27条による。ただし，この場合には，段階的連結により準拠法が必ずしも明確に決まらない点が問題となろう。また，離婚後の子の養育費は，「扶養義務の準拠法に関する法律」による。

　離婚により成年擬制がどのように取り扱われるかは，通説によれ

ば離婚の効果とされる。しかし，行為能力に係る部分については，法適用通則法4条の問題とすべきである（167頁以下参照）。

4　外国離婚判決の承認

(1)　総　説　　外国でなされた離婚のうち，裁判外のものは離婚の準拠法による。しかし，裁判によるものについては，訴訟上の考慮が必要となる。本来国際民事手続法の問題であるが，便宜上ここで取り扱う。

(2)　外国離婚判決の承認　　外国で下された離婚判決が日本国内において効力を有するかについて，かつての通説は一般の外国判決の承認と区別していた。それは，離婚判決のような形成判決はその効力が実体法上のものであるので，国際私法によってその効力が判断されるべきであると考えたからである。したがって，法例による離婚に関する準拠法が先ず適用され，その準拠法によって裁判がなされていなければならないとした（準拠法要件）。その後この要件は別として，国家機関の判断行為が存在するので，承認に関する規定も性質の許す限り類推適用するものとする見解が多数説であった。旧民事訴訟法200条（現118条）の定める各要件のうち4号の相互保証は，そもそも執行を前提とする財産事件判決について形成されてきた要件であり，母法であるドイツ法においても，身分事件判決については適用されない要件であり，実質的にも当事者にとって酷であって，外国の離婚判決の承認を妨げ，跛行的離婚を生じることになるから適用しないとする見解が強かった。

しかし，旧民事訴訟法200条は離婚判決にも適用されることが前提とされていたし，相互の保証の要件も最近では厳格に要求されないこと（最判昭58・6・7），外国判決の承認の制度は実体法とは独

立の訴訟法上の制度であること，形成判決に対する考え方の変化などに伴い，裁判例（東京地判昭46・12・17。なお，最判平 8 ・ 6 ・24参照），戸籍実務（昭和51年 1 月14日民 2 第2800号民事局長通達）を始めとして有力な見解は平成 8 年改正後の現行民事訴訟法118条を直接に外国離婚判決にも適用するものと解してきた。 4 号の要件について異論はあったが，平成30年人事訴訟法等の改正によっても，民事訴訟法118条を適用することとされている（家事79条の 2 参照）。したがって，118条 1 号については，人事訴訟法の定める国際裁判管轄規定が，外国裁判所の国際裁判管轄（間接一般裁判管轄）に適用されることとなる。

5　別　　居

　離婚を認めない国で主に認められてきたもので，夫婦の法律上の別居（卓床分離）を定めるものである。婚姻に伴う夫婦間の一定の法律効果の解消ではあるが，離婚とは区別される。これまでわが国においては別居という制度がなく，したがってそれについての手続も定められていないので，従来の通説は抵触法上別居の請求を認めてきていない。しかし，法適用通則法27条を準用してこれを認めても差し支えないと考えられ，離婚手続に準じて手続を適応させるべきである。もっとも，別居を認めた裁判例はまだない。「扶養義務の準拠法に関する法律」 4 条 2 項は法律上の別居に適用される法律が定まることを前提としている。

Ⅷ　婚約および内縁

1　婚　　約

　わが民法には婚約についての規定がないので，法例にも定めがないが，婚約を定めている法制もあることから抵触規則が必要となる（ベルギー国際私法45条は，両当事者の婚約時の常居所地国法，本国法，ベルギー法の段階的連結をとっている）。婚約を債権契約の一種と捉えて，法例7条（法適用通則法7条以下）によらしめる見解もあったが，婚約は身分的契約であり（東京地判昭46・3・12），条理による。

　実質的成立要件は婚姻に準じて，法適用通則法24条1項を類推適用し，各当事者の本国法による。

　方式については，法適用通則法24条2項・3項を準用すべきであるが，日本人条項を類推適用する必要はない。

　婚約の効力については，法適用通則法25条の類推適用となる。もっとも，婚約者について共通常居所地法および密接関係地法の存在を疑い，法適用通則法33条によらしめる見解も有力である（東京地判平21・6・29およびその不当破棄に関する東京地判平22・3・25参照）。その不当破棄に基づく損害賠償については法適用通則法17条によらしめるという見解もあるが，同25条によるべきであろう。

2　内　　縁

　内縁とは社会生活上通常の夫婦とみなされながら，方式をみたしていないので法律上の婚姻ではない男女の結合関係である。単なる事実婚ではなく，準婚関係とされるものを指す。独立の単位法律関係とするか否かについても問題が残るが，その概念を広く捉えれば，

抵触規則が必要とされることがあろう。

　実質的成立要件は，法適用通則法24条１項を類推適用する。方式については，同24条２項・３項を類推適用するが，３項の日本人条項は，戸籍問題を生じないのであるから，不必要である。

　内縁の効果は，法適用通則法25条，26条を類推適用するが，同26条４項は不必要である（前掲東京地判平22・３・25参照）。

　内縁の解消は，実際上争われることの多い問題であるが，日本人条項を除き法適用通則法27条を類推適用する。これに伴う慰謝料は，最判昭36・12・27により，改正前法例11条（法適用通則法17条）によらしめられているが，通常の不法行為ではないので，法適用通則法27条本文の類推適用によるべきであろう。

3　登録パートナーシップおよび同性婚

　同性カップルに婚姻締結を認める国も次第に増えてきている（オランダ，フランス，ドイツ，スペイン，カナダ，英米豪など）。全く否定する国もなお多数を占めているが，公的機関における登録により成立するパートナーシップを認め，一定の問題について婚姻と類似した法律効果を認める制度を設ける国もあり（スイス，イタリア，ギリシャなど），その国際的対応にもまた違いが顕著である。わが国では自治体レベルにおけるパートナーシップの証明制度も現れているが，実質法上いずれも認めていないのが現状である。しかし，同性の外国人同士の本国における婚姻に基づく同性配偶者にも特定活動の在留資格を認めることにしているので（平成25・10・18入国管理局入国在留課長通知），渉外的事案に対する，抵触法的対応が問題となりうる。

　これらは，既存の単位法律関係（法適用通則法24条から27条までな

ど）の想定していなかった制度であり，また，制度の国際的な同質的な展開（例えば条約や人権概念）もまだ認められないうえに，今のところ極めて属地的な制度に止まっていることからすれば，属地的制度の承認，すなわち，登録地法によるほかないものと思われる（もっとも，イタリア人夫と日本人妻のオランダ法上の登録パートナーシップへの転換による婚姻解消をオランダの離婚と認めた事例がある。平成16・4・26民一1321号回答）。その際，日本に常居所を有する日本人については日本法によるという留保を付するか，公序で個別に処理するかが問題となろう。

第20章　親子関係

I　総　　説

　渉外的な親子関係は，血縁関係に基づき成立する実親子関係と法的擬制により成立する親子関係を含んでいる。また，前者においても，嫡出親子関係と非嫡出親子関係を区別する法制と区別しない法制がある。わが国では，伝統的にこれらを区別しており，国際私法においても，それぞれの規定を置いた。区別しない法制では，親子関係の成立を子の属人法によらしめるのが普通である。わが国ではこれらの法制の適用上困難を生じ得る。

　親子関係の設定は，とくに血縁関係に基づくときは，親によるものに限られるので，一般に親の属する地の法によるものとなっている。

II　嫡出親子関係

1　総　　説

　法律上の婚姻関係にある男女から生まれた子を嫡出子として，婚姻外に生まれた子とは異なる法的地位を認め，正式な婚姻関係を尊重するとともに，親子関係の成立を容易に認める制度である。

2　準拠法の決定

(1)　総　説　証拠問題であるとしてこれを法廷地法によらしめる立場もあるが，一般に身分関係の問題として属人法による。しかし，属人法の決定基準および誰の属人法によるかについては対立がある。本国法主義に立った場合には，子の本国法によらしめる立場，父（母の夫）の本国法説（従来支配的であった），母の本国法説などに分かれる。子の本国法主義は，これは子の身分問題であり子の利益を重視すべきであるとすることから主張され，両性の平等にもかなっている。しかし，国籍の生来取得について血統主義に立っている場合には，親子関係の成立により決定される子の国籍によって親子関係の成立が判断されることになるという意味で，循環論に陥るという批判がなされる。もっとも近時支配的な父母両系血統主義による場合には，母の本国法によることができるので，批判は必ずしもあたらない。

(2)　法適用通則法　血縁に基づく親子関係の設定は，親の側によって一方的になされるのであるから，親側の準拠法が親子関係の発生の基礎となるが，親子関係の成立の問題であるので子の利益もまた保護されなければならない。

　子の嫡出性は，正式の婚姻から生まれたことにより認められることから，かつては「母の夫」（父が確定する前であるので）である父の本国法主義がとられていたが，子の嫡出性は，①父子関係のみによるのではなく，正当な婚姻の尊重という両親の側の事情によるべきこと，②夫婦間の関係ではなく親子関係の成立の問題であること，③両性平等の見地から母の立場も考慮されるべきこと，④子の利益の保護の立場から嫡出性の認められるべき場合を広げるべきであること，から，法適用通則法の立場は，親の本国法によるが，両親で

301

ある夫婦の一方の本国法により嫡出性が認められれば足りるものとした。また，本来，子の懐胎当時の本国法という不変更主義をとるべきであるが，その時点の確定は困難であり，それを親の本国法によらしめると循環論に陥るので，「子の出生の当時」とした。法適用通則法28条は，単位法律関係について準拠法を定めるという形式をとらずに実質法的表現を採用しているが，抵触規則であることは明らかである。さらに，子の出生前に母の夫が死亡した場合に備えて，補助的に死亡当時の夫の本国法を準拠法とするとする。母が子の出生前に死亡することは考えられていないが，その場合には，この規定が類推適用される。

3　準拠法の適用

　以上で定まる準拠法が嫡出親子関係をめぐるすべての問題に適用されるが，とくに次のような問題に適用される。

　婚姻中に懐胎された子の嫡出性の推定，その及ぶ時期の問題のほか，改正前法例が「子ノ嫡出ナルヤ否ヤ」と定めていたほどには明らかではないが，嫡出否認の問題，とくにその許容性，否認の方法，要件，行使期間，否認権者が誰かの諸問題に適用される。夫婦の一方の本国法によって子が嫡出子とされている場合には，その法が嫡出性を否認しない限り，嫡出性は認められる。夫婦の本国法の双方が子の嫡出性を認めている場合には，そのいずれによっても嫡出性が否認されない限り，その嫡出性の否認はない。なお，嫡出性の推定について，妻が再婚をくりかえした場合に，「夫婦の一方の本国法で」「子の出生当時のもの」として（すなわち，子の出生当時の「夫婦」ではない），対象となる夫婦が複数存在する結果，父性の重複が生じるときには，適応が必要で，父を定める訴え民法773条による

べきか否かについて意見の一致はまだない。

　最決平19・3・23は，日本人夫婦による代理懐胎依頼の結果，米国人代理母から出生した子との関係について，依頼夫婦との親子関係を認めたネヴァダ州裁判所の判決の不承認とした上，本条を適用して，日本法による嫡出親子関係を否定している。

　婚姻の無効・取消しや誤想婚があった場合に，その「婚姻」から生まれた子の「嫡出性」もこの準拠法による。この場合仮の夫婦の本国法によることになろうが，これは，嫡出性の成立の問題よりも，その子が嫡出子としての取扱いを受けるか否かという，その内容の問題であるとして，問題となるそれぞれの権利の準拠法によるとする見解も主張されている。

Ⅲ　非嫡出親子関係

1　準拠法の決定

（1）　総　説　　非嫡出親子関係の成立については，諸国の実質法上，出生という事実の確定によって親子関係の発生が認められる事実主義（ゲルマン主義，血統主義）と，親による認知という意思表示を必要とする認知主義（ローマ主義，意思主義）がある。非嫡出子と嫡出子を区別しない法制もあり，その場合抵触法上の区別もないのが通常である。

（2）　法適用通則法29条

（ア）　総　説　　法適用通則法は，認知のみについて規定していた以前の立場を改め，認知のみならず出生によるものも含めて規定を置いた。すなわち，非嫡出親子関係一般の成立について（事実主義による場合をも含めて），法適用通則法29条1項は，父，母につきそ

303

れぞれの本国法によることにした。非摘出親子関係については，もちろん子の利益を考慮して子の本国法を準拠法とし，または子を緊急に保護する必要性から迅速な親子関係の確定を可能とするために，子の常居所地法を準拠法とするという考え方もある。しかし，子の本国法主義は循環論に陥ることもある上に，嫡出親子関係において親の本国法が準拠法とされたこととの思想的一貫性を考慮した結果である。

　⒅　事実主義による非嫡出親子関係の成立　　事実主義については，昭和47年法例改正要綱試案（親子の部）のように，相続や扶養などの具体的法律関係の準拠法によらしめるという考え方もあったが，これを独立の制度として認める国も多くあり，また，わが国でそのような関係を確定して，戸籍にそれを記載することが子の利益になるということから，新たに規律対象とされた。出生の事実によるのであるから，出生当時に固定する不変更主義によっている。

　⒆　認知による非嫡出親子関係の成立　　認知に関する当事者の本国法の配分的適用主義の廃止により，親の恣意により子の利益が無視されることが生じないように，法適用通則法は，認知の場合について，認知当時の子の本国法がその子または第三者の承諾あるいは同意を要求している場合には，それがみたされるよう求めている。例えば，子の成人後に父が扶養目当てで親子関係を主張してくると困るので，準拠法の累積的適用により，いわゆるセーフガード条項を設けたのである。

　　⒤　認知の成立要件　　法適用通則法29条２項は１項に加えて規定されており，認知についての追加的特則となっている。認知者または子のいずれか一方の本国法によることができないので，改正前法例のとる配分的適用主義に代えて，認知の成立を保護するため

に，複数の準拠法の中からの選択を認めた選択的連結を採用している。1項の定める準拠法によるほか，改正前法例で認められていた認知に関する準拠法をそれぞれ独立に定め，認知当時の認知者または被認知者（子）のいずれかの本国法によって認知が成立すれば足りるものとした。2項後段は1項後段を準用して，子の立場を保護している。

　法適用通則法29条3項は子の出生前の関係者の死亡に際しての補助的な準拠法を定めている。

　認知無効は，認知の成立の問題として考えられるので，それが問題となる認知の成立を認める準拠法によるが，選択的に適用される認知の成立を認めるすべての準拠法によって認知無効が認められない限り認知は無効とはならないので，真実の親子関係に合わない認知がなされていた場合，それを否定することができないことが生じる（最判平3・9・13参照）。認知の成立が子の利益になるという一般的前提に立つためにこのような結果が生じ得るが，認知の成立を認める準拠法のみを適用するか，あるいは1項後段，または，2項後段の趣旨に従って，その類推適用によりこのような帰結を防ぐことも考えられよう。なお，認知の方式は法適用通則法34条による。

　（ⅱ）　認知の効力　　認知の成立について当事者の本国法の配分的適用主義をとる場合には，認知の効力をこれらによらしめることがむずかしいために，認知の効力について規定を必要としていた。しかし改正法例およびそれを引き継いだ法適用通則法は，選択的連結によるので，成立の準拠法にこれをよらしめることが可能となった。そして，「成立は」「子の認知は」として，成立の要件とはしていないので，認知の効果もある程度含まれるものと解されている。とくに認知の直接的効果，つまり非嫡出親子関係の成立（および認

知の遡及効，撤回の禁止など）はこれによるが，複数の準拠法が直接的効果として異なるものを定めている場合には，一般的に子にとって最も利益となる準拠法によるものとされる。認知により生じた親子間の権利義務関係はそれぞれ当該権利義務の準拠法による。

2　準拠法の適用

　事実主義の場合には，親子関係成立の方法などがこれによる。

　認知については，認知の許否，認知能力，認知に必要な一定の者の同意・承諾，遺言認知や死後認知の許否，死後認知の出訴期間などが，この準拠法により判断される。アメリカ合衆国の若干の州で認めない強制認知の許否の問題も含まれている。姦通子・乱倫子，あるいは胎児や死亡した子の認知ができるか，認知の取消しの可否などの取消しに関する問題，認知の撤回，認知の有効性を争うための方法，申立権者もこの準拠法による。認知無効についてはすでにふれた。

　父の本国法が事実主義を採用している場合においても，その必要があれば，子の本国法による認知を認めても差し支えないであろう。

IV　準　　正

1　準拠法の決定

　準正とは，本来は嫡出でなく出生した子に，その後の両親の婚姻やその子との親子関係の成立，国家機関による宣言（嫡出宣言）などによって，嫡出子たる身分を与えることである。

　これについて，明文の規定がなかった時代においては，解釈上，婚姻，認知，嫡出宣言という，準正の原因となる事実の発生当時の

父の本国法によるというのが多数説であった。

　準正は，子の嫡出性の問題であると同時に，婚姻あるいは非嫡出親子関係（認知，事実主義による）の効力の問題であるとも考えられ，規定を必要としないともいえる。そのため従来の通説は，嫡出親子関係を規定する改正法例17条の類推適用を行う（原因事実発生当時の父または母の本国法による）こととしていた。法適用通則法29条2項が認知について父または母の本国法のほかに子の本国法をも準拠法としている趣旨に鑑み，この場合においても両性平等の実現と子の保護を図るため，法適用通則法30条は，父または母の本国法のほかに子の本国法によってもよいものとする選択的な連結を採用し，その基準時は要件事実の完成時とした。同条2項は，関係者死亡の時の補助的な準拠法を定めている。

　なお，準正による国籍取得を定めていた国籍法3条は，両親の婚姻を要件とすることが違憲であるとした判例に基づき（最大判平20・6・4），認知された子の国籍の取得に改められた（平成20年法律第88号）。

2　準拠法の適用

　原因事実自体の成立の問題は，それぞれのその準拠法によるが，準正の許否，その態様，姦通子・乱倫子の準正の許否，効力の遡及の可否のような問題は，準正の準拠法による。また原因事実が否定されたときには，それが準正自体の成否にいかなる効力を及ぼすかも，この準正の準拠法による。準正の効力は，子の嫡出性の取得という直接的効果にとどまる。非嫡出親子関係の成立が先決問題となる場合には，その準拠法により，まず親子関係の成立が決められなければならない。したがって，例えば母の本国法が事実主義をとり

父の本国法が認知主義をとる場合，法適用通則法30条１項により父の認知がなければ，母の本国法により準正が成立する場合であっても，父母の婚姻のみでは準正は成立しない。準正自体は独立の法律行為ではないので，その方式は問題とならない。なお，東京地判平22・11・29参照。

V　親子関係の存否確認

事実上の別居状態にある夫婦の間に生まれた子，あるいは嫡出推定を受けない子，虚偽の出生届により生じた戸籍上の親子関係について，それが真実の親子関係に合わないとして争われる場合がある。これが，子の嫡出性の否定と同時に，そもそもの非嫡出親子関係も否定する趣旨を含む場合もあるので，場合に応じて法適用通則法28条，29条をそれぞれあるいは継起的または同時に適用するという見解のほか，これは，一般に親子関係の存否の確認であるから法適用通則法に規定を欠いた問題であるとして，同28条，29条１項および33条の規定の趣旨を考慮して，当事者双方の本国法を累積的に適用するという見解などがある。最判平12・１・27は，親子関係の成立についてはまず法例17条（法適用通則法28条）により嫡出親子関係の成否を判断し，否定された場合に，法例18条（法適用通則法29条）により，非嫡出親子関係の成否を判断する段階的な判断を示した。親子関係不存在確認の場合は，規定の適用順序は問題とならないが，存在確認の場合には，継起的または同時に適用することになる。

Ⅵ　養親子関係

1　総　　説

　法律上の人為的な親子関係の創設を行うのが養子縁組制度であるが，親のためから子のための養子縁組に実質法上の制度目的が移りつつある。わが国における渉外身分事件のうち，養子縁組事件が相当のウエイトを占めており，抵触法において，子の利益をどのように図るのかが問題とされる。

2　実質的成立要件

（1）　準拠法の決定

（ア）　総　　説　　養子縁組に関する各国法制は2つに大別される。その1つは，養子縁組の成立を当事者間の合意に求め，裁判所その他の公的機関の関与は子の福祉を確保するための審査にすぎないとするものであり（契約型），もう1つは，裁判所そのほかの公的機関の行う形成的な決定や判決によって初めて養子縁組が成立するとするものである（決定型）。養子縁組を認めるか否か，実方との血縁関係が終了するか（断絶型）否か（非断絶型），を含めて各国実質法でその取扱いが異なるので，抵触法が必要とされる。

　養親子関係という身分的地位の問題であることから，これを当事者の属人法によらしめる，主として大陸法においてとられる立場と，公的機関の形成的行為に着目する，主として英米法においてとられる管轄権的構成（決定型のみを認めるので，その管轄を決定することに重点を置き，準拠法について決めることなく，管轄のある機関はその法廷地法による）に，抵触法の規律は分かれる。

309

渉外事件の年度別新受件数

年　　　　　　　度	平成2 (1990)	7 (1995)	12 (2000)	17 (2005)	22 (2010)	27 (2015)	30 (2018)
家事渉外事件総数	1,598	3,850	5,726	6,441	7,714	8,341	9,960
養子縁組許可審判数	516	434	500	730	352	339	382
特別養子縁組の成立及び その離縁に関する処分	20	18	34	28	37	35	59

（出所）　家裁月報63巻1号33頁，裁判所ウェブサイト，司法統計などによる

　(イ)　法適用通則法　　養子縁組を属人法によらしめる場合，複数当事者のうちで養親に注目する立場と，養子に注目する立場，両者をともに重視するという立場がある。わが国においても，改正前法例は，養子縁組の成立が養親と養子の双方に利害関係があるので，双方の本国法を配分的に適用することにしていた。しかし，配分的適用主義の問題や，実質法上の契約型と決定型の並立などに鑑み，法適用通則法は，養親の本国法によらしめる（法適用通則法31条1項）。養子の保護からいえば子の本国法による立場も考えられるが，①近時の養親の本国法主義をとる立法例に従い，養親子の生活がそこで営まれるのが通常で養子が養親の家族となること，②養子に養親の国籍を付与する法制が増えており，両者の国籍が少なくとも縁組後には一致することになるという理由などから，縁組当時の養親の本国法を準拠法とした。養親の本国法が異なる場合には，両者を累積的に適用するのではなく，養父，養母のそれぞれについて養親子関係の成立を判断すべきであるから，例えば養父の本国法が夫婦共同養子制度を定めていても，養母の本国法が単独養子制度をとっている場合には，養母との関係では単独で養子縁組がなされ得る。

　養親の本国法による結果，養子たるべき者の保護に欠けることにならないように，子の本国法上要求される，養子または第三者の承

諾・同意（この点養子の保護要件に限るか，文言通りに解するか，争いが
ある），公的機関の関与が同時に充足されるべきこと（セーフガード
条項），すなわちこの点について子の本国法が累積的に適用される
べきことをも要求した（法適用通則法31条１項後段。ただし，公序との
関係について水戸家土浦支審平11・２・15参照）。わが国において行わ
れる養子縁組について，子の本国法上必要な公的機関の許可そのほ
かの処分が日本の裁判所の処分で代行できるかという問題について
は，できるだけこれを可能とすべきものと考えられる。なお，反致
があり得る。

　(2)　準拠法の適用

　(ア)　総　　説　　養子縁組の許否，養子・養親の年齢および年齢差，
法定代理人による代諾・同意，当事者間の身分関係による縁組の禁
止，養子の縁組能力などの養親子関係の成立要件に関する諸問題が，
この準拠法による。したがって，養子縁組を認めない国（例えばイ
ラン）の国民も，争いはあるが日本人の養子になれる（宇都宮家審平
19・７・20は，親の一方の本国法であるイラン法が養子縁組を禁止してい
るが，公序に反するとして養子縁組を許可した）。

　(イ)　公的機関の関与　　公的機関の許可・処分の要否も成立の準
拠法による。準拠法が決定型の養子縁組制度を有している場合には，
これまでわが国では，縁組は基本的には当事者間の合意により成立
し，家庭裁判所の許可は，未成年者の福祉を確認し慎重を期するた
めに必要とされるにすぎない契約型の制度をとっていたので，わが
国における縁組が可能か否かが問題とされた。実務上は，必要とさ
れる養子決定を，実質的成立要件の部分としての公的機関の関与と
形式的成立要件たる方式の部分に分解し，前者はわが国の家庭裁判
所の許可審判により代行させ，後者の部分は，方式に関する行為地

法である日本の戸籍管掌者への届出によって充足させ，有効な縁組ができるもの（分解理論）としていた。しかし，家庭裁判所の許可審判は，契約型縁組を前提とした関与にすぎず，決定型をとる準拠法を適用したとはいえない。やはり，家庭裁判所による養子決定の代行が必要となる。準拠法が契約型養子縁組制度をとる場合には，必要とされる公的機関の関与について，わが国の家庭裁判所による代行を広く認めるべきである。

　昭和63年に，家庭裁判所の審判により実方血族との親族関係が終了し，養親子関係が成立する決定型の特別養子縁組制度がわが国でも創設されたので，わが国にはない準拠法上の普通養子に関する養子決定を，家事審判法9条1項甲類8号の2（家事事件手続法別表第1第63項）によって家庭裁判所が代行できるとする見解も，戸籍実務に関する基本通達（平成元年10月2日法務省民二第3900号民事局長通達第5の2の(1)）によって前提とされており，わが国の裁判所においては，わが国の特別養子縁組の手続によって，外国法上の養子決定がなされうる（高松家審平6・1・13，横浜家横須賀支審平7・10・11参照）。また，準拠法が官庁や児童福祉機関の許可や監督を要求している場合に，家庭裁判所がその機能を代行できるかについては，できるだけ広くそれを認めるとしても限界が生じるであろう。ただし，公的機関の関与の要否，それによる実質的成立要件の審査は，実質的成立要件の準拠法の適用の問題であるので，方式と解するのは性質決定として適切ではない（市町村長に対する身分行為の創設的届出は，法律行為の外部的表現方法である点で，法律行為の方式とされる）。

　(ｳ)　夫婦共同養子縁組　　夫婦共同養子縁組の要否も，特別の規定はないので，養親になろうとする者について，成立の準拠法による。しかし，養親たる夫婦が国籍を異にしている場合，各自の本国

法によるが（札幌家審平 4・6・3），一方の本国法上養子縁組が成立しなければ夫婦共同養子縁組は成立しないので，せいぜい他方の本国法による単独縁組が成立し得るにとどまる。さらに，その一方の本国法が夫婦共同でなければ縁組できないとしていると単独縁組も成立しない。

　㈑　子の保護要件（法適用通則法31条1項後段）　　法適用通則法31条1項後段が定める子の本国法の累積適用は，養子縁組の準拠法を養親の本国法とすることに対して，子の保護を図るためのものである。養子の本国法上の，養子本人もしくは第三者（実方親族の同意，養子の法定代理人など）の承諾もしくは同意および公的機関の許可その他の処分も，裁判例は31条1項後段に該当するものが少なくないが，本来，子の保護のためのものに限られるべきである。例えば，養子の本国法上，当該養子縁組に対する養親の嫡出子の同意が必須のものであるとしても，一般にはそれが養子の保護のためであるとはいえないし，また，未成年養子しか認めていない国の成年者が養子縁組をしようとする場合には，成年養子を認めていないことが専ら養子の保護のためであるとはいえない。したがって，いずれも子の保護要件とはならないものというほかない。もっとも，養子の本国における承認の確保，養子縁組に関する事後の争いの予防をもって子の保護とする立場からは，養子縁組の禁止を含めて，子の保護要件であると考えるが，親を必要としている子の保護となるかは，疑問である。この見解は，少なくとも従来考えられてきた子の保護とは別次元の子の保護を考えるものといえ，法適用通則法のところではない。

　㈒　養子縁組の効力　　法適用通則法31条は効力について一般的規定を置いていないが，養親子関係の成立という直接的効果（嫡出

子と同一の身分を取得するか否か，身分取得の時期など）は，「養子縁組の要件は」ではなく，「養子縁組は」と定めていることから，異論もあるがこの準拠法による。養親血族との親族関係についても成立の準拠法による。

　(カ)　実方血族との親族関係の終了　　養子とその実方（広い意味における）との親族関係の終了は，法適用通則法31条2項により，とくに1項前段の準拠法によることが明らかにされた。改正前法例19条2項の解釈においては，この問題が養子縁組の効力にあたるか否かが争われ，むしろ，養子と実方との親族関係の問題と解する立場（改正前法例20条または22条）もあった。しかし改正法例では，成立要件においてこの問題を考慮して定めが置かれている以上，それと同じ準拠法によるのが適当であると考えられて明文が置かれた。

3　形式的成立要件（方式）

　契約型の養子縁組や離縁の方式は，法適用通則法34条によるので，養親の本国法または縁組地法による。外国にある日本人間の養子縁組については民法801条の規定がある（戸籍法25条による届出もありうる）。養親の本国法による場合，夫婦の国籍が異なり共同で縁組をするときには，双方が同時に方式をみたすことは事実上不可能であるが，縁組地法によるべき場合には双方が同一地にあれば可能となる。

4　離　　縁

　法適用通則法31条2項は，離縁について，そもそも養子縁組の態様に種々のものがあり，成立と離縁の準拠法が異なることは適当でないので，成立から終了までを同一の準拠法によらしめるべきこと，

離縁が縁組の成立の否定と解され得ることなどから，養親の本国法によらしめているので，離縁の許否，方法，効果などはこれによる。準拠法上離縁が全く認められないときに公序を援用した裁判例（水戸家審昭48・11・8）がある。

Ⅶ　親子間の法律関係

1　法適用通則法による親子間の法律関係

（1）　準拠法の決定

(ア)　総　説　　以上のようにして成立した親子間の権利義務関係については，各親子関係にそれぞれ独自の準拠法を定めるという見解が，最近の立法において一般的に認められている。

また，当事者の属人法によらしめるのが一般的であるが，その場合にも，親の属人法説，子の利益保護のための子の属人法説，親子の最後の共通属人法説などに分かれている。

(イ)　法適用通則法　　改正前法例は，すべての親子関係について一括して準拠法を定め，親の属人法，とくに父の本国法（父なきときは母の本国法）を準拠法としていた。

準拠法決定に際する両性平等の実現を目的として平成元年に法例は改正され，複数当事者が関わるので婚姻の効力同様の段階的連結を採用するべきこと，子の福祉に配慮して子の属人法によるべきことが法例21条に規定された。法適用通則法32条は法例21条を引き継いで，種類の異なる親子関係のすべての子を平等に取り扱うために，親子関係を一括して準拠法を定めている。親と子の共通の要素について，まず本国法によることにしたのは，①親子関係の重要な効果である扶養について「扶養義務の準拠法に関する法律」が権利者の

現実的な保護のために子の常居所によらしめていることと平仄があわないおそれがあるが，扶養とは必ずしも同一の準拠法によらしめる必要がないこと，②親権の内容は法定代理などの対第三者関係が問題となりその法的明確性，恣意による変更の防止が要請されること，③近隣諸国が本国法主義を採用していること，④後見について被後見人の本国法が準拠法となることから両者の適応が不要となることなどに基づいている。そこで，父または母の本国法と子の本国法が同一であるときには，それによることが両性平等にもかない原則として子の本国法によることになる。さらに，それがないときには，父または母の常居所地法と子のそれが同一であればそれにより，それも存在しない場合には，親子と密接に関連する地の法によるべきことになるはずであるが，実際には親子間に共通常居所があれば，結局それは子の常居所であり，またそれがない場合に適用されるべき親子間の法律関係の密接関係地法は子の常居所であると法定している。戸籍窓口における最密接関係地の認定の困難を回避するためであろう。しかし，子の常居所を法定最密接関係地と解するのであれば，法適用通則法25条の定める最密接関係地法とは明らかに異なっており，本来同じ段階的連結と理解することはできない。

　なお「父母の一方が死亡し，又は知れない場合にあっては，他の一方の本国法」（法適用通則法32条括弧書）とは，父母の一方が死亡または知れない場合に，その者との本国法の一致を判断することのないようにするための注意的な定めである。

　(**2**)　準拠法の適用

　(ア)　総　説　　法適用通則法32条による準拠法は親子間のすべての法律関係に適用され，身分関係と財産関係を問わない。

　(イ)　親権・監護権の帰属・分配　　これもこの準拠法による。離

婚に際する親権・監護権の帰属・分配については，これまで離婚の準拠法によるとする見解も有力に主張されてきたが，平成元年法例改正後は法例21条（法適用通則法32条）によるべきであるとするのが通説である（294頁参照）。もっとも，法改正により法性決定が変更されるのは，法性決定について国際私法自体説のうち比較法説に立たない結果であろう。

　親権・監護権が共同か単独かの問題，親権者・監護権者の指定や変更が，本条によるが（東京家審平22・7・15は，親権者を父と法定するイラン法の適用の結果が公序に反するとする），例えば中国法上の撫育者の指定や変更について，わが国では，手続的には家事審判法（家事事件手続法）に従って（ときに適応を要するが），その準拠法は本条により，判断することになる（前橋家審平21・5・13参照）。

　(ｳ)　親権の内容　　身上の監護である子の監護・教育・居所指定・懲戒・職業の許可・子の引渡しに関する諸問題，面会交流，財産の管理である子の財産の管理権・法定代理権（東京高決平22・2・12）・子の財産行為に対する同意などの諸問題へ適用される。

　(ｴ)　親権の消滅　　親権の消滅のほか，その喪失，親権・管理権の剥奪（大阪高決平16・5・12）などの問題に適用がある。

　(ｵ)　子の氏　　子の氏については，子の人格権説と本条によるとする立場があるが，本条によらしめるのがこれまでの多数説であろう。また，本人の意思に基づく氏変更については本人の本国法によるが，本人に意思によらない身分関係の変動に基づく場合には，当該身分関係の効力の準拠法によるという説，氏名公法説もある。しかし戸籍実務は子の本国法によらしめており，子の本国法説も有力に主張されている（なお，戸籍法107条4項参照）。

　(ｶ)　親子間の扶養義務　　扶養の問題については，「子に対する

扶養義務の準拠法に関する条約」が批准されている（自動執行条約としての効力を有する）。これによると，条約の当事国に常居所を有する，婚姻をしていない21歳未満の子（嫡出子，非嫡出子，養子）からの扶養請求については子の常居所地法によるが（1条），準拠法が締約国のものでなければ適用されないので（6条），実際上の適用の可能性は小さく（オーストリア，ベルギー，リヒテンシュタイン，マカオ〔中国〕との関係についてのみ），これによらない通常の場合には，「扶養義務の準拠法に関する法律」による（327頁以下参照）。

　㈱　その他　　子が未成年か否かは，成年擬制を含めて法適用通則法4条による。親権と後見，親権と婚姻の効力の関係については適応問題が生じ，前者は親権準拠法により，後者は婚姻の効力の準拠法による。

2　国際的な子の奪取

(1)　平成26年にわが国は，1980年の「国際的な子の奪取の民事上の側面に関する条約」（ハーグ国際私法会議の条約で，2019年10月1日現在の締約国数は101。以下「奪取条約」と称する）を批准し，その実施に必要な国内手続等を定めた法律（国際的な子の奪取の民事上の側面に関する条約の実施に関する法律〔平成25年法律第48号〕。以下「実施法」と称する）を制定し，奪取条約のわが国における発効にあわせて施行した（平成26年4月1日）。

　奪取条約は，両親の子の取り合いに端を発する，国境を越えた子の連れ去りが，子に有害な影響を与える可能性があることに鑑み，何よりも子の奪取を抑止することが子の利益（保護）にかなうという観点に立つ。そこで，不法に奪取された子を，原則として元の居住国に迅速に返還するための国際協力の仕組みや国境を越えた親子

の面会交流の実現のための協力について定めている（奪取条約1条）。そのために，一方の親が不法に子を奪取した場合には，各締約国の中央当局の援助の下，奪取前の常居所地国へ返還することを定めている（同7条）。当該子が所在する国の中央当局は，任意にその子を元の常居所地国に返還する方法を模索し（同10条），それが奏功しない場合には，その国の司法，行政当局による返還命令を得て（同12条），その国は返還が実現するようにその命令を実施する。迅速に子を返還するために，返還拒否の理由は限定され，かつ，返還命令を出す際には監護権に関する判断は行ってはならず（同19条），それは子の元の常居所地国で行うこととしている。

　実施法は，国境を越えた子の不法な連れ去り等がされた場合において，その子を元の居住国（常居所地国）に迅速に返還すること等を定めた奪取条約をわが国において的確に実施するため，①わが国における中央当局を指定し（返還申請等の担当窓口となる「中央当局」は外務省が担う），その権限等を定めるとともに，②子を常居所地国に迅速に返還するために必要な裁判手続等を定め，もって子の利益に資することを目的とする。

　条約上，締約国の中央当局に子の返還を申請できるのは，締約国に常居所を有していた16歳未満の子が，その国の法令（国際私法を含む）により監護権を有する者LBP（Left-Behind Parent）の当該権利を侵害する意味で，「不法に」別の締約国に連れ去られ，またはそこに留置されている場合である（奪取条約3条，実施法7条）。

　中央当局は，子の所在を突き止め，TP（Taking Parent）に子の任意の返還を促し，LBPと子の面会交流を支援する（奪取条約6条以下，実施法4条以下）。子の連れ去り先の国の司法当局等は，子の返還がされないことが決定されるまで，または合理的期間内に子の返

還申請がなされない場合を除き，監護権の本案について審理判断してはならない（奪取条約16条）。当該本案は元の常居所地国の審理判断すべきこととされているからである。家事事件手続法3条の8の定める管轄原因としての子の住所は，子の日本からの連れ去りと子の外国から日本への連れ去りで各々別の考慮を要する。前者においては子の住所はなお日本に残るのが原則であり，日本に親権・監護権の帰属等に関する判断の管轄権があり，後者においては，日本に住所はないので本案に関する管轄権がなく，すでに子の返還申立事件が係属していた場合についてもその審理判断はできず，ただ面会交流についてのみ審理判断できるものと解される。

　(**2**)　子の外国から日本への連れ去り（および日本における留置，インカミング・ケース）と子の日本からの連れ去り（および外国における留置，アウトゴーイング・ケース）の場合については，次のように処理されることになる。

　日本の中央当局は外務大臣であるので，外務大臣に対して子の返還に関する援助と常居所地法上認められる子との接触（面会交流）に関する援助が，LBP から申請される。そして，外務大臣がそれについて，インカミング・ケースとアウトゴーイング・ケースの場合に応じて，外国返還援助（および面会交流援助），または，日本国返還援助（および面会交流援助）の決定をする。

　前者の外国返還援助（インカミング・ケース）の場合，日本国内における子の所在を特定した上で，返還に向け，友好的な解決をもたらすための協議の斡旋等の支援を行う（実施法9条）。この援助がうまくいかないときには，LBP は TP に対して，子の元の常居所地国への返還を命ずるよう求める申立てを家庭裁判所（東京または大阪に管轄集中。実施法32条）に提起する。家庭裁判所は，監護権者に

関する判断は行わず，返還事由が具備されていれば，原則として，子を元の常居所地国へ返還する旨の決定を下さなければならない。返還事由としては，①子が16歳に達していないこと，②子が日本に所在していること，③元の常居所地国の法令（国際私法を含む）によれば，子の奪取が子の監護に関するLBPの権利を侵害していること，④連れ去りの時または留置の開始時に，常居所地国が締約国であったこと，があげられている（実施法27条）。

　ただし，返還拒否事由も条約上定められているので，その判断を裁判所はしなければならない。条約に則して，子の利益の観点から返還を拒否することができる例外的な返還拒否事由としては，①子の返還申立てが子の連れ去りの時または留置の開始の時から1年経過後になされたものであり，かつ，子が新たな環境に適応していること，②申立人が連れ去りの時または留置の開始の時に子に対して現実に監護の権利を行使していなかったこと，③申立人が連れ去りの前もしくは留置の開始の前にこれに同意し，または連れ去りの後もしくは留置の開始の後にこれを承諾したこと，④常居所地国に子を返還することによって，子の心身に害悪を及ぼすことその他子を耐え難い状況に置くこととなる重大な危険があること，⑤子の年齢および発達の程度に照らして子の意見を考慮することが適当である場合に，子が常居所地国に返還されることを拒んでいること，⑥常居所地国に子を返還することが日本国における人権および基本的自由の保護に関する基本原則により認められないものであること，があげられている（実施法28条1項各号）。なお，返還拒否事由の証明は相手方において行うことを要するが，実施法28条2項は，条約にない規定であり，子の連れ去りがドメスティック・バイオレンスを原因としていた場合に関する奪取条約13条1項b号を国内法化した

実施法28条1項4号にとくに加えられたものである。返還先である常居所地における，子に対する暴力等のおそれや子の監護の困難な事情がないかなど，返還が子の利益を損なわないことの総合的な判断をとくに求めている（さらに留意事項として，実施法28条3項参照）。

(3)　子の返還のための担保措置

(ア)　子の国外連れ去りの防止　　子の返還手続の審理中に，子が国外に連れ去られるおそれがあるときは，裁判所は一方当事者の申立てにより，他方当事者に対して，子の出国禁止や子の旅券の提出を命じることができる（実施法122条1項・2項）。

(イ)　強制執行　　子の返還命令が出された場合や和解や調停で子の返還を合意したにもかかわらず TP が子を返還しない場合には，民事執行法の特則として子の返還の執行手続が定められている（実施法132条以下）。

すなわち，強制執行は子が16歳未満である場合にのみ可能であるが（実施法135条），執行手続は，動産に関する規定を類推適用した子の引渡しの手続によっており，一定期間内に子を返還しないことを条件に一定金額の支払いを命じる決定手続をとることができる（間接強制前置主義）。それでもなお返還が実施されない場合にはじめて直接強制手続がとられることとされており，相手方（TP）に代わって，裁判所が指定する返還実施者が子を常居所地国に返還する代替執行手続が取られうる（実施法137条以下）。ただし，直接強制が子の心身に及ぼす影響を考慮し，執行官は任意の履行に応じるよう相手方を説得することが求められ（実施法140条2項），現実の子の引渡執行は相手方と子が共にいることを要するものとされていたが，執行不能の事案が少なくないことから，法改正がなされ，次のような，民事執行法の規定が新設された（「民事執行法及び国際的な子の奪

取の民事上の側面に関する条約の実施に関する法律の一部を改正する法律」
の制定〔令和元年法律第2号〕。なお施行日は令和2年4月1日とされてい
る）。

　改正後民事執行法174条によれば，子の引渡しの強制執行には間
接強制と直接強制があるが，前者を常に前置するのではなく，ただ，
直接強制の申立てには，一定の要件を付加した（①間接強制の決定が
確定した日から2週間を経過したとき，②間接強制では引渡しの見込みが
あるとは認められないとき，③子の急迫の危険を防止するために直ちに強
制執行をする必要があるとき）。そして執行裁判所は執行官に子の引渡
しの実施を命ずる旨を決定する（同条4項）。その際，引渡しの実現
のために執行官は債務者の説得を行うほか，債務者の住居その他債
務者の占有する場所への立入り，子を捜索し，債権者等と子または
債務者との面会を図るが，子と債務者が共にいること（同時存在）
は不要としつつ子の利益に配慮し，債権者の出頭を原則化した（改
正後民執175条）。改正後実施法も136条および140条で同様の規定を
置いている。

第21章　親族関係

I　親族関係等の準拠法

　法適用通則法33条については，当事者が複数ある場合に，それら
の者の本国法の累積的適用が生じるか，またその適用範囲（別居・
婚約・内縁・準正など）について争いがあり，平成元年法例改正に際
して削除するとの意見も強かった。しかし刑法244条1項（親族相
盗），257条1項，あるいは外国人登録法15条2項4号などにおける，
申請代理人である外国人の親族の範囲についてなお必要であるとし
て，残すこととされた。最判平12・1・27は，韓国法による嫡母庶
子関係について，改正前法例18条1項とともに，改正前法例22条の
「法意にかんがみ」として，本条の意義を認めている。本条は，親
族関係について本国法主義をとることの原則的趣旨を表明する規定
である。実際の適用範囲は狭く，婚約の効力はなお本条によるとす
る有力な見解がある（婚約の成立・効果を法適用通則法33条によらしめ
る東京地判平21・6・29，成立・効力は法適用通則法24条1項の類推適用，
その不当破棄は33条による東京地判平22・3・25参照）。さらに，扶養ま
たは相続の前提としての親族関係の成立についても適用をみる場合
がある。戸籍先例においては，個人の氏をその者の本国法によらし
めるのは，本条によるものとされる。

Ⅱ　親族関係についての法律行為の方式

　親族関係の法律行為の方式については，法適用通則法34条および196頁を参照されたい。

　親族関係にある当事者間で隔地的な法律行為が行われることは，普通はないので，法適用通則法10条3項・4項に相当する規定が，同34条にないが，必要であれば解釈によるべきであろう。方式について，10条に一本化する場合には，3項・4項の規定に工夫が必要とされる。

第22章　扶養義務

Ⅰ　準拠法の決定

1　総　説

（1）　総　説　　自らの力では生活できない者を養う制度が扶養であり，これについては法廷地法主義もあるが，扶養義務は，一定の親族関係から生じるのが普通であるので，当事者の属人法による立法例も多い。しかしながら，他方では，私的扶養が行われない場合について，公的機関による公的扶養の制度も発達してきている。これは公法に属し，本来国際私法に服さないのであるが，両者は密接に関連しているので，扶養義務の問題を当事者の常居所地法によらしめる属地法主義も強く主張されている。なお，親族間の扶養義務以外のものは，それぞれの準拠法による（契約，相続など）。

（2）　ハーグ条約の批准　　昭和61年削除前法例21条は，扶養義務は扶養義務者の本国法によるとしていた。しかし，1956年のハーグ「子に対する扶養義務の準拠法に関する条約」（子条約）を批准し（昭和52年条約第8号。同年9月19日日本について発効。ただし国内法化の措置をとらず，自動執行条約となる），次いで1973年のハーグ「扶養義務の準拠法に関する条約」（一般条約）を批准し，これを国内法化した「扶養義務の準拠法に関する法律」を制定した（昭和61年法律第84号。同年9月1日施行）結果，この規定が削除された。子条約においては子の常居所地法を原則とし（1条），その他一定の内国法の適

用宣言が認められるが（2条），それらによっても子に扶養の権利が認められない場合には法廷地国際私法の指定する準拠法による（3条）。この子条約は，子条約のみの締約国との間では適用されるが（オーストリア，ベルギー，リヒテンシュタイン，マカオ〔中国〕），その適用は限定されており，一般的には「扶養義務の準拠法に関する法律」による（法適用通則法43条1項参照）。

2　扶養義務の準拠法に関する法律

(1) 総　説　　親族間のあらゆる扶養義務は，扶養権利者の常居所地法による（扶養義務の準拠法に関する法律2条1項）。これまでの法例が義務者の立場を抵触法上保護していたのに対して，扶養権利者を保護することにしている。とくに扶養義務の問題は権利者が現実に生活を営む社会と関係し，その法によらなければ要保護者の需要に応じることができず，同一国内にある複数の要保護者についても解決基準を統一できることなどを理由とする。その意味で，この場合の常居所は，属人法というより属地法である。ある者が扶養権利者あるいは義務者であるか否かは，準拠法によって初めて決定されるので，扶養について権利を主張する者，主張される者をここでは指している。一般条約4条2項，子条約1条2項は，権利者の常居所の変更についてその変更の時から新たな常居所地法によるものと定めており，この点についての規定を欠く「扶養義務の準拠法に関する法律」においても同様に変更主義によるものと考えられる。

　扶養権利者の抵触法上の保護をさらに促進するために，連結点が権利を認めるように段階的に定められており（補正的連結。23頁参照），扶養義務の準拠法に関する法律2条1項但書は，扶養権利者の常居所地法により，扶養権利者が法律上扶養を得られない場合に

は当事者の共通本国法により，それによってもなお法律上の扶養を得られないときには同条 2 項により，法廷地法である日本法による。当事者が複数の国籍を有する場合には，法適用通則法25条の同一本国法と異なり，両当事者に共通の国籍があれば，法適用通則法38条 1 項が適用されないので属人法として 1 つに絞ることなく，共通の本国法を準拠法とする（法適用通則法43条 1 項本文）。なお，常居所が知れないときには，法適用通則法39条本文が適用されるので居所地法が適用される（法適用通則法43条 1 項但書）。

　なお，日本在住の子の扶養について，日本法上原則として未成年者の扶養と成年者の扶養についてはその程度が異なるが，未成年か否かは法適用通則法 4 条 1 項により子の本国法によることとなる。民法上，成年年齢が18歳になる（令和 4 年 4 月 1 日）までは少なくとも20歳に達するまでは未成年子としての扶養を認めても差し支えないと思われる。

　(2)　扶養義務者の範囲　　扶養義務者の範囲は国により異なり，親族関係の薄い者が義務者となる場合が生じる。その場合には義務者の立場をも顧慮すべきであるから，傍系親族間または姻族間の扶養義務は，義務者が当事者に共通の本国法によれば扶養権利者に対する義務を負わない旨の異議を述べた場合，あるいは共通本国法がないときに義務者の常居所地法によって同様の異議を述べた場合には，その共通本国法または常居所地法にそれぞれよるものとしている（扶養義務の準拠法に関する法律 3 条 1 項）。この例外は，子条約には定められていないので，子条約によるべき場合には適用されない（扶養義務の準拠法に関する法律 3 条 2 項）。

　(3)　扶養義務の範囲　　扶養義務は，夫婦，親子そのほかの親族関係から生じる一般的なものとする（扶養義務の準拠法に関する法律

1条)。離婚した夫婦間，および別居，婚姻の無効・取消しのあった当事者間の扶養は，それぞれ離婚，または別居，無効・取消しについて適用された法律によるものとされる（扶養義務の準拠法に関する法律4条1項・2項）。ただし，離婚した当事者間の問題については，本来の離婚の準拠法ではなく，実際にその離婚に適用された法律を指す（例えば，準拠法として指定された外国法が公序により排斥され，内国法が適用される場合にはその内国法，承認された外国判決があれば，それによる）。離婚後の子の扶養は，扶養義務の準拠法に関する法律2条による。

(4)　公的機関による費用償還請求　　社会保障法により公的機関が扶養権利者に給付を行っている場合に，その扶養義務の問題自体は以上の準拠法によるが（したがって，扶養の範囲・限界など），扶養義務者から公的機関が費用の償還を受ける権利の存否・態様などの問題については，その機関が従う法律による（扶養義務の準拠法に関する法律5条）。公的扶助は私法上の扶養の問題ではないが，それを補完するものであり，次第に強化されつつあるので，両者の関係からみて特則を設けたものである。

(5)　法適用通則法との関係　　親族関係に基づく扶養義務については，法適用通則法の規定が適用されないので（法適用通則法43条1項），本法により不統一法国に関する本国法，常居所地法の確定（扶養義務の準拠法に関する法律7条），公序（扶養義務の準拠法に関する法律8条）が定められているが，文言の違いにもかかわらず，法適用通則法38条3項，40条，42条と内容的に変わるところはない。

Ⅱ　準拠法の適用

　親族関係から生じる扶養義務一般に適用される（扶養義務の準拠法に関する法律1条）。扶養権利者のために扶養を受ける権利を行使することができる者の範囲，その行使の期間，扶養義務の程度がこの準拠法による（扶養義務の準拠法に関する法律6条）。扶養義務の存否，扶養義務者の範囲，義務の内容（順位，方法など）もこれによる。

　扶養の程度は，準拠法上別段の定めがあっても，扶養権利者の需要および扶養義務者の資力を考慮して決めるべきものとされ（扶養義務の準拠法に関する法律8条2項），同条1項の公序の具体的基準を示している。夫婦間の扶助義務および婚姻生活費用分担の問題については，すでにふれた。

　扶養義務の前提となる親族関係の存否は，先決問題として解決される。したがって，婚姻・親子関係以外の親族関係・姻族関係の存否は法適用通則法33条により，両当事者の本国法の累積的適用による。

第23章　後見・保佐

Ⅰ　総　　説

　後見とは，禁治産者などの事理を弁識する能力を欠く常況にある成年者または親権に服さない未成年者などを保護する制度をいい，保佐とは準禁治産者などの事理を弁識する能力が著しく不十分な者についての，補助とは事理を弁識する能力が不十分な者についての同様な制度を指す。改正法例は，なお，民法における三者の区別をもとに，後見と保佐・補助を区別してそれぞれの規定を設けていたが，この二者には本質的な差異はなく，区別の必要性にも乏しいので，法適用通則法35条はこれらをまとめて定めている。

Ⅱ　成年後見

1　準拠法の決定

　（1）　総　　説　　制限能力者の保護のための制度としてはその者の属人法によることになるが，外国に居住する者の保護の実効性からみると本人の住所地または常居所地法主義，財産所在地法主義が主張される。ハーグの1961年「未成年者の保護に関する官憲の管轄及び準拠法に関する条約」は，未成年者保護について，未成年者の常居所地法主義を採用しているが，1996年の「親責任及び子の保護措置についての管轄権，準拠法，承認，執行及び協力に関する条約」，

2000年の「成年者の国際的保護に関する条約」も，原則として被保護者の常居所地法を準拠法とする（管轄を定め，その法廷地法を準拠法とするという形で）。もっとも，未成年者保護と成年者保護とでは，①法律上の保護者が存在するか，②財産の保有状況，などの点において違っている。

(2) 法適用通則法35条　法適用通則法35条は，国際裁判管轄権についてはふれることなく，準拠法を定めている。

(ア) **原　則**　後見等の準拠法については，属人法主義の場合には後見人等と被後見人等のいずれに着目すべきか問題となるが，法適用通則法35条1項は，後見，保佐，補助をまとめた規定として，被後見人等の保護のためにそれらの者の本国法によらしめる原則を明らかにしている。変更主義であり，また，反致も問題となり得る。

(イ) **例　外**　法適用通則法35条2項は，1項の例外として，外国人が被後見人等であるときに，後見人等の選任の審判等の裁判所による保護措置に限定して，日本法によるべき場合として，2つの場合をあげる。すなわち，後見等の準拠法は，①本国法上後見開始原因があっても日本において後見事務を行う者がない場合，②（法適用通則法5条により）外国人について日本において後見開始の裁判がなされた場合には，日本法によるものと定める。

①の場合には，裁判所による後見人等の選任の保護措置については，日本の国際裁判管轄権が認められ，日本法による後見人等の選任が認められる。②の場合には，5条による後見開始等の審判がわが国でなされたときは，外国人については，その者がわが国に居住する場合であるので，日本の国際裁判管轄権が認められ，外国所在の日本人についても，後見等に関する審判の国際裁判管轄権が認められることになる。

2　準拠法の適用

（**1**）　一般的適用範囲　　後見に関する諸問題，つまり後見等の開始原因（未成年後見の開始など。任意後見契約についても，契約の準拠法によるとする説もあるが，これによる。ただし登記の問題などが生じうる）・後見人等の選任・解任（法人については従属法により制約を受けるか問題が残る），後見人等の権利義務，後見監督人等の指定・選任とその職務，後見等の終了などが後見の準拠法による。ある者が未成年か否かも，後見の準拠法によるという見解もあるが，これまでの通説は，後見の先決問題として法適用通則法４条によらしめる。

　２項１号の後見等は，本国法による後見等に対する補充であるので，本国の後見人等が十分に職務を行える場合には（本国における裁判の承認を含めて），日本法の規定にかかわらず，終了する場合がありうる。

（**2**）　親権と後見の関係　　未成年者については親権による保護が優先するので，まず法適用通則法32条による。しかし，両者の準拠法の間においては適応問題が生じ得る。一般に親権の消滅が後見の先決問題となるので，親権の準拠法上親権が消滅し後見が開始しても，後見の準拠法上なお親権が消滅せず後見も開始していないときには，先決問題たる親権の準拠法に従って，本問題たる後見の準拠法上も親権消滅として後見を開始すべきである。しかし，逆に親権の準拠法においては親権が消滅していないときに，後見の準拠法によって親権が消滅し後見が開始するときには，親権を優先させるのが１つの解決法であろう。

（**3**）　時間的適用範囲　　法適用通則法35条の時間的適用範囲については，附則２条および３条７項参照。

Ⅲ　未成年後見

1　総　　説

　成年後見が事理弁識能力の不十分な者を保護する制度であるのに対して，未成年者の後見については，それとは異なる制度が必要とされる。これは，子の保護の制度の延長としての，補充的な保護といってよい。未成年後見は，①第一義的な保護者（親）の存在，②財産の保有状況などにより，成年後見とは，その保護の在り方に違いがある。すなわち，本人の事理弁識能力に基づく保護ではなく，要保護年齢に基づく一律の保護といってもよい。したがって，一義的には親により子は保護されるべきであるが，保護者としての親（養親を含む）がその責任を果たせなくなったときに，初めて未成年者の保護として未成年後見が考えられる。

2　未成年後見の準拠法

　(1)　未成年後見は，未成年被後見人の不十分な能力を補充し，保護する制度であるので，まず，親権の準拠法により保護され，親権が働かない状況の下では，補充的に未成年後見を開始することとなる（後見の準拠法によれば後見開始原因がなくとも）。そして，そのためにどのような後見を開始するかは後見の準拠法，すなわち，法適用通則法35条1項による被後見人の本国法によることとなる。

　(2)　国際裁判管轄　　被後見人の本国法によると，裁判所等の公的機関が後見事務の監督などの保護措置をとることがあるので，その機関の国際的裁判管轄が問題とされる。わが国においては，平成30年の人事訴訟法等の改正により，未成年後見人の選任に関する裁

判管轄の規定が新設された（家事3条の9）。そしてこれは，成年後
見の場合（法適用通則法5条）と同様に，日本の裁判所は「未成年被
後見人となるべき者若しくは未成年被後見人……の住所若しくは居
所が日本国内にあるとき又は未成年被後見人となるべき者等が日本
の国籍を有するときは，管轄権を有する。」。ただし，未成年後見人
の選任時以降の審判，例えば，後見人辞任の許可・解任・未成年後
見監督人の選任などの審判事件については，規定は設けられなかっ
た（第26章Ⅲ**3**(**3**)(イ)⑤参照）。

第24章　相　　続

I　総　　説

　ある人が死亡した場合の，その者の財産または身分の承継をいう。身分法と財産法，実体法と手続法の交錯する領域であり，また先決問題を伴い，実質法上の解決が国により大きく相違するなど，昔から争いの多い分野である。

II　準拠法の決定

1　総　　説

（**1**）　相続法制の相違　　実質法上，ローマ法に由来する被相続人から相続人への直接の財産そのほかの承継を定める包括承継主義と，英米法系でとられる，相続財産がいったん人格代表者に帰属し，その者による管理・清算の後に残余積極財産の相続人への分配と移転が行われる特定承継主義（管理清算主義）があり，準拠法の決定，手続的処理において複雑な法の抵触をもたらしている。

（**2**）　相続の準拠法　　条例理論以来とられてきた，不動産についてはその所在地法，動産については被相続人の死亡当時の住所地法を適用する相続分割主義（動産・不動産区別主義，異則主義）と，19世紀に主にドイツ，イタリアで起こった動産不動産を区別せず，両者をともに被相続人の属人法によらしめる相続統一主義（動産・不

動産統一主義，同則主義）がある。

2　相続分割主義

　相続分割主義については，不動産が複数の地に所在する場合に，準拠法，ひいては不動産をめぐる権利・義務関係が複雑となり，また動産についても住所の決定が国により異なる可能性があるという批判がなされている。この立場は，主として英米法で採用されている。ただし，英米では相続は直ちに生じるのではなく，管理清算主義に立っているため，清算後の積極財産について分割主義が妥当するにすぎない。フランスなどは，大陸法の包括承継主義をとりながら，抵触法上は相続分割主義に立つ。

3　相続統一主義

　相続統一主義については，実際に手続の行われる財産所在地及び利害関係人の利益を無視し，被相続人を中心とする親族関係の立場を重視するものである，とくに被相続人の本国法主義では財産所在地の利害関係人も被相続人の本国法をいちいち調査する必要がある，と批判されているが，主として大陸法で採用されている。動産と不動産を区別することの合理性がなくなり，また両者の区別が必ずしも明確でないなどから，相続の準拠法が財産の偶然的な所在地により決まり，家族の期待に沿わなくなるとして，最近では一般に統一主義が強まっている。大陸法における相続は包括承継であり，遺産は相続人に直接に移転する（物権等の準拠法によらない移転である）。

4　ハーグ条約

　1989年のハーグ「死亡による財産の相続の準拠法に関する条約」

（未発効）によれば，相続統一主義を原則とし，国籍と常居所地を主たる連結点とするが，被相続人による一定の範囲の相続準拠法の選択や相続契約に関する規則を含むほか，一部両主義の妥協が図られている。なお，1973年のハーグ「被相続人の財産の国際的管理に関する条約」が1993年 7 月 1 日に発効している（チェコ共和国，スロヴァキア，ポルトガルが批准）。

5　法適用通則法の規定

　法適用通則法は大陸法の伝統に従って相続統一主義を採用し，被相続人の本国法によらしめている。反致（法適用通則法41条）の適用があるので，被相続人の本国の国際私法によりわが国の法が準拠法として指定されている場合には，日本法による。不動産所在地としての反致については相続統一主義の見地から異論はあるが，通説は認めている。

6　国際裁判管轄

　民事訴訟法 3 条の 3 は，12号において相続権もしくは遺留分に関する訴えまたは遺贈その他死亡によって効力を生ずべき行為に関する訴えについては，相続開始時の被相続人の住所→居所→最後の住所が日本国内にあるときに，日本の裁判所の管轄を認めている。13号は12号に当たらない相続債権その他相続財産の負担に関する訴えについても12号の定めに従うものとする（詳細はⅣ(**1**)参照）。

　相続に関する審判事件についてはⅣ(**2**)参照。

Ⅲ　準拠法の適用

1　総　　説

　相続に関するすべての問題に適用され，財産相続に限らず身分相続，包括的な相続のみならず特定相続，また法定相続だけでなく任意相続（遺言相続）をも含んでいる。次のような諸問題が相続の準拠法による。

2　適用範囲

　(1)　相続開始の原因・時期・場所　　法適用通則法6条によって日本の裁判所が失踪宣告を行う場合にも，法例6条の場合と異なり，失踪宣告の効果は死亡の擬制にとどまり，相続の開始原因・時期の問題は本国法による。

　(2)　相続人　　相続人が誰かは相続準拠法によるので，相続人の範囲，相続能力（胎児，法人の），相続欠格，相続人の廃除に関する諸問題（東京高決平23・5・9），相続順位などがこれによる。法人の相続能力は，まずその従属法がそれを認めなければならない。

　(3)　相続財産　　相続財産を構成する財産の範囲は相続の準拠法によるが（株式について東京地判平22・11・29参照），個別財産の準拠法，例えば，物についてその所在地法や，不法行為による損害賠償請求権に関する不法行為の準拠法により，それらが相続財産となることを認められていない場合には相続財産とはなり得ない，とされる（大阪地判昭62・2・27）。この事案に関していえば，相続準拠法上，債務の承継がないのではなく，人格代表者に信託的に帰属しているので，損害賠償請求は認められている。「個別準拠法は総括準

拠法を破る」の原則（214頁以下参照）によるというが疑問である。もっとも，外国に所在する財産についての相続を被相続人の本国法により統一的に処理しても，所在地においてこれが認められるかは別問題であり，実際上これを認めざるを得ない場合もあり得る。

　最判平6・3・8は，中華民国籍の被相続人が残したわが国に所在する土地・建物について，日本人の母が，その子らの相続持分を親権者として第三者に譲渡する契約を締結し，その持分移転登記も完了していたところ，その子らが中華民国法上の，分割前の遺産は「公同共有」であり，その処分には共有者全員の同意が必要で，譲渡契約にはその同意がなく，契約が無効であると主張した事例についての判断を示している。それによると，共同相続人が遺産分割前にその遺産の持分を処分しうるか否かは相続の効果に属するので相続準拠法によるが，その処分が権利移転の効果を有するかどうかは，物権の問題として目的物の所在地法（法例10条2項〔法適用通則法13条2項〕）により，共同相続人の処分権の制限についての公示方法もないから，日本法により処分は有効であるとした。性質決定により問題を解決するものであるが，これが相続による合有物の処分である以上，合有物の相続について公示方法がないことは性質決定の基準とはならないであろう（また，わが国と同じように統一主義をとる台湾の立場は尊重されるべきであろう）。

　相続財産の移転もこれによるが，英米法においてとられる管理清算主義，すなわちわが国のような大陸法系における被相続人の死亡と同時に財産が相続人に移転する包括承継主義と異なり，被相続人の財産をいったん死者の人格代表者である遺産管理人または遺言執行人に信託的に帰属させ，それらの者による財産関係の管理清算を経た後に，残る積極財産についてのみ相続人への移転を行う立場に

おいては，このような管理清算が相続準拠法によって命じられてい
ても，それについての一般的手続を持たないわが国においては実行
できない場合が生じる。法廷地手続法によってどのようにこれを可
能とするかは，適応問題である。

　⑷　相続の承認および放棄　　自らの本国法によらなければ義務
を課せられることはないので相続人の本国法によるべきであるとす
る少数説もあるが，相続準拠法によるのが通説である（相続放棄の
申述の可否についても相続の準拠法による。東京地判平13・5・31，東京
地判平23・6・7）。

　⑸　相続分，寄与分および遺留分　　相続分，寄与分および遺留
分については相続の準拠法による。遺留分減殺（遺留分侵害）につ
いては，東京地判平20・12・24，遺留分の放棄許可について，東京
家審昭49・1・29参照。

　⑹　遺言相続　　遺言による財産処分の可否，その可能な範囲は
遺言自体の問題ではなく，相続の準拠法による。

　⑺　相続財産の管理　　相続準拠法によらしめる立場と，財産所
在地法によらしめる立場があるが，多数説はなお相続準拠法によら
しめる。英米法上の遺産管理人の選任およびその職務権限の問題も
これによる。また遺言執行者の選任も遺言の内容的実現の問題であ
るので相続の準拠法による。しかし，英米法が準拠法となる場合，
これらの者の選任，権限，手続が管理清算主義によってわが国とは
全く異なっているために，適応問題が生じる。

　相続人があることが明らかでない場合に相続財産を管理し，債権
者・受遺者への弁済，相続人の捜索などを行う必要があり，そのた
めに相続財産管理人を選任する必要がある。これが不在者の場合と
類似の機能を有するということで財産管理の実効性から財産所在地

法によらしめるという立場と，やはり最終的な相続についての処理
を行うので相続に関わる問題として相続の準拠法によらしめる立場
とがあるが，多数説は後者による。

(8)　特別縁故者　　わが民法（958条の3）は特別縁故者への財産
分与について定めているが，これは相続の問題ではなく，むしろ相
続人不存在のときの相続としてではない財産処理の一環であるから
財産所在地に密接な関係を有するので，財産所在地法によるとする
のが多数説であろう。

(9)　相続人の不存在　　諸国において国庫その他の類似団体が相
続財産を取得するという法制が認められているが，実質法上これが
相続と性質決定されている場合と無主物の先占によると解されてい
る場合とがあり，国際私法上も相続説と先占説または属地説がある。
しかし，相続人が存在しない場合の財産処理であるから，相続では
なく属地説により，財産所在地の法による，というのが多数説であ
る（大阪高決昭40・11・30，東京家審昭41・9・26）。

Ⅳ　相続事件に関する国際裁判管轄

(1)　相続に関する民事訴訟に関する国際裁判管轄は，民事訴訟法
3条の3第12号および13号が定めている。すなわち，12号は，相続
権もしくは遺留分に関する訴えまたは遺贈その他死亡によって効力
を生ずべき行為に関する訴えについては，相続開始の時における被
相続人の住所が日本国内にあるとき，住所がない場合または住所が
知れない場合には相続開始の時における被相続人居所が日本国内に
あるとき，居所がない場合または居所が知れない場合には被相続人
が相続開始の前に日本国内に住所を有していたとき（日本国内に最

後に住所を有していた後に外国に住所を有していたときを除く）に，日本の裁判所が国際裁判管轄を有するものとしている，次に，13号は，相続債権その他相続財産の負担に関する訴えで12号に掲げる訴えに該当しないものについて，12号と同様の管轄を認める。

　(2)　相続に関する審判事件に関する国際裁判管轄は，平成30年の人事訴訟法等の改正により，家事事件手続法３条の11が新設された。これについては，第26章Ⅲ**3**(**3**)(イ)⑦，⑦—１，⑦—２参照。

第25章　遺　　言

Ⅰ　実質的成立要件および効力（準拠法の決定および適用）

1　総　　説

　遺言も属人法によるべき問題であるとして，わが国においては遺言成立当時の遺言者の本国法による。

2　成立および効力

　遺言も法律行為であるが，遺言の成立・効力とは，遺言という意思表示により当事者がなそうとする，その実質的な内容をなす遺贈，認知などの問題ではなく，遺言という意思表示自体の問題を指し，遺言の成立に関する遺言能力，遺言の意思表示の瑕疵や遺言の効力である遺言の意思表示の効力発生時期，その拘束力が対象とされている。遺贈（法適用通則法36条）や認知（29条）の成立・効力などの問題は，それぞれの準拠法による。

　遺言の検認については，一定の方式による遺言に関する検認の要否は方式の問題であるが，遺言意思の確認や実質的成立要件に関する場合には，遺言の実質的内容の準拠法による。ただし，その場合にはわが国の手続との適応問題が生じ得る。

3　遺言の取消し（撤回）

　法適用通則法37条 2 項により，取消し当時の遺言者の本国法によ

る。取消しとは，遺言の任意の撤回を指し，意思表示の瑕疵による取消しは37条１項による。

　後からなされた遺言が先になされた遺言と内容的に矛盾する場合に，どちらが優先するかは，遺言の取消しではなく，遺言の実質的成立要件の問題であるとして，法適用通則法37条１項によるとするのが通説であるが，異説もある。

　わが国の遺言書の検認は証拠保全的手続であるので，国際裁判管轄権については，被相続人の最後の住居所地，遺言書の所在地，遺産の所在地，被相続人の本国がわが国である場合に認め，検認の要否・効果は，遺言の実質的内容の準拠法による。ただし，準拠法上遺言の有効・無効を判断する検認を求めている場合には，わが国の裁判所では代行できず，わが国の検認手続が認めている検認しかできない。

　なお，危急時遺言の確認に関する国際裁判管轄については，家事事件手続法３条の11第１項および２項の規定による（第26章Ⅲ**3(3)**⒤⑦─１参照）。

Ⅱ　遺言の方式（形式的成立要件）

　これには原則として，昭和39年８月２日施行の「遺言の方式の準拠法に関する法律」（昭和39年法律第100号）が適用される（法適用通則法43条２項参照）。これは1961年のハーグ「遺言の方式に関する法律の抵触に関する条約」を批准し，国内法化したものである。

　「遺言の方式の準拠法に関する法律」は，その２条において遺言保護（favor testamenti）の観点から，方式の点では遺言ができるだけ有効となるように，法適用通則法10条よりさらに多く，８つの連

結点を選択できることにしている。当事者の国籍，住所が連結点とされ，それが複数ある場合にも，法適用通則法38条１項が適用されないので重国籍，重住所のすべての国籍，住所が選択の対象となり（難民の本国法も対象となり），また連結の時もすべて対象となる。遺言を取り消す（撤回する）遺言は遺言の方式の準拠法に関する法律３条により，それ自体１つの遺言で独立の方式の準拠法により得る上に，取り消される遺言の方式によってもよいので，合計12の準拠法の中から１つを選べばよいことになる（ただし，前段と後段の関係に注意が必要である）。共同遺言はわが民法のように禁止するものもあるので，注意的に規定を置いた（ただし共同遺言の許否，要件は，法適用通則法37条１項による）。遺言の方式の準拠法に関する法律５条は，諸国の実質法上の争いを念頭に置いて，法律関係の性質決定を定め，方式は「遺言者の年齢，国籍その他の人的資格による遺言の方式の制限」のほか，必要な「証人の資格」を含む，として，1982年廃止されたオランダ民法992条のように，オランダ人について公正証書以外による遺言を禁止する規定などを方式の問題とすることを明らかにしている（74頁参照）。

　遺言の方式の準拠法に関する法律６条以下は，法適用通則法43条２項本文で，法適用通則法の適用が排除されている総論の諸問題について規定を置いている。遺言の書式の準拠法に関する法律６条は，地域により法を異にする不統一法国に属する者の本国法について定め，７条は，住所地について領土法説を採用し，住所が知れないときは居所をもってかえることとしている。８条は，法適用通則法42条に代えて公序を定めるが，適用の余地はほとんどないであろう。なお，法適用通則法41条が適用されないので，遺言の方式については反致がない。また，常居所については規定がないが，法適用通則

法39条本文の適用もなく，複数のものも許されうる（遺言の成立時と死亡時についても同様）。他方，遺言者が無国籍であるときの本国法，遺言者の常居所が知れないときの常居所地法，遺言者の本国が人的不統一法国であるときの本国法の決定については，それぞれ法適用通則法38条2項本文，39条本文および40条が適用される（法適用通則法43条2項但書）。

第26章　国際民事手続法

I　総　　説

　裁判外紛争解決方法が渉外的民事紛争の解決方法としても推奨されており，とくに仲裁については，法律の整備もなされているが，国家機関による解決，なかでも民事訴訟が典型的な紛争解決方法であることに変わりはない。国際民事訴訟の法的規律においては，それに適用される実体法（準拠実質法）が何かを決定する狭義の国際私法とあいまって，その手続法である国際民事訴訟法が，ともに「国際的私法交通の円滑と安全」を目的としているという意味で，車の両輪のように必要とされる。本章では，国際民事手続法，とくに国際民事訴訟法の概略について述べる。

　ヨーロッパ中世においていわゆる抵触法が条例理論という形で生まれたころに，バルドゥイヌス（Jacobus Balduinus）が実体法規則と手続法規則を区別し，手続法は法廷地法によることを当然の前提としたことから，「手続は法廷地法による」という原則の始まりがみられるという。旧法例13条は，当時，ヨーロッパで認められていたこの原則を明文化したものであるが，明治31年法例の制定の際には，法例に定めるべき事項ではないこと，定めなくとも自明の原則であることなどから，削除されている。わが国の裁判例はこの原則を当然のように認め，また，学説も不文の原則として認めてきている。そこで，時効，債権者代位権や証拠・証明問題などでみられる

ように実体と手続の法性決定問題がしばしば生じ，また，両者の準
拠法の間の矛盾を解決する必要性から適応問題が論じられることも
少なくない。

　渉外的紛争を裁判により解決する場合，どの国で訴訟を提起すべ
きかという問題が生じる。それはどの国の裁判所でその訴えについ
て，裁判権が認められるか，そして裁判の結果の実効性が認められ
るか，が明らかでなければならないからである。前者の問題は，国
際法上の裁判権の問題（Ⅱ）と国際裁判管轄の問題（Ⅲ）とに分か
れ，後者の問題は，外国判決の承認・執行の問題ともなり（Ⅴ），
いずれにせよ，その多くを法廷地法に委ねるべき訴訟進行手続に関
する問題の解決（Ⅳ）ともあいまって，紛争解決を訴訟によるべき
か，またどの国の裁判によるべきかの訴訟戦略にも影響を与える実
践的問題ともなる。国際私法，手続法，言語や訴訟制度等も原則と
してすべて法廷地法によるからである。

Ⅱ　民事裁判権（主権免除，裁判権免除）

1　総　　説

　いずれかの国の裁判所で，渉外民事紛争に関する訴えを提起した
際に，その裁判所がそのような事件について国際法上の裁判権を有
するか，次いで裁判権を有するとした場合にその裁判権を行使すべ
きかが問題となる。もちろんこれらの点について国際慣習法やその
国が批准した条約が存在する場合には，それに従うことがその国の
国際法上の義務ともなる。外国国家等に対する民事裁判権について
は，各国によるその行使について国際法上の制限があり，主権免除
が認められている。

2　主権免除

　主権免除については，国際連合国際法委員会起草，2004年2月国連総会採択の「国家とその財産の裁判権免除に関する国連条約」があり，わが国は未発効ながらこの条約に2007年署名，2009年国会承認を経て（平成22年5月11日受諾書寄託），これに基づき，主権免除に関する国内法として「外国等に対する我が国の民事裁判権に関する法律」を制定した（平成21年法律第24号。平成22年4月1日施行）。

　国家機関である裁判所は，外国主権国家を相手取った民事訴訟について，裁判権を行使できないという国際慣習法上の原則があり，これを主権免除，国家免除または裁判権免除という。同様に，根拠はそれぞれ異なるが，外国の外交使節・領事に対する裁判権免除，国際機関とその職員に対する裁判権免除などがある（ウィーン外交関係条約，ウィーン領事関係条約および日米，日英，日ソの2国間領事条約などによる）。

　主権免除については，沿革的に，主権国家の行為およびその財産については，無条件に他国の裁判権から免除されるという絶対免除主義が支配的であり，社会主義諸国の国営企業を相手取る民事訴訟などが常に認められなかったという経緯があるが，近時はむしろ国家の非主権的な業務管理行為，商業行為に対しては免除が及ばないという制限免除主義が多くの国で認められており，わが国においても絶対的免除主義をとっていた昭和3年の大審院決定（大決昭3・12・28）が最判平18・7・21により，判例変更されて，近時の国際慣習法に従い制限免除主義が採用された。その差戻審判決である東京高判平22・12・22は，上記判例の解釈を示しながら，その非免除事由に当たらないとして，パキスタン・イスラム共和国の主権免除を認め，原判決を取り消して訴えを却下している。また，最判平

21・10・16は，国際慣習法としての前記国連条約11条の解釈により，アメリカジョージア州港湾局の行ったわが国における職員解雇について裁判権免除を認めず，ほかにこれを認めるに足りる事情の有無および，特段の事情がない場合には本案について審理を尽くすよう，原審への差戻しを認めた。

3　外国等に対する我が国の民事裁判権に関する法律

（1）　総　説　　この法律は国連条約の実施法ではないが，その内容に準拠したものであり，外国等に対してわが国の民事裁判権が及ぶ範囲および民事の裁判手続についての特例を定めており（1条），国連条約の非締約国に対しても適用されるものとしている（もっとも，国連条約は2020年1月24日現在，締約国22ヵ国〔日本のほか，オーストリア，チェコ，赤道ギニア，フィンランド，フランス，イラン，イラク，イタリア，カザフスタン，ラトヴィア，レバノン，リヒテンシュタイン，メキシコ，ノルウェー，ポルトガル，ルーマニア，サウジ・アラビア，スロヴァキア，スペイン，スウェーデン，スイス〕，署名28ヵ国で，条約30条の30ヵ国の批准という発効要件を満たしておらず，未発効である）。

（2）　民事裁判権の行使　　わが国が承認している外国国家およびその政府機関，連邦国家の州などで主権的な権能を有するものなど（2条1号～4号参照）に対する（訴訟当事者になっている場合に限らず）わが国の民事裁判権の行使（条約等に基づく外国等の有する特権または免除を除く。3条参照）は次のように定められている。

（ア）　原　則　　外国等は，その主権的行為については免除されるのが原則である（ただし，（イ）④参照）。

（イ）　免除されない場合　　しかし，次の要件を満たす場合には，訴訟手続その他の裁判所の手続から免除されない（免除される場合に

は訴え却下)。なお，裁判権免除と国際裁判管轄権の関係について，裁判権免除の審理をも国際裁判管轄権の審理の中に含めて行うべきものとする立場もあるが，後者について規定が整備され，前者についても法律が定められた以上，前者を先行させて，その上で後者の判断をすべきものであろう。

　①特定の事項または事件について裁判権に服することの明示的な同意を与えている場合（条約その他の国際約束，書面による契約，当該裁判手続における陳述または裁判所もしくは相手方に対する書面による通知による。5条1項)。ただし，単に日本法を準拠法とする同意では足りず（5条2項)，また逆に外国等からの訴えの提起など同意が擬制される場合もある（6条)。反訴について7条参照。

　②行為の性質上商業的取引（8条1項)にあたる場合。すなわち当該契約または取引が私人が行い得る性質を有するか，具体的には，「民事又は商事に係る」物品の売買，役務の調達，金銭の貸借その他の事項についての契約または取引（ただし労働契約を除く）のうち，当該外国等と当該外国等（国以外のものにあっては，それらが所属する国。以下この項において同じ）以外の国の国民または当該外国等以外の国もしくはこれに所属する国等の法令に基づいて設立された法人その他の団体との間のものに関する裁判手続。ただし，それがその目的をも考慮して，外国等の主権を侵害する特段の事情があるときには，免除され得る。また国家等間の商業取引または当事者の明示的な別段の合意がある場合には免除される（8条2項)。

　③外国等と個人の間の労働契約であって，日本国内において労務の全部または一部が提供され，または提供されるべきものに関する裁判手続（9条1項)。ただし，9条2項が定める場合を除く。

　④10条の定める人の死傷または有体物の滅失等によって生じた損

害または損失の金銭による塡補に関する裁判手続。外国等の行為について故意過失は要件とされず，また外国等の主権的行為についても，10条の定める場合には，免除が認められない点に注意が必要である。裁判地としての最適性，被害者の裁判を受ける権利の保障を根拠とする。

　⑤11条の定める不動産に係る権利・利益等に関する裁判手続。具体的には1項1号の掲げる事項に関する裁判手続（登記に関わるもの，境界確定，明渡請求等），2号の掲げる事項に関するもの，2項に関わるものが考えられている。

　⑥12条の定める裁判所が関与を行う財産の管理または処分に係る権利・利益に関する裁判手続

　⑦13条の定める知的財産権に関する裁判手続

　⑧14条の定める団体の構成員としての資格等に基づく権利もしくは義務に関する裁判手続

　⑨15条の定める船舶の運航等に関する裁判手続

　⑩16条の定める仲裁合意に関する裁判手続

(3)　執行免除　　17条から19条は，第3節として，外国等の有する財産に対する保全処分および民事執行の手続について免除されない場合を定めている。裁判権免除がなく，外国等およびその財産に対する裁判手続が認められても，その執行を要する場合について，執行に関する主権免除が認められては，裁判の実効性が殺がれてしまうので，従来問題とされてきた，当該外国等の同意，特定目的に使用される財産，外国中央銀行等の取扱いについて規定を置いている。

(4)　民事の裁判手続についての特例（20条〜23条）　　国連条約22条に準拠して，外国等に対する訴状等の送達方法等，外国等の不出

頭の場合，勾引および過料に関する規定について，民事訴訟法の特例をもうけ，主権免除に関する制度の手続を整備している。

Ⅲ　国際裁判管轄権

1　総　　説

　渉外民事紛争に関わる訴えの提起については，裁判所がその事件について裁判管轄権を有するかがまず問題となり，その国の裁判所が国際的な事件について裁判管轄権を有するか否かを，一国内のいずれの地方の裁判所の管轄が認められるかという国内裁判管轄権または直接特別裁判管轄権と区別して，直接一般裁判管轄権とよび，判決が外国の裁判所で下され，判決国とは別の国でその効力を承認する場合に判決国の国際裁判管轄権の有無を問題とする場合を間接一般裁判管轄権とよぶ。ここでは，直接管轄権のみを取り扱い，間接管轄権の問題は，Ⅵで説明する。

　渉外的紛争・事件に関して，わが国の裁判所が裁判管轄権を有し，それを行使するか否かについては，これを直接に定めたわが国の法律はなく，また，一般的な国際法や条約も存在せず，ただ，個別の条約の中にわずかに関連規定がみいだされるにすぎなかった（ワルソー条約〔8頁参照〕28条，モントリオール条約33条，油濁損害民事条約9条参照）。また，ドイツ法のように，民事訴訟法の定める管轄規定が国際裁判にも適用されるという二重機能説に立つこともなかった。そこで，このような欠缺を補うものとして，学説は従来，いわゆる逆推知説，管轄配分説，利益考量説などに分かれていたが，逆推知説は，渉外事件について，国内土地管轄の規定によりわが国内のいずれかの裁判所に裁判籍が認められるときには，そこから日本国の

裁判管轄が逆に（つまり，本来は日本国に国際裁判管轄権が肯定されて
から初めて国内のどの地方の裁判所に裁判管轄権が認められるべきかとい
う国内土地管轄が決定されるべきであるという論理からみると全く逆に）
推知される（規定がないので手がかりから推知するほかない）という構
成をとるが，まさに論理的に逆転していることへの批判，また，国
内土地管轄からは不当な（過剰）国際裁判管轄権を引き出すことに
なるという批判（例えば，旧民事訴訟法２条２項の「最後ノ住所」）から，
むしろ国際的な裁判管轄権の場所的な分配の問題として条理による
べきであるとする管轄配分説が主張された。しかし，これでは，裁
判管轄権を定めるルールとしてはあいまいにすぎるという批判を受
けて，場面は異なるが同じく場所的な管轄配分ルールである国内土
地管轄規定を国際管轄に類推適用するという修正がなされたりして，
下級審裁判例には，いずれかの立場を支持するとみられるものがあ
った。しかし，後掲のマレーシア航空事件最高裁判決以来，財産関
係事件に関する国際裁判管轄権については判例法が確立されてきた
が，具体的な管轄規則としてはなお不明確であったので，判例理論
に従いながら，具体的な管轄規則を定立するべく，民事訴訟法及び
民事保全法の一部を改正する法律（平成23年法律第36号〔平成23年政
令第404号により，平成24年４月１日施行〕）による財産的事件に関する
国際裁判管轄権に関する規定が民事訴訟法の中に新設されるにいた
った。そこで，**2** で，財産関係事件に関する国際裁判管轄について
述べ，**3** で非訟事件および家族関係事件に関する国際裁判管轄につ
いて述べる。

2　財産関係事件に関する国際裁判管轄

　新設された民事訴訟法，民事保全法の国際裁判管轄権に関する規

定は，これまでの判例理論に従いながら，国内土地管轄の規定とその渉外性において異なる点を考慮しながら定立されたのであるが，これまでの判例理論を概観する。

(1) 総　説　マレーシア航空事件最高裁判決（昭56・10・16）の事案は，日本人ビジネスマンが，昭和52年マレーシア連邦共和国のクアラ・ルンプールでマレーシア航空の国内線往復チケットを購入し，搭乗した航空機が同国内で墜落したため死亡した。そこでそのビジネスマンの日本在住の遺族がマレーシア航空を相手取って，上記航空運送契約上の債務不履行により死亡した本人が取得した損害賠償債権を相続したとして，損害賠償請求訴訟を名古屋地方裁判所に提起したものである。第一審名古屋地裁判決（昭54・3・15）は，わが国に国際裁判管轄が存在しないとして訴えを却下したが，その控訴審名古屋高裁判決（昭54・11・12）は，マレーシア航空が東京に営業所を有していることから，営業所所在地として，また遺族の住所地を義務履行地として，わが国の裁判権を認めたので，マレーシア航空が上告した。上告棄却。

　その理由は①国の裁判権はその主権の一作用であり，裁判権の及ぶ範囲は原則として主権の及ぶ範囲と同一であるから，被告が外国に本店を有する外国法人である場合はその法人が進んで服する場合のほか日本の裁判権は及ばないのが原則である，②しかし，その例外として，わが国の領土の一部である土地に関する事件その他被告がわが国と何らかの法的関連を有する事件については，被告の国籍，所在のいかんを問わず，その者をわが国の裁判権に服させるのを相当とする場合がある，③その例外である国際裁判管轄を直接規定する法規もなく，また，よるべき条約も一般に承認された明確な国際法上の原則もいまだ確立していない，④したがって，当事者間の公

平，裁判の適正・迅速を期するという理念により条理にしたがって決定するのが相当で，⑤わが民事訴訟法の国内の土地管轄に関する規定により認められる裁判籍のいずれかがわが国内にあるときは，国際裁判管轄を認めることが上記の条理にかなう（被告は「マレーシア連邦会社法に準拠して設立され，同連邦国内に本店を有する会社であるが，Ａを日本における代表者と定め，東京都港区に営業所を有する」ので日本の裁判権に服させ得る），とした。

　しかし，④を具体的に事案に即して検討することなく，また，⑤によって直接に国際裁判管轄を決定するかのような表現をとったので，管轄配分説からの批判を受け，また逆推知説からも推認の過程が明瞭でないとする批判を受けた。その後，下級審裁判例が，⑥として，⑤によって肯定されうる国際裁判管轄を認めることが条理に反する「特段の事情」が存在する場合には，わが国の国際裁判管轄を否定するべきであるという要件を付加するに至り，最判平９・11・11は，この点について判断を下したものである。事案は外国車の輸入販売を業とする日本法人が，ドイツに居住する日本人に対して欧州各地から自動車を買い付けるという業務を委託して，その買付資金として預けたいわゆる預託金について，その後の取引の中で，その残金の返還を求めたが，応じなかったので，義務履行地としてのわが国の国際裁判管轄を主張して，預託金返還訴訟を提起したというものであった。第一審，控訴審ともにわが国の国際裁判管轄を認めなかったので，日本法人が上告した。最高裁は⑤を認める「ことが当事者間の公平，裁判の適正・迅速を期するという理念に反する特段の事情があると認められる場合には，我が国の国際裁判管轄を否定すべきである。」として，⑥を認めることとなり，判例法を形成するに至った。

　民事訴訟法3条の2以下の規定は，おおむね判例上形成されてきた以上の一般的ルールを踏襲し，しかし渉外法的理念を考慮しながら具体的な国際裁判規定を定めているが，なお，特別事情による却下が認められている。

(2)　民事訴訟法の定める国際裁判管轄権

　(ア)　総　説　　伝統的に土地的裁判管轄権は，①人自身に対する裁判管轄権と，②個別・特別の法律関係についての裁判管轄権に分けられ，前者は人の存在を根拠にその人に対する一般的管轄権を認め（したがって，その人に関わるすべての法律関係に及ぶ），後者は人の活動範囲から生じる各種の単位法律関係に関する裁判管轄権を認める。民事訴訟法は，したがって，第1編総則，第2章裁判所の中に第1節「日本の裁判所の管轄権（第3条の2─第3条の12）」として，国際的土地管轄権について，一般国際裁判管轄権と特別（個別）国際裁判管轄権の定めを置き，さらに，通則的な管轄権規定をもうけている。以下これらについてその概略を述べる。

　(イ)　一般国際裁判管轄権（民事訴訟法3条の2）　　人に対する訴えについては，「原告は被告の法廷に従う（actor sequitur forum rei)」に従い，渉外訴訟においても，当事者間の公平から，被告の所在がわが国にある場合にわが国の国際裁判管轄権が認められる。

　①自然人については，被告の住所，住所がない場合または住所が知れない場合にはその居所がわが国にある場合には，わが国の国際裁判管轄権が認められる。その者の居所もなく，または居所が知れない場合には，「訴えの提起前に日本国内に住所を有していたとき（日本国内に最後に住所を有していた後に外国に住所を有していたときを除く。）」にわが国の国際裁判管轄権を認める（3条の2第1項）。国内土地管轄の民事訴訟法4条の「最後の住所」が国際的な

過剰管轄にならないように配慮した規定である。

②「大使，公使その他外国に在ってその国の裁判権からの免除を享有する日本人に対する訴えについて」は，外国において裁判権免除特権を有する日本人については，①に定める日本における所在がない場合についてもわが国の国際裁判管轄権を認め，裁判拒絶にならないように配慮している（3条の2第2項）。

③法人その他の社団または財団に対する訴えについては，その団体のわが国における所在とは，定款上または実質的な「その主たる事務所又は営業所」であり，それがなくまたはその所在地が不明である場合には，団体の代表者等（「代表者その他の主たる業務担当者」）のわが国における所在をもってその団体のわが国における存在を確認し，わが国の国際裁判管轄権を認めている（3条の2第3項）。

　(ウ)　特別（個別）国際裁判管轄権（民事訴訟法3条の3）　人および企業の活動から派生する法律関係のうち，管轄権の基礎となる単位法律関係（管轄原因）について，それに絞ってわが国との関連性が認められる場合に，わが国に認められる特別国際裁判管轄権が定められている。

①契約上の債務の履行の請求を目的とする訴えまたは契約上の債務に関して行われた事務管理もしくは生じた不当利得に係る請求，契約上の債務の不履行による損害賠償の請求その他契約上の債務に関する請求を目的とする訴えについては，契約において定められた当該債務の履行地が日本国内にある場合，または契約において選択された地の法によれば当該債務の履行地が日本国内にある場合（3条の3第1号）。

国内土地管轄に関する民事訴訟法5条1号の財産権上の訴えの趣旨を国際裁判管轄について契約上の債務の履行の請求を目的とする

訴えに限り，契約上の債務から派生する事務管理・不当利得に係る請求もしくは契約債務不履行から生じる請求を目的とする訴えをも含めて，ⓐ契約上定められた履行地がわが国内にある場合，例えば，契約条項が履行地を定め，またはインコタームズの貿易条件を定めており，その地が日本国内にあるとき。ⓑ契約において法選択を行っており，その法によれば当該債務の履行地が日本国内にあるとき，すなわち，法適用通則法7条による法選択があるとき。これによればウィーン売買条約が直接適用される場合に，その規定により当該債務の履行地が日本国内にあるときは含まれない（3条の3第1号）。なお，「契約」の存在についての証明については，検討を要する。

　②手形または小切手による金銭支払の請求を目的とする訴えについては，支払地が日本国内にある場合（3条の3第2号）。5条2号と同趣旨の規定である。

　③財産権上の訴えについては，ⓐ請求の目的が日本国内にある場合，またはⓑ当該訴えが金銭の支払を請求するものである場合で，差し押さえ可能な被告の財産が日本国内にあるとき（その財産の価額が著しく低いときを除く）。ⓑにおいて，強制執行をしても債権回収を図ることができない場合を除くことが主眼であるので，請求金額との均衡を必ずしも要するものではなく，過剰管轄にならない程度の財産の所在を要する趣旨である（3条の3第3号）。

　④事務所または営業所が日本にある者に対する訴えで，その事務所または営業所における業務に関するものについては，その限りで，わが国の国際裁判管轄権が認められる。業務の中心となる営業所等はその業務については住所に準ずるものと見ることができるということを理由とするのであれば，むしろ，(イ)のところで規定すべきであるので，ここでは，業務のわが国における所在，わが国における

業務の実行（抽象的業務ではなく）を理由とするものと解しておく（3条の3第4号）。マレーシア航空事件の事案については，したがって，この規定を根拠としては日本の国際裁判管轄権を認めることはできない。

　⑤日本において事業を行う者（日本において取引を継続してする外国会社〔会社法（平成17年法律第86号）第2条第2号に規定する外国会社をいう〕を含む）に対する訴えについては，当該訴えがその者の日本における業務に関するものであるとき（3条の3第5号）。これも日本における業務の存在を根拠とし，その業務に関する訴えが問題とされている。④では事務所・営業所の存在を前提とするが，ここではそれを要件としない。日本における取引といえるものがあることが必要である。一般国際裁判管轄権としては定められていない。

　⑥船舶債権その他船舶を担保とする債権に基づく訴え（海事に関する訴え）については，当該船舶が日本国内にあるとき（3条の3第6号）。

　⑦会社その他の社団または財団に関する訴えで3条の3第7号においてイ～ニに掲げる当該団体における資格を有したもの，有する者に対する訴えについては，社団または財団が法人である場合にはそれが日本の法令により設立されたものであるとき，法人でない場合にはその主たる事務所または営業所が日本国内にあるとき。被告の住所がわが国に所在することを問わない。

　⑧不法行為に関する訴えについては，不法行為があった地が日本国内にあるとき（外国で行われた加害行為の結果が日本国内で発生した場合において，日本国内におけるその結果の発生が通常予見することのできないものであったときを除く）（3条の3第8号）。不法行為とは広く違法行為を含んでおり，知的財産権の侵害に基づく損害賠償請求お

よび差止請求も含まれる。不法行為地には，加害行為地と結果発生地を含むが，後者については，法適用通則法17条と異なり二次的な結果発生をも含む余地がある。いずれにせよ，被告の応訴の負担，当事者間の公平から見て，結果発生の（主観的なものでない）通常の予見可能性を要件とする。なお，不法行為ないしそれに基づく損害がわが国で発生した客観的事実の証明が必要であるとするのが最判平13・6・8である（一応の証明説は退けられた）。

　⑨船舶の衝突その他海上の事故に基づく損害賠償の訴えについては，損害を受けた船舶が最初に到達した地が日本国内にあるとき（3条の3第9号）。なお，仙台高判平23・9・22参照。

　⑩海難救助に関する訴えについては，海難救助があった地または救助された船舶が最初に到達した地が日本国内にあるとき（3条の3第10号）。

　⑪不動産に関する訴えについては，当該不動産が日本国内にあるとき（3条の3第11号）。ただし後述のようにこれは専属的管轄権とはされていない。

　⑫相続権もしくは遺留分に関する訴えまたは遺贈その他死亡によって効力を生ずべき行為に関する訴えについては，相続開始の時における被相続人の住所が日本国内にあるとき，住所がない場合または住所が知れない場合には相続開始の時における被相続人の居所が日本国内にあるとき，居所がない場合または居所が知れない場合には被相続人が相続開始の前に日本国内に住所を有していたとき（日本国内に最後に住所を有していた後に外国に住所を有していたときを除く）（3条の3第12号）。相続財産がわが国に所在しないときにも，管轄権が認められる。なお，東京高決平23・5・9参照。

　⑬相続債権その他相続財産の負担に関する訴えで民事訴訟法3条

の３第12号に掲げる訴えに該当しないものについては，同号に定めるとき（３条の３第13号）。

　⑭消費者（個人〔事業としてまたは事業のために契約の当事者となる場合におけるものを除く〕をいう。以下同じ）と事業者（法人その他の社団または財団および事業としてまたは事業のために契約の当事者となる場合における個人をいう。以下同じ）との間で締結される契約（労働契約を除く。以下「消費者契約」という）に関する，ⓐ消費者からの事業者に対する訴えは，訴えの提起の時または消費者契約の締結の時における消費者の住所が日本国内にあるときは，日本の裁判所に提起することができる（３条の４第１項）。法適用通則法11条において，消費者契約の特則が新設されたが，事業者と比べて弱者である消費者の利益になる管轄原因がない限り，消費者保護は空振りとなるおそれがあり，ブリュッセル条約などにならって，消費者契約に関する特則が置かれた。ⓑ事業者から消費者に対する訴えについては，民事訴訟法３条の３の特別国際裁判管轄権の規定の適用がないこととして，消費者の住所地の一般裁判管轄権によるもの（３条の２第１項），または有効な合意管轄に基づくもの（ただし後述のように，これについても消費者保護による制限が付されている。３条の７第５項参照）または消費者の応訴によるもの（３条の８）に限ってその裁判管轄権を認めている（３条の４第３項）。なお，仲裁合意に関する特則については，仲裁法附則３条参照。

　⑮労働契約の存否その他の労働関係に関する事項について個々の労働者と事業主との間に生じた民事に関する紛争（以下「個別労働関係民事紛争」という）に関する訴えについても労働者保護の観点から特則が置かれ（一般の民事紛争，集団的な労働紛争，募集および採用に関する紛争等は対象とされていない），ⓐ労働者から事業主に対する訴えに

ついては，その裁判所に対するアクセス確保の観点から，個別労働
関係民事紛争に係る労働契約における労務の提供の地（その地が定
まっていない場合にあっては，労働者を雇い入れた事業所の所在地）が日
本国内にあるときは，日本の裁判所に提起することができるものと
する（3条の4第2項）。この労務の提供地は，法適用通則法12条が
複数の労務提供地の中から1つに絞るのと異なり，契約上の形式的
な労務提供地ではなく現実のそれを対象に，裁判所に対するアクセ
ス確保の観点から，日本国内で労務提供がある限り，日本の裁判管
轄権を認めるものである。

　ⓑ事業主からの労働者に対する訴えは労働契約の存否その他の労
働関係に関する事項についての訴えについても，民事訴訟法3条の
3を適用せず（3条の4第3項），労働者の住所地がわが国にあると
き（3条の2第1項），または有効な合意管轄に基づくもの（ただし後
述のように，これについても労働者保護による制限が付されている。3条
の7第6項参照）または労働者の応訴によるもの（3条の8）に限っ
てその裁判管轄権を認めている。

　(エ)　その他の管轄権規定

　　(ⅰ)　管轄権の専属（3条の5）　　①ⓐ会社法第7編第2章に規
定する訴え（同章第4節および第6節に規定するものを除く），ⓑ一般社
団法人及び一般財団法人に関する法律（平成18年法律第48号）第6章
第2節に規定する訴え，ⓒその他これらの法令以外の日本の法令に
より設立された社団または財団に関する訴えでこれらに準ずるもの
の管轄権は，日本の裁判所に専属する（同条1項）。いずれも日本の
法令により設立された社団または財団のみを対象としており，外国
の法令により設立されたそれらの団体についてはその設立準拠法所
属国の管轄に服するものとしている。ⓐにおいて特別清算に関する

訴えが除かれているのは，それが倒産に属する手続であるからであり，清算持分会社の財産処分の取消しの訴えが除かれているのは，通常詐害行為取消しの訴えであるからである。ⓒにあげられるものは，重要規定はないもののそれぞれ団体固有性が強く，法律関係の画一的処理の必要性が高いもので，例えば保険業法30条の8第6項に定める訴え，弁理士法55条1項の訴えなどがあるとされる。

　②登記または登録に関する訴えの管轄権は，登記または登録をすべき地が日本国内にあるときは，日本の裁判所に専属する（同条2項）。知的財産権の登録に関する訴えのように，登記・登録をすべき地がわが国にあるときは，それに関する訴えはわが国の専属的裁判管轄権に服するものとする。しかし，登記等をすべき地が外国にあるときには，ほかに管轄原因があっても訴えは却下される。

　③知的財産権（知的財産基本法〔平成14年法律第122号〕2条2項に規定する知的財産権をいう）のうち設定の登録により発生するものの存否または効力に関する訴えの管轄権は，その登録が日本においてされたものであるときは，日本の裁判所に専属する（同条3項）。日本の特許権等（特許権のほか，実用新案権，意匠権，商標権，育成者権などのその成立に登録を要する知的財産権）は日本の行政処分により付与されるので，その権利の存否や有効性については，登録国たる日本の裁判所が最もよく判断できることから，日本の専属的裁判管轄権が定められている。これらの権利の帰属に関する争いや，侵害訴訟における権利無効の抗弁については，日本の管轄権の専属性はない。

　なお，知的財産権の侵害に係る訴えは，「不法行為に関する訴え」にあたるので，侵害行為の全部または一部が日本国内にある限り，日本の裁判所の管轄権に服する。外国の特許権等の侵害に係る訴えについては，登録国の裁判所に専属するものではなく，3条の3第

8号等の規律に服する。

　　(ⅱ)　併合請求等（3条の6，145条3項，146条3項）

　　(a)　請求の客観的併合（3条の6本文）　　一の訴えで数個の請求をする場合において，日本の裁判所が一の請求について管轄権を有し，他の請求について管轄権を有しないときは，当該一の請求と他の請求との間に密接な関連があるときに限り，日本の裁判所にその訴えを提起することができる。国際的事案における被告の応訴の負担や裁量移送がないことを考慮して，「密接な関係性」を要件として（前掲最判平13・6・8参照），訴えの客観的併合を認めている。

　　(b)　請求の主観的併合（3条の6但書）　　数人からのまたは数人に対する訴えについては，38条前段に定める場合に限る。すなわち「訴訟の目的である権利又は義務が数人について共通であるとき，又は同一の事実上及び法律上の原因に基づくときは，その数人は，共同訴訟人として訴え，又は訴えられることができる。」東京地判平22・11・30は，有効な専属的な管轄合意がある場合についても主観的併合を認めているが，専属的な管轄の合意に反する併合請求を認めることは，禁反言の法理に反してまでのとくに強い併合の必要性（密接な関係性）を要するものといえよう。

　　(c)　反訴（146条3項）　　民事訴訟法146条3項，「日本の裁判所が反訴の目的である請求について管轄権を有しない場合には，被告は，本訴の目的である請求又は防御の方法と密接に関連する請求を目的とする場合に限り，第1項の規定による反訴を提起することができる。ただし，日本の裁判所が管轄権の専属に関する規定により反訴の目的である請求について管轄権を有しないときは，この限りでない。」とする。密接な関連性は，3条の6と同様に，反訴の目的である請求と本訴の目的である請求または防御の方法事態，

反訴請求の基礎となる事実関係（契約の同一性，原因となった行為の同一性など），請求に係る権利関係の同一性等を総合的に考慮して判断される，とされる。なお，146条1項は，「被告は，本訴の目的である請求又は防御の方法と関連する請求を目的とする場合に限り，口頭弁論の終結に至るまで，本訴の係属する裁判所に反訴を提起することができる。ただし，次に掲げる場合は，この限りでない。

　一　反訴の目的である請求が他の裁判所の専属管轄（当事者が第11条の規定により合意で定めたものを除く。）に属するとき。

　二　反訴の提起により著しく訴訟手続を遅滞させることとなるとき。」とする。

　(ⅲ)　中間確認の訴え（145条3項）　　145条3項は「日本の裁判所が管轄権の専属に関する規定により第1項の確認の請求について管轄権を有しないときは，当事者は，同項の確認の判決を求めることができない。」として，日本の裁判所が管轄権の専属に関する規定により中間確認の訴えに係る請求について管轄権を有しないときは，145条1項の中間確認の訴えを提起できないものとする。なお，145条1項は，「裁判が訴訟の進行中に争いとなっている法律関係の成立又は不成立に係るときは，当事者は，請求を拡張して，その法律関係の確認の判決を求めることができる。ただし，その確認の請求が他の裁判所の専属管轄（当事者が第11条の規定により合意で定めたものを除く。）に属するときは，この限りでない。」と定める。

　(ⅳ)　国際裁判管轄権に関する合意（3条の7）

　(a)　総　説　　最判昭50・11・28は，国際合意管轄に関するこれまでの判例である。事案は，オランダに本店を置き神戸市に営業所をもつ海運業者Yが，日本の輸入業者Aに対し運送契約上の債務不履行または不法行為に基づく損害賠償義務を負ったが，Aとの間

で積荷海上火災保険契約を締結していた日本の海上火災保険会社Ｘが，Ａに対し保険金を支払い，ＡのＹに対する上記損害賠償請求権を代位取得したとして，ＸがＹに対し，損害賠償金等の支払を求めたところ，Ｙは，船荷証券の記載に基づき，オランダ国アムステルダム市の裁判所を専属管轄裁判所とする国際的裁判管轄の合意の存在を主張したというものである。判旨は，①国際民事訴訟法上の国際的裁判管轄の合意の方式については成文法規がないので，条理によって決するが，平成8年改正前民事訴訟法25条2項の法意および諸外国の立法例に鑑み，少なくとも当事者の一方が作成した書面に特定国の裁判所が明示的に示されていれば足りる。②国際的専属的裁判管轄の合意は，当該事件がわが国の裁判権に専属的に服さずかつ指定された外国裁判所がその外国法上当該事件につき管轄権を有すれば有効であり，相互の保証の要件は必要ではない。③国際的専属的裁判管轄の合意は，それがはなはだしく不合理で公序法に違反する場合のほかは，原則として有効である，としていた。3条の7は，③についてはふれていないが，これは管轄合意の固有の要件とはいえず，当然のことであるので，現在も妥当するものと思われる（明文の要件でなくとも援用することに妨げはない。消費者契約につき東京地判平29・5・25参照）。

　　(b)　一般的規律　　①当事者は，合意により，いずれの国の裁判所に訴えを提起することができるかについて定めることができる（1項）。この合意は一定の法律関係に基づく訴えに関するものでなければならないが（2項前段），日本の裁判所の管轄権を合意する場合と外国の裁判所の管轄権を合意する場合の双方について認められ，これが専属的であるか否かは意思解釈の問題である。ただし，外国の裁判所にのみ訴えを提起することができる旨の合意は，その裁判

所が法律上または事実上裁判権を行うことができないときは，これを援用することができない（4項）。事実上裁判権を行い得ない場合とは，戦乱，天災その他の原因によりその国の司法制度が実際上機能していないような場合をいうものとされ，法律上の原因である場合も含めてそれらの場合にはわが国においては有効な妨訴抗弁とは認められないこととなる。

　②この合意の方式は，書面によるものでなければならないが（2項後段），その合意がその内容を記録した電磁的記録（電子的方式，磁気的方式その他人の知覚によっては認識することができない方式で作られる記録であって，電子計算機による情報処理の用に供されるものをいう）によってされたときは，その合意は，書面によってされたものとみなされる（3項）。なお，前掲最判昭50・11・28参照。

　③この合意は合意の当事者間でのみ妥当するのが原則であるが，海上運送契約において船荷証券が発行され，その裏面約款で管轄の合意がなされている場合には，運送契約の当事者間のみならず，船荷証券の承継人にも及ぶ。また，保険契約についても，保険契約約款の一条項としての管轄合意約款の効力は，契約の受益者にも及ぶ。

　(c)　消費者契約に関する紛争についての特則（5項）　消費者契約に関しては，約款や定型契約に事業者に有利な専属的裁判管轄合意条項が置かれることが少なくないが，消費者が契約締結時にその法的意味を理解することは困難であり，またそれを変更することは実際上できないので，国際的な場面においてはそのような合意を制限する必要が生じる。そこで，5項1号は，2号に掲げる場合を除きすべて付加的管轄合意とみなすこととして，将来において生ずる消費者契約に関する紛争を対象とする管轄権の合意について（5項柱書），「消費者契約の締結の時において消費者が住所を有して

いた国の裁判所に訴えを提起することができる旨の合意（その国の裁判所にのみ訴えを提起することができる旨の合意については，次号に掲げる場合を除き，その国以外の国の裁判所にも訴えを提起することを妨げない旨の合意とみなす。）であるとき。」にのみ，合意管轄を認めるものとしている。消費者が，契約締結時に日本に住所を有し，日本の裁判所の管轄権の合意をしている場合には，訴え提起時に外国に住所を有することとなっていても，事業者は日本で管轄権の合意に基づき訴えを提起することができる。また，消費者が，契約締結時に外国に住所を有し，その住所地国の裁判管轄権の合意をしていたときで，訴え提起時に日本またはその他の外国に住所を有するときには，事業者は当該合意により，当該外国で訴えを提起でき，その国での裁判が認められる限り，わが国では間接管轄として認められることとなろう。

　紛争が生じた後になされた管轄権の合意には，このような制限はなく，(a)一般的規律に合致している限り有効である。

　５項２号は，「消費者が当該合意に基づき合意された国の裁判所に訴えを提起したとき，又は事業者が日本若しくは外国の裁判所に訴えを提起した場合において，消費者が当該合意を援用したとき。」には，契約締結時の裁判管轄権の合意は有効である旨定めている。

　　(d)　労働関係に関する紛争についての特則（６項）　　将来において生ずる個別労働関係民事紛争を対象とする，３条の７第１項に定める裁判管轄権の合意は，５項同様に，次に掲げる場合に限り，その効力を有する。

　「一　労働契約の終了の時にされた合意であって，その時における労務の提供の地がある国の裁判所に訴えを提起することができる旨を定めたもの（その国の裁判所にのみ訴えを提起することができ

る旨の合意については，次号に掲げる場合を除き，その国以外の国の裁判所にも訴えを提起することを妨げない旨の合意とみなす。）であるとき。

　二　労働者が当該合意に基づき合意された国の裁判所に訴えを提起したとき，又は事業主が日本若しくは外国の裁判所に訴えを提起した場合において，労働者が当該合意を援用したとき。」

　(ⅴ)　応訴による管轄権（3条の8）　　国際裁判管轄に関する規定に違反する旨の主張は，控訴審においてもできることを前提に，従って，国内裁判管轄に関する12条と異なり，「第1審裁判所において」という文言をおかずに，3条の8は，「被告が日本の裁判所が管轄権を有しない旨の抗弁を提出しないで本案について弁論をし，又は弁論準備手続において申述をしたときは，裁判所は，管轄権を有する。」として応訴による管轄を認めている。法令に日本の裁判所の管轄権の専属に関する定めがある訴えについては，応訴による管轄権の規律が適用されないことは，国際裁判管轄権の合意と同様である（3条の10）。

　(ⅵ)　特別の事情による訴えの却下（3条の9）　　裁判所は，3条の2以下の規定が定める訴えについて日本の裁判所が管轄権を有することとなる場合（日本の裁判所にのみ訴えを提起することができる旨の合意に基づき訴えが提起された場合を除く）においても，事案の性質，応訴による被告の負担の程度，証拠の所在地その他の事情を考慮して，日本の裁判所が審理および裁判をすることが当事者間の衡平を害し，または適正かつ迅速な審理の実現を妨げることとなる特別の事情があると認めるときは，その訴えの全部または一部を却下することができる。これを，確立した判例実務を踏まえたものともされるが（最判平9・11・11参照），特段の事情論は，本来国際的事

情を考慮して管轄権の存在自体を否定するものであるから，「特別の事情」は特段の事情よりは狭くなり（したがって，これまで，とくに特別裁判籍について，その存否が問題とされるが常であったのとは異なり），機能的には，裁量移送に代わるものとなろう。

　日本の裁判所にのみ訴えを提起することができる旨のいわゆる専属的な国際裁判管轄の合意に基づく訴えについては，本条の適用範囲から除外されている。当事者がこの却下を申し立てる場合には，禁反言に反するし，一般的にも管轄権の合意により管轄の有無をめぐる紛争を防止しようとした当事者の意図に反することにもなろう。

　なお，法令に日本の裁判所の管轄権の専属に関する定めがある訴えについては，本条の規律は適用しないものとされている（3条の10参照）。

　　(vii)　管轄権が専属する場合の適用除外（3条の10）　　法令に日本の裁判所の管轄権の専属に関する定めがある訴え（3条の5）については，3条の2ないし3条の9の規定を適用しない。

　　(viii)　国際的訴訟競合　　外国および日本の裁判所において，同一の事件が同時に係属する状態において，判決の矛盾抵触の回避，訴訟経済等の観点から，一定の場合には自国における訴訟を中止または却下すべきものとする規律を設けるべきであるとの案もあったが，外国の裁判所で同一の事件が係属した場合には，事案ごとに日本の裁判所において弁論等の期日の間隔を調整するなどにより柔軟に対応することが可能であり，また，中止の規律を設けた場合に中止の決定に対する不服申立てを認めると手続が遅延するおそれがあるなどの意見が大勢を占めたので，結局，国際訴訟競合についての規律は置かないこととされた。したがって，同一当事者間で同一の請求に係る訴えがわが国および外国の双方の裁判所に提起されたと

いう場合には，民事訴訟法142条の「裁判所」には外国の裁判所は
含まれないことを前提に，外国における訴訟係属をおよそ無視する
というのではなく，それを特段の事情の一要素として考慮して，わ
が国裁判所に提起された訴訟の帰趨を決するという裁判実務が（東
京地判平3・1・29等参照），3条の9により，可能かどうかが今後
の問題であろう（訴えの利益による規律もありうる）。

　(オ)　その他の関連規定

　　(ⅰ)　国内土地管轄の補足的規定（10条の2）　　これは，国内土
地管轄の規定であり，日本の裁判所に管轄権が認められる場合にお
いて，民事訴訟法または他の法令の規定により管轄裁判所が定まら
ないときは，その訴えは最高裁判所規則で定める地を管轄する裁判
所の管轄に属することを定める。

　　(ⅱ)　職権証拠調べ（3条の11）　　日本の裁判所の管轄権に関す
る事実について，裁判所は，職権で証拠調べをすることができる。

　　(ⅲ)　管轄権の標準時（3条の12）　　日本の裁判所の管轄権は，
訴えの提起の時を標準とする。15条と同趣旨である。

　　(ⅳ)　上告（312条2項2号の2）　　日本の裁判所の管轄権の専属
に関する規定に違反した判決がされた場合には，いわゆる絶対的上
告事由となる。国内土地管轄に関し，専属管轄に関する規定に違反
したことを上告の理由とする312条2項3号同様に，同項2号の2
は，国際裁判管轄に関する規律の場合も，とくに公益性の高いもの
について，日本の裁判所の管轄権の専属に関する規定を置いている
ことから，その規定に違反した場合には上告理由となりうる。

　(3)　民事保全法に関する改正（平成23年法律第36号）の概要

　本案裁判所が外国の裁判所である事案や係争物等が外国に所在す
る事案等についての，日本の裁判所における国際的な保全命令事件

においても，日本の裁判所に本案の訴えを提起するときについては，保全命令事件の従属性，裁判所の負担軽減，保全命令手続の審査の便宜から，また仮に差し押さえるべき物もしくは係争物が日本国内にあるときについては，緊急性，執行の便宜から，日本の裁判所に申立てをすることができることとするものとされる。

3　人事訴訟・家事非訟事件に関する国際裁判管轄

(1)　総　　説　　これまで人事訴訟事件のうち離婚訴訟に関する国際裁判管轄については，最大判昭39・3・25および最判平8・6・24により，一応の基準が形成されたが，ルールとしては不十分なものにとどまり，また，それ以外の人事訴訟事件については判例もなかった。他方，家事非訟事件については，後見等開始の審判および失踪宣告に関する国際裁判管轄を除き，管轄ルールはなかった。しかし，法制審議会においてこれらの問題に関する審議がなされ，採択された，「人事訴訟事件及び家事事件の国際裁判管轄法制の整備に関する要綱」が平成27年10月に法務大臣に答申され，それに基づき起草された「人事訴訟法等の一部を改正する法律」が，平成30年4月に成立し，平成31年4月1日から施行されている。

(2)　人事訴訟事件に関する国際裁判管轄

(ア)　総　　説　　人事訴訟事件としては，①婚姻の無効および取消しの訴え，離婚の訴え，協議上の離婚の無効および取消しの訴えならびに婚姻関係の存否の確認の訴え，②嫡出否認の訴え，認知の訴え，認知の無効および取消しの訴え，民法773条の規定により父を定めることを目的とする訴えならびに実親子関係の存否の確認の訴え，③養子縁組の無効および取消しの訴え，離縁の訴え，協議上の離縁の無効および取消しの訴えならびに養親子関係の存否の確認の

訴えがあげられている（人訴2条）。

　なお，夫婦の一方が他の一方に対して提起する，婚姻の取消し又は離婚の訴えにおいて申し立てられる，子の監護者の指定その他の子の監護に関する処分についての裁判および親権者の指定についての裁判（人訴32条1項・3項）は，以上のそれぞれの訴えの管轄に従うものとされる（人訴3条の4）（ただし，(ウ)③参照）。

　(イ)　一般国際裁判管轄　　当該事件がどの単位事件類型に該当するかを判断の上，それが人事訴訟事件にあたるときは，その事件の種類にかかわらず一般的に認められるわが国の裁判所の国際裁判管轄としては，被告の住所（住所がない場合または住所が知れない場合には，居所）がわが国にあれば認められる（人訴3条の2第1号）。被告が死亡しているときは，死亡時の住所がわが国にあれば足りる（同条3号）。

　人事訴訟法3条の2第1号および2号（(ウ)参照）は，住所がない場合または住所が知れない場合には居所によると定めているが，民事訴訟法3条の2第1項と同じように，世界中どこにも被告の住所がない場合または住所が知れない場合に初めて，日本にある居所により，日本の管轄が認められるのであり，どこかに住所が認められるときは日本の居所による管轄を認めないことになる。ただ，民事訴訟事件と異なり，「居所がない場合又は居所が知れない場合に訴えの提起前に日本国内に住所を有していたとき（日本国内に最後に住所を有していたときを除く。）」（民事訴訟法3条の2第1項）にわが国の裁判所の管轄を認めるものとしていない。これは民事訴訟事件と異なり必ず一般管轄を認める必要がなく，また，世界中どこにも被告の住所・居所が認められないときには，人事訴訟法3条の2第7号による原告住所地管轄を認める可能性があることにより補充さ

れる管轄原因であることを意味する。

　㈡　人事訴訟事件に特有の一般的国際裁判管轄　　当該事件が，人事訴訟事件であるときは，さらに以下の訴えの類型に当てはまる管轄原因があれば，わが国の裁判所に国際裁判管轄がある。

　①身分関係の当事者双方が日本国籍を有するとき。その一方または双方が死亡の時に日本の国籍を有していたときを含む（人訴3条の2第5号）。

　②第三者から，身分関係の当事者双方を被告とする訴え（例えば，離婚無効確認や実親子関係存否確認の訴え）では，一方または双方の被告の住所（住所がない場合または住所が知れない場合には居所。㈡後段参照）が日本にあれば足りる（同条2号）。被告が死亡していたときは，死亡時の住所が日本にあれば足りる（同条3号）。なお，身分関係の当事者がともに死亡していたときは，その一方または双方がその死亡の時に日本国内に住所を有していたときであれば足りる（同条4号）。

　③原告の住所が日本にあるときで，身分関係の当事者の最後の共通の住所が日本にあるとき（同条6号）。

　④原告の住所が日本にあるときで，被告が行方不明であるとき，被告の住所がある国においてされた当該訴えに係る身分関係と同一の身分関係についての訴えに係る確定した判決が日本国で効力を有しないときその他の日本の裁判所が審理および裁判をすることが当事者間の衡平を図り，または適正かつ迅速な審理の実現を確保することとなる特別の事情があると認められるとき（同条7号）。

　㈢　併合管轄　　合意管轄および応訴管轄は認められていないが，併合管轄が定められた。

　1つの訴えで同一の身分関係の形成または存否確認を目的とする

数個の請求をするという客観的併合は認められていないが，次のような併合による管轄が認められている。

　①訴えの変更および反訴（人訴18条2項・3項）　同一の身分関係の形成または存否確認に関する請求の変更があった場合には，変更前の請求について日本に国際裁判管轄がある限り，変更後の請求について管轄がない場合にも管轄が認められる。

　また，本訴の目的である人事訴訟に係る請求と同一の身分関係の形成または存否確認を目的とする反訴についても，管轄が認められる。例えば，本訴である離婚請求訴訟について国際裁判管轄が認められているときには，反訴である同一当事者間の婚姻無効確認請求についてもそれ自体に関する管轄の有無にかかわらず，管轄が認められることとなる。

　②関連請求（人訴3条の3）　1つの訴えで当事者間において人事訴訟に係る請求と損害賠償請求がなされるときは，人事訴訟法3条の2に従い日本の裁判所に人事訴訟事件の国際裁判管轄が認められる限り，併合管轄が認められる。例えば，離婚の訴えにおいて，他方の不貞の事実を離婚理由とし，併せて不貞の事実を不法行為の請求原因として慰謝料請求をする場合が考えられる。損害賠償請求は財産権上の訴えとして人事訴訟に係る請求とは性質を異にするが，原因となる事実関係を共通にすることから，両請求を併合しても被告の応訴の負担が増すわけではないので，関連賠償請求の併合を認めている。反訴としての損害賠償請求についても併合が認められる。

　③両親離婚時の親権者・監護権者の指定　親権者・監護権者の指定については，家事事件手続法3条の8により子の住所地に国際裁判管轄が認められるが，両親の離婚時のそれは，離婚事件に国際裁判管轄が認められる限り，子の住所地がわが国になくとも併合に

よる管轄が認められる（人訴3条の4第1項）。ただし，子の利益について十分な調査ができないなど未成年の子の利益その他の事情を考慮して，条理に反する特別の事情があるときには，例外的に親権者・監護権者の指定についてのみ却下することはありうるものとされる（家事3条の14）。また，親子間の法律関係の準拠法が日本法になるときには（法適用通則法32条），離婚時に親権者を指定しなければならないとされる場合に，親権者の指定に必要な，日本における住所をもたない子の利益の調査が十分にできないなど子の利益その他の事情を考慮して，条理に反する特別の事情がある場合には離婚事件をも却下すべき場合もありうる（人訴法3の5）。

　④財産分与　　離婚請求訴訟において，併せて財産分与も申し立てられた場合，国内事件と異なり，家事事件手続法3条の12が財産分与についての管轄を認める場合に限って，その審理・裁判を行うものとしている（人訴3条の4第2項）。ただし，同条は，離婚についても妥当する人事訴訟法3条の2の管轄原因と基本的に平仄を合わせているので，多くの場合に，離婚の訴えに併せて財産分与も審理されるものと思われる。

　㋑　特別の事情による訴えの却下（人訴3条の5）　　人事訴訟法3条の2以下の規定により日本の裁判所の管轄が認められる場合であっても，日本での裁判が，「事案の性質，応訴による被告の負担の程度，証拠の所在地，当該訴えに係る身分関係の当事者間の成年に達しない子の利益その他の事情を考慮」すると，当事者間の衡平，裁判の適正・迅速に反することとなる特別の事情があれば，訴えの全部または一部を却下することができるものとしている。民事訴訟法3条の9と同趣旨の規定であるが，人事訴訟法に特有の事情も考慮事情とされている。なお，逆の場合であって，人事訴訟法上，わ

が国の裁判所の管轄が認められないときにも，わが国の裁判所に国際裁判管轄を認める緊急管轄については明文の規定ははないが，これは緊急管轄を否定する趣旨ではなく，いかなる場合に認められるべきかは解釈に委ねられるものとされる。

(カ)　国際裁判管轄に関する総則的な定め

①証拠調べおよび管轄権の標準時については，民事訴訟法の国際裁判管轄の定めを適用する（人訴29条1項）

②人事訴訟を本案とする保全命令事件の国際裁判管轄は，民事保全法11条により本案の管轄裁判所または仮に差し押えるべき物もしくは係争物が日本国内にあるときに認められる（人訴30条）

(3)　家事審判事件に関する国際裁判管轄

(ア)　総　説　　家事事件手続法3条の2ないし3条の13は，日本法に従って管轄決定の基準となる単位事件類型を分けた上で，それぞれの国際裁判管轄を定めている。その上で，家事事件について以上の法定管轄原因が認められる場合であっても，日本の裁判所がその事件について裁判することが，当事者間の衡平，裁判の適正・迅速に反する特別の事情がある場合には，例外的に申立てを却下しうることを認めている（家事3条の14）。

なお，緊急管轄について明文の規定はないが，解釈論上認められるものとされる。応訴管轄，併合管轄は認められていない。

(イ)　個別の審判事件類型における国際裁判管轄

①不在者の財産管理に関する処分の審判事件（家事3条の2）不在者の財産の管理に関する処分の審判事件（別表第1の55の項の事項についての審判事件。家事145条において同じ）について，不在者の財産が日本国内にあるときは，国際裁判管轄がある。

②失踪の宣告の取消しの審判事件（家事3条の3）。第14章Ⅱ3(6)

参照。

　③養子縁組の成立に関する審判事件（家事3条の5）　養子縁組の許可の審判事件および特別養子縁組の成立の審判事件について，養親となるべき者または養子となるべき者の住所（住所がない場合または住所が知れない場合には，居所）が日本国内にあるときは，国際裁判管轄権がある。

　③—1　死後離縁をするについての許可の審判事件（家事3条の6）　死後離縁の許可の審判事件（別表第1の62の項の事項についての審判事件。家事162条1項・2項において同じ）について，次のいずれかの管轄原因があるときは，国際裁判管轄がある。

　　(a)　養親または養子の住所（住所がない場合または住所が知れない場合には，居所）が日本国内にあるとき。

　　(b)　養親または養子がその死亡の時に日本国内に住所を有していたとき。

　　(c)　養親または養子の一方が日本の国籍を有する場合であって，他の一方がその死亡の時に日本の国籍を有していたとき。

　③—2　特別養子縁組の離縁の審判事件（家事3条の7）　特別養子縁組の離縁の審判事件（別表第1の64の項の事項についての審判事件）について，次のいずれかの管轄原因があるときは，国際裁判管轄がある。

　　(a)　養親の住所（住所がない場合または住所が知れない場合には，居所）が日本国内にあるとき。

　　(b)　養子の実父母または検察官からの申立てであって，養子の住所（住所がない場合または住所が知れない場合には，居所）が日本国内にあるとき。

　　(c)　養親および養子が日本の国籍を有するとき。

　(d)　日本国内に住所がある養子からの申立てであって，養親および養子が最後の共通の住所を日本国内に有していたとき。

　(e)　日本国内に住所がある養子からの申立てであって，養親が行方不明であるとき，養親の住所がある国においてされた離縁に係る確定した裁判が日本国で効力を有しないときその他の日本の裁判所が審理および裁判をすることが養親と養子との間の衡平を図り，または適正かつ迅速な審理の実現を確保することとなる特別の事情があると認められるとき。

　④親権・子の監護に関する処分の審判事件（家事3条の8）　親権に関する審判事件（別表第1の65の項から69の項までならびに別表第2の7の項および8の項の事項についての審判事件。家事167条において同じ），子の監護に関する処分の審判事件（同表の3の項の事項についての審判事件。家事150条4号および151条2号において同じ。ただし，子の監護に要する費用の分担に関する処分の審判事件を除く）および親権を行う者につき破産手続が開始された場合における管理権喪失の審判事件（別表第1の132の項の事項についての審判事件。家事242条第1項第2号および3項において同じ）について，子の住所（住所がない場合または住所が知れない場合には，居所）が日本国内にあるときは，国際裁判管轄がある。

　⑤養子の離縁後に未成年後見人となるべき者の選任審判事件または未成年後見人の選任の審判事件（家事3条の9）　養子の離縁後に未成年後見人となるべき者の選任の審判事件（別表第1の70の項の事項ついての審判事件。家事176条および177条1号において同じ），または未成年後見人の選任の審判事件（同表の71の項の事項についての審判事件。家事177条2号において同じ）について，未成年被後見人となるべき者もしくは未成年被後見人（以下「未成年被後見人となるべき

者等」という）の住所もしくは居所が日本国内にあるときまたは未成年被後見人となるべき者等が日本の国籍を有するときは，管轄権を有する。

⑥扶養に関する審判事件（家事3条の10）　　夫婦，親子その他の親族関係から生ずる扶養の義務に関する審判事件（別表第1の84の項および85の項ならびに別表第2の1の項から3の項まで，9の項および10の項の事項についての審判事件。ただし，同表の3の項の事項についての審判事件にあっては，子の監護に要する費用の分担に関する処分の審判事件に限る）については，申立人でない扶養義務者または扶養権利者（子の監護に要する費用の分担に関する処分の審判事件にあっては，子の監護者または子）の住所（住所がない場合または住所が知れない場合には，居所）が日本国内にあるときは，国際裁判管轄がある。

⑦相続に関する審判事件（家事3条の11）　　相続に関する審判事件（別表第1の86の項から110の項までおよび133の項ならびに別表第2の11の項から15の項までの事項についての審判事件）について，相続開始の時における被相続人の住所が日本国内にあるとき，住所がない場合または住所が知れない場合には相続開始の時における被相続人の居所が日本国内にあるとき，居所がない場合または居所が知れない場合には被相続人が相続開始の前に日本国内に住所を有していたとき（日本国内に最後に住所を有していた後に外国に住所を有していたときを除く）は，国際裁判管轄がある（同条1項）。

⑦―1　相続開始の前に推定相続人の廃除の審判事件（別表第1の86の項の事項についての審判事件），推定相続人の廃除の審判の取消しの審判事件（同表の87の項の事項についての審判事件。家事188条1項および189条第1項において同じ），遺言の確認の審判事件（同表の102の項の事項についての審判事件。家事209条2項において同じ）または遺

留分の放棄についての許可の審判事件（同表の110の項の事項についての審判事件。家事216条１項２号において同じ）の申立てがあった場合における，家事事件手続法３条の11第１項の適用については，同項中「相続開始の時における被相続人」とあるのは「被相続人」と，「相続開始の前」とあるのは「申立て前」とする（同条２項）。

　⑦―２　家事事件手続法３条の11第１項に規定する場合のほか，推定相続人の廃除の審判またはその取消しの審判の確定前の遺産の管理に関する処分の審判事件（別表第１の88の項の事項についての審判事件。家事189条１項および２項において同じ），相続財産の保存または管理に関する処分の審判事件（同表の90の項の事項についての審判事件。家事201条10項において同じ），限定承認を受理した場合における相続財産の管理人の選任の審判事件（同表の94の項の事項についての審判事件），財産分離の請求後の相続財産の管理に関する処分の審判事件（同表の97の項の事項についての審判事件。家事202条１項２号および３項において同じ）および相続人の不存在の場合における相続財産の管理に関する処分の審判事件（同表の99の項の事項についての審判事件）について，相続財産に属する財産が日本国内にあるときは，国際裁判管轄がある（同条３項）。

　⑧合意管轄（３条の11第４項・５項）　当事者は，合意により，いずれの国の裁判所に遺産の分割に関する審判事件（別表第２の12の項から14の項までの事項についての審判事件。家事３条の14および191条１項において同じ）および特別の寄与に関する処分の審判事件（同表の15の項の事項についての審判事件。家事第３条の14および216条の２において同じ）の申立てをすることができるかについて定めることができる。すなわち，遺産の分割に関する審判事件等については，当事者間にわが国の裁判所で遺産分割に関する審判をする旨の合意があ

れば，日本の国際裁判管轄を認める。

　⑨財産分与に関する審判事件（家事3条の12）　　離婚の訴えと実質的に同様の管轄原因を定める。第19章Ⅶ**1**（**3**）参照。

　⑩嫡出否認の訴えの特別代理人の選任の審判事件（家事3条の4）嫡出否認の訴えの特別代理人の選任の審判事件（別表第1の59の項の事項についての審判事件。家事159条1項・2項において同じ）について，嫡出否認の訴えについて日本の裁判所が管轄権を有するときは，国際裁判管轄がある。

　㈡　家事調停事件（家事3条の13）の国際裁判管轄　　調停事件については次のときに，日本の裁判所が管轄を有する。

　第1に，調停を求める事項についての訴訟事件または家事審判事件について日本の裁判所に管轄があるとき（同条1項1号）。

　第2に，以上に加えて，人事訴訟のうち離婚・離縁事件に関する調停事件および人事訴訟事項以外の事項（人訴2条の掲げる訴の提起ができない事項）に関する調停事件については（同条3項），相手方の住所等が日本にあるとき（同条1項2号），または，日本の調停の申立てに関して当事者間に合意があるとき（同条1項3号。この合意については民事訴訟法3条の7第2項・3項が準用される〔同条2項〕）。

　なお，氏または名の変更許可の審判事件，夫婦財産契約による財産管理者の変更等の審判事件については，規定を設けず，裁判所の解釈に委ねるものとされた。

　㈢　特別の事情による申立ての却下（家事3条の14）　　家事事件手続法3条の2から3条の13までの規定により日本の裁判所の国際裁判管轄が認められる場合であっても（ただし，遺産の分割に関する審判事件または特別の寄与に関する処分の審判事件について，日本の裁判所にのみ申立てをすることができる旨の合意に基づき申立てがされた場合

を除く），日本での裁判が，「事案の性質，申立人以外の事件の関係人の負担の程度，証拠の所在地，未成年者である子の利益その他の事情を考慮して，日本の裁判所が審理及び裁判をすることが適正かつ迅速な審理の実現を妨げ，又は相手方がある事件について申立人と相手方との間の衡平を害することとなる特別の事情があると認めるときは，その申立ての全部又は一部を却下することができる」。民事訴訟法３条の９および人事訴訟法３条の５と同趣旨の規定であるが，家事事件手続法に特有の事情も考慮事情とされている。

　なお，緊急管轄については明文の規定はないが，いかなる場合に認められるべきかは解釈に委ねられるものとされる。

　(オ)　管轄権の標準時（家事３条の15）　　日本の裁判所の管轄権は，家事審判もしくは家事調停の申立てがあった時または裁判所が職権で家事事件の手続を開始した時を標準として定める。

　(4)　外国の裁判の効力　　外国の人事訴訟事件に関する判決については，明文はないが，民事訴訟法118条が適用されることが通説である。また，外国の家事事件に関しては，家事事件手続法79条の２が新設され，外国裁判所の家事事件についての確定した裁判（これに準ずる公的機関の判断を含む）の効力については，その性質に反しない限り，民事訴訟法118条の規定が準用される。

　(5)　民事執行法の一部改正──外国裁判所の家事事件についての確定裁判に基づく強制執行（民執22条６号）　　外国人事訴訟に係る判決に基づく強制執行は，民事執行法22条６号および24条により可能だとされてきたが，外国裁判所の家事事件裁判に基づく強制執行について，民事執行法において関連規定を整備した。まず，債務名義について，確定した執行判決のある「外国裁判所の判決」に，私法上の法律関係について当事者双方の手続的保障の下に終局的裁判

がなされたものであれば，家事事件における裁判をも含めるものと
した（民執22条6号括弧書。24条において同じとする）。次に，外国裁判
所の家事事件の裁判についての執行判決付与の訴えの職分管轄を地
方裁判所から，専門的・後見的判断に適した家庭裁判所へ移管したう
え（民執24条1項括弧書），提起された執行判決を求める訴えの全
部または一部に管轄違いがある場合であっても，当該訴えの提起を
受けた地方裁判所または家庭裁判所は，申立てによりまたは職権で，
みずから審理および裁判ができるものとした（自庁処理。民執24条2
項・3項）。

Ⅳ　訴訟手続

1　当事者

(1)　当事者能力・訴訟能力　　原告として訴え，被告として訴え
られ得るという意味での訴訟の当事者となり得る能力（当事者能力）
および当事者が単独で訴訟行為を行いまたは受けうる能力（訴訟能
力）については，国内法上は，民事訴訟法28条により「この法律に
特別の定めがある場合を除き，民法……その他の法令に従う」もの
とされている。わが国の渉外訴訟におけるこれらの問題については，
これまで法廷地法説と属人法説が対立してきた。

　法廷地法説は，これらを手続問題として性質決定し，「手続は法
廷地法による」の原則に従い，法廷地手続法である民事訴訟法によ
らしめる。民事訴訟法28条は，原則として実体法によらしめている
ので，実体法に関する抵触法である法適用通則法を介することによ
り，権利能力および行為能力の有無が決せられることになる（東京
地判平7・3・23参照）。しかし，権利能力については，本国法によ

るものとして，とくに外国人については本国実体法によることにしている。非法人たる団体については，法廷地手続法である民事訴訟法の特別の規定として民事訴訟法29条が適用され，団体の「本国法」がどこかにかかわらず，常に当事者能力が認められるべきことになる。また，訴訟能力についても，法適用通則法４条により，外国人についてはその本国法によるはずであるが，民事訴訟法33条があり，日本法が適用される。民事訴訟法33条は，法適用通則法４条２項との関係からは，注意規定と解される。

　これに対して，属人法説は，これらを手続問題としながら，民事訴訟法33条が「外国人は，その本国法によれば訴訟能力を有しない場合であっても，日本法によれば訴訟能力を有すべきときは，訴訟能力者とみなす。」（法適用通則法附則９条参照）としている趣旨から，訴訟能力のみならず当事者能力についても「当事者の本国法によらしめる」という不文の法廷地手続抵触法の存在を認め，それに従うことになり，本国法による（法廷地手続実質法によらない）ことになる。民事訴訟法33条は訴訟能力についての内国手続保護のための例外規定として適用されるが，内国規定である民事訴訟法29条の適用はない。しかし，非法人たる団体についても，民事訴訟法33条の趣旨から，当事者能力を認める立場が強い。

　裁判例上は前者の立場で説明するものが多いが，主として，法人や団体の当事者能力，訴訟能力が問題とされる。後者の立場に立っても，訴訟能力について法廷地訴訟法をあわせ考慮する事例があるなど（東京地判昭43・12・20），結論的には，民事訴訟法の規定によることになっている。

　「手続は法廷地法による」原則は，本来，法廷地訴訟法（実質法）を渉外訴訟について適用するものであり，法廷地手続抵触法（手続

法の抵触を認め，いずれの国の手続法によるかを決定する。外国手続法が
その問題の規律を実体法に委ねている場合には，その外国実質手続法の解
釈に従うのみで，その国の抵触規定は参照していない）の存在を認めな
い立場である。したがって，前者の立場が，民事訴訟法に従いなが
ら，実体法に関する抵触法である法適用通則法を介するためには，
理論的には整合的な説明を要するであろう。しかし，結論的には，
わが国における訴訟には，わが国の訴訟法による規律がなされるこ
とになろう。

　(2)　当事者適格　　訴訟において目的とされる権利関係について，
原告あるいは被告としての当事者となり得る者が誰かといういう意
味で，訴訟上の資格としての当事者適格が問題とされる。わが国の
訴訟法上は，問題とされる権利関係について実体法上の管理処分権
限を有する者が原告とされるなど，実体法に由来する資格であると
して，原則として当該権利関係の準拠実体法（実質法）によること
を主張する立場が強い。しかし，これも子細にみれば，端的な実体
準拠法説と，訴訟問題として法廷地法によりながら，実体準拠法を
も考慮する見解に分かれる。また実体か訴訟かという法性決定をす
ることなく，場合によっては外国訴訟法の適用を認める立場，一般
的な性質決定を行わず，個別の場合に応じて法性決定する立場もあ
る。さらに，当事者適格を固有適格と訴訟担当に分け，前者ではわ
が民事訴訟法によるが，本案の準拠法を参照すべき場合があるとし，
後者では，さらに任意的訴訟担当と法定訴訟担当に分け，それぞれ
を実体との関連性に応じて個別的な場合に分け，適用されるべき法
を決定する立場が主張されている。当事者適格は独立の単位法律関
係ではないので，個々の法的問題に分けて，それぞれを性質決定す
るのであるから，結論的には最後の立場が妥当であろう。ただし，

性質決定はわが実質法によるものでないことに注意すべきである。なお，任意的訴訟担当については，東京地判平3・8・27がある。

　ODAによるインドネシアの環境損害について，インドネシアの環境団体の当事者適格を日本法により認めたものがある（東京地判平21・9・10）。

2　訴訟費用の担保

　民事訴訟における外人法としては，かつては明治23年民事訴訟法88条があり，外国人原告の担保提供義務があったが，現行民事訴訟法75条は，国籍による区別をすることなく，渉外訴訟における原告の担保提供義務を定めている（東京地判昭58・2・1参照）。ただし，ハーグ国際私法会議による1954年「民事手続に関する条約」（民訴条約。昭和45年条約第6号）17条を受けた「民事訴訟手続に関する条約等の実施に伴う民事訴訟手続の特例等に関する法律」（特例法）10条によれば，条約締約国に住所等を有する締約国国民が原告である場合には，担保提供の義務は免除されるのが原則である（なお，英国・米国との関係について東京地判平25・10・3参照）。このようにして担保提供を免除された原告に対して訴訟費用の負担を命ずる判決が下された場合における判決の締約国内での執行については，簡易な手続がある（特例法11条以下参照）。

　　なお難民については，国連の「難民の地位に関する条約」（昭和56年条約第21号）16条が，次のように規定している。
　「1．難民は，すべての締約国の領域において，自由に裁判を受ける権利を有する。
　2．難民は，常居所を有する締約国において，裁判を受ける権利に関連する事項（法律扶助及び訴訟費用の担保の免除を含む。）につき，

当該締約国の国民に与えられる待遇と同一の待遇を与えられる。

　3．難民は，常居所を有する締約国以外の締約国において，2 に規定
する事項につき，当該常居所を有する締約国の国民に与えられる待遇
と同一の待遇を与えられる。」

3　送　　達

　(1)　日本から外国においてなす送達　　渉外訴訟において，訴状
そのほかの文書の送達が必要となるが，外国においてなすべき送達
については，民事訴訟法108条が，①その国の管轄官庁に嘱託し，
または②その国に駐在する日本の大使・公使・領事に嘱託して行う
こととしている。①については，裁判所から外務省を経由し，送達
実施国の外務省に相当する当局に伝えられ，具体的な送達方法は当
該国に委ねる。②については，外務省からの訓令に基づくが，駐在
国がそのような送達を認めていないときには実施することはできな
い。いずれにせよその国においてこの方法がとれない場合あるいは
外国管轄官庁への送達嘱託後 6 ヵ月経過後も送達を証する書面の送
付がない場合には，公示送達ができる（民事訴訟法110条 1 項 3 号・4
号。領事送達と公示送達の関係について，福岡高那覇支決平21・5・29参
照）。

　以上のほか，わが国は，国際的司法共助を認める上記民訴条約や，
それを改正した同じくハーグ国際私法会議による1965年の「民事又
は商事に関する裁判上及び裁判外の文書の外国における送達及び告
知に関する条約」（送達条約。昭和45年条約第 7 号）を批准しており，
これらに基づく送達が可能である（もっとも，後述(2)の送達条約 8 条
および10条(a)の拒否宣言による制限が生じている）。また，対米および対
英については，それぞれの国との間の領事条約が認める送達がある
ほか，そのほかの諸国との間の多数の司法共助取極による送達があ

る。

　(2)　外国から日本においてなす送達　　一般的には，「外国裁判所ノ嘱託ニ因ル共助法」（明治38年法律第63号）によるが，ほかに前記(1)にあげた条約や領事条約による送達もある。

　送達条約との関係においては，アメリカから行われる日本にいる被告に対する私人による郵便による裁判文書の送付，とくに英文訴状および呼出状の送付が問題となっている。送達条約10条(a)の定める郵便による送達については，わが国は2018年12月21日に8条および10条(a)について拒否宣言を行ったので，米国も送達条約の加盟国である以上，上記のような郵便送達は行えなくなった。それによって開始された訴訟に基づく米国判決の承認については，民事訴訟法118条2号が問題となり，単なる応訴意思の確認の意味しかもたなくなった（399頁参照）。

4　証拠・証明

　(1)　総　説　　証拠・証明問題については一般に実体か手続かという一律の法性決定が困難で，個別問題ごとにいずれかに性質決定し，適用されるべき法律を決めるというのが，これまでの立場である。しかし，証拠・証明問題を独立の単位律関係とするのでなければ，当然の取扱いであろう。

　証拠調べについては，一般に法廷地法によるが，外国において行われる証拠調べについては，民訴条約ほか司法共助を認める条約等があれば，それによりわが民事訴訟法の手続に従った証拠調べが行われ，司法共助が認められないときはわが民事訴訟法により，その国の管轄官庁またはその国に駐在するわが国の大使・公使・領事に嘱託して証拠調べを行うことになるが，その国の法律上そのような

証拠調べが違法であっても，民事訴訟法上違法でなければ，その効力を認めるものとしている（民事訴訟法184条）。なお，わが国は1970年のハーグ「民事及び商事に関する外国における証拠の収集に関する条約」（証拠収集条約）を批准していない。また，わが国の主権の及ばない外国所在の者に対する不提出や不出頭に対する刑事的な制裁は科すことができないが，外国所在文書について当事者に対する提出命令はでき，不提出の場合にはその文書に関する相手方の主張が認められることになる（民事訴訟法224条）。

　米国の弁護士の行う日本における証言録取は，認められることが多いであろう。またアメリカの証拠開示手続（discovery）は，日本にいる当事者には及ばないが，アメリカの訴訟においては，従わない場合に不利な取扱いを受けることになろう。

> **Discovery**　アメリカにおいては，正式事実審理前に，法廷外において当事者双方が事件に関する証拠・争点決定に必要な情報の開示・収集を行う手続を指す。連邦民事訴訟規則では26条〜37条に規定があるが，広く証拠収集にも用いられる点で，とくに被告にとって脅威となる。

(2)　挙証・立証責任　　証拠調べの手続が法廷地法により，証明責任や推定の問題が実体法同様抵触法的に処理されるべきことにはこれまでさして異論がないとされてきているが（東京地判平10・5・27は，立証責任は実体関係の準拠法により，表見証明ないし一応の推定は法廷地法によるものとする），それも子細にみればなお精緻化が必要であるし，その他の問題に至っては個別的検討をまって初めて結論が出せるものであるといえよう。証拠・証明方法についてみても，人証の問題（証言拒絶権等），鑑定人，当事者の供述（宣誓と自白），

書証についてもすでにふれた問題のほかに口頭証拠排除法則等が考えられる。かくて今後は個別的な問題を検討する過程で，一般的な抵触法の体系のあり方を考えていく必要がある。

　租税回避に関する私法上の否認は，事実認定の問題に帰着し，「事実認定の問題は法廷地法によるべき」としている（大阪地判平14・9・20参照）が原則の誤った適用事例である。

Ⅴ　外国判決の承認・執行

1　総　　説

　外国でなされた民事裁判の結果得られた判決は，それが国家機関の判断である限りにおいて，当然に日本においてその効力を有するものではなく，またこれを全く認めなくとも国際法上違法とはいえない。しかしそれでは当事者にとってその権利保護に欠け，また新たなる裁判に再びエネルギーを必要とするし，解決の結果が国際的に区々となることには不便宜を感じること，紛争の迅速な解決は望めないこと，また裁判所にとっても国際的視野からみれば司法エネルギーの損失になること，さらに広い意味における相互性を原則とする司法共助・国際的協調という政策的判断からも妥当でないことなどから，外国判決についてはその効力を承認することが望ましいものと考えられる。また，承認制度を認めても当然に公益に反しわが国の主権に反するとはいえず，私的紛争解決の一方法として認めるべきであるとされる。承認によって国際的な司法判断の相互矛盾を回避し，ひいては跛行的法律関係の発生を予防し国際私法の目標である国際的法交通の円滑と安全に資するといえる。

　わが国は，その効力の承認のために何ら特別の手続を要せず一定

の要件を充足する限りそれを認めるいわゆる自動承認の制度を採用
している。この承認制度によれば，当該事案について日本にも国際
裁判管轄が認められる場合に本来日本の国際私法を経由してなされ
るべき実体法的解決がときに無視される結果となるが，外国判決の
承認が独自の訴訟法上の制度であることを根拠として，いわゆる準
拠法要件を認めるのでない限り，原則として抵触法（実体法）秩序
とは無関係に条件が設定されるのが通常である。その限りにおいて
渉外的生活関係の法的規律のために抵触法とは独立の解決方法を認
めることになろう。近時はその利用が増加しつつある外国判決の承
認とその強制執行の制度の概要を次にみる。

2　承認と執行

　通説によれば外国判決の承認は，「その外国訴訟法上有する効力
をそのまま尊重すること」である。したがって，判決国において認
められる効力がそのまま日本においても承認されることになるが，
近時この点に疑問をはさむ見解もある。

　承認の対象となる判決の種類は問わないが，手続的に執行を要す
る場合には民事執行法22条，24条により執行判決を付与する，対審
構造を採る特別の手続が定められている（そこでは，外国判決が，債
務名義であるわが国の確定判決と手続的に等置すべきものであるかの審査
がなされる）。わが国の通説は承認と執行の性質を法的に区別してき
ていないが，最近ドイツの通説の影響を受けて，承認とは外国判決
の内国への判決効の拡張であり，執行は内国における判決効の付与
であるとして，両者を区別する見解が有力に主張されている。これ
に対して従来の通説は，執行判決制度は，本来給付判決についても
承認の要件が満たされていれば直ちに執行を許すべきものであるが，

執行機関がその要件具備の調査をすべきものとすれば執行当事者の手続権の保証において疑問が残るのでとくに創設されたものにすぎず，執行判決によって初めて執行力が付与されるわけではなく，執行力も外国判決の効力の拡張である，と反論する。執行判決が形成的効力を有するのか単なる確認的なものにすぎないのか，その制度的根拠・沿革はどこにあるのかというその法的性質・効果の理解に関する争いが承認の意義にも反映しているといえる。

3　実質的再審査の禁止

　以上のような承認の意義・根拠を前提とすると当然認められなければならないのは，承認はあくまで当該事案に関する外国における訴訟法的・実体法的な司法的判断を尊重することであるから，承認の要件の審査にあたってはそれを蒸し返す，いわゆる実質的再審査を行ってはならないということである。主権平等を前提とする国家間においては，承認国裁判所が，判決国裁判所の上級審のような立場に立つことも認められない。それが改正前の民事訴訟法の規定を引き継いだ民事執行法24条２項のいう「裁判の当否」を調査しないということであり，以前のフランス法およびその法系諸国を除く多くの国において認められてきた，ある意味では承認の定義から当然に認められる原則である。わが国においては民事執行法における執行判決の付与の要件として定められるのみで，承認の一般的規定たる民事訴訟法118条には規定されていないが，その実定的根拠を必ずしも明らかにしないものの学説が認め，判例も当然の前提としている原則である。手続的に確定した判決は，内容的（実体的）にも確定しており，蒸し返しは許されないのである。そうすると承認の要件を具体的に審査する場合にも，当該判決が判決国の法に従い適

法に下されたかの審査を行ってはならず，この原則に従わなければ
ならない。

4　再訴の禁止

　わが国の承認制度は，その意義・制度からみて，外国判決が存在
する場合には当然にまずその承認について判断することを要し，そ
の外国判決の対象とされた訴訟物についてわが国で新たな訴訟を提
起することを当然には認めていない，とするのが通説である。なぜ
なら，実質（実体）的判断はすでに判決国においてなされており，
それはもはや蒸し返さない，したがって，その問題については原則
として改めて実質的判断はできない，というのである。しかしなが
ら執行判決を要する場合には後述のように承認の要件審査に法的・
実際的な困難があり，またとくに敗訴の当事者が往々にしてそれに
ついて争う結果，必然的に長期の訴訟を覚悟しなければならず，と
きには当該訴訟物についてわが国において新たなる訴訟を提起する
に等しい，ときにはそれ以上の日時・費用を要し，当事者の権利保
護・裁判所の負担という観点からは必ずしも望ましくない結果とな
っている。このような結果は，経済変動の激しい今日において外国
判決の有した本来の経済的価値に見合わない結果も生じかねず，ひ
いては外国判決の承認・執行制度の実効性を損なうもの，といえる。
そこで承認制度を認めながらも，他方で当該訴訟物について当事者
にわが国における新たな訴訟の提起を認めるべきである，という見
解も有力に主張されているが，結局，そのような考え方は，その外
国判決が棄却判決である場合には再訴を認めないし，またその再訴
が全く新しい訴訟といえるのかあるいは外国判決を証拠としての訴
え提起であるかの区別等も曖昧であるとして批判を浴びている。外

国判決の承認について述べられた不都合は本来承認制度自体の欠陥の是正によって解決すべきものであり，再訴を認めるべきではないであろう。

　承認は本来何ら特別の手続を経ることなく単に承認要件を具備するか否かの判断をすれば足りるのであるが，当事者は承認の訴えを提起することもできるし，また訴えの利益の存する限り不承認の訴を提起することも許されるものとされている。

Ⅵ　承認の要件

　承認の要件は，民事訴訟法118条が定めている（執行判決につき民事執行法24条3項）。

1　「外国」「裁判所」の「確定」「判決」（民事訴訟法118条柱書）

　「外国」は国際法上の国家承認を要するかについて争いがあるが，その国の実効的支配をしていれば足りると考えたい。最判平10・4・28は，民事執行法24条のいう「外国裁判所の判決」とは，「外国の裁判所が，……私法上の法律関係について当事者双方の手続的保障の下に終局的にした裁判」をいい，「決定，命令と称されるものであっても」よいとしている。民事判決でなければならないことは，当然である。「裁判所」であるので，司法機関でなければならず，行政機関の判断は対象とはならない。確定とは，「判決国の法律により認められた通常の不服申立手段が尽き，もはやそれによって判決が取消し，変更されなくなった状態をいう」（東京地判平20・3・19参照）。

　主権免除における制限免除主義のもと下された「民事判決」も承

認の対象となり得るかであるが，民事訴訟法118条の予定する種類の民事判決にあたる限りは，肯定すべきである。そのときには，**2**，**4**および**5**の要件にあたるかはどのように審査するのか検討を要する。

2　国際裁判管轄権（民事訴訟法118条 1 号）

判決国の間接一般管轄があることが必要であるが，この基準は，わが国が国際裁判管轄権を認められる場合には外国にもそれだけの範囲の国際裁判管轄権を認めるべきであるというドイツの鏡像理論と同様に，直接管轄の基準と間接管轄の基準は同じであるとするのが通説であったが，前掲最判平10・ 4 ・28は，間接管轄の範囲が直接管轄の範囲と異なり得るかのような表現をとっている。もっとも，外国非訟事件判決の承認については，間接管轄を直接管轄より広げて，承認をより容易にするという立場も有力である。

3　訴訟の開始に必要な呼び出しの送達（民事訴訟法118条 2 号）

訴訟の開始の通知を受けず，したがって，防御の機会なく敗訴した被告の保護を図る規定であり，公示送達等の擬制送達による判決を承認しないことにしている。また，それ以外の送達についても，文書に翻訳が付されていないとき，あるいは時間的に防御の機会が与えられていない結果となっているような場合には（適時性，適式性の要件），その判決を承認拒絶できるものと考えられている。この点について，前掲最判平10・ 4 ・28は，この送達の要件は「我が国の民事訴訟手続に関する法令の規定に従ったものであることを要しないが，被告が現実に訴訟手続の開始を了知することができ，かつ，その防御権の行使に支障のないものでなければならない」と判示し

ている。なお，被告が応訴した場合は，もはや被告を保護する必要
はないので承認できる（ただし，管轄違いの抗弁を提出しており，民事
訴訟法12条の応訴管轄が認められないときにも，民事訴訟法118条2号の要
件を充足することはある。前掲最判平10・4・28参照）。

　司法共助条約，取極等で認められている送達は，要求されている
送達にあたるといえるが，送達方法の基準については，判決国法，
受達国法，被告の認識可能な方法など諸説があるが，承認の段階で
は，受達国法によるべきであろう。アメリカ合衆国から直接郵送で
なされる訴訟開始文書の送付については，ハーグ送達条約との関係
で議論があったが，2018年12月21日の送達条約8条および10条(a)の
わが国の拒否宣言により，単なる応訴意思の確認の意味しかなくな
ったので，応訴がない限り，この2号の要件を具備しないものとさ
れる（391頁参照）。隔地的な直接郵送送達において，とくに問題と
なるのは，翻訳の要否である。意見が分かれるところであるが，一
般的には，送達到達地法に従えば足りるものであろう。

4　わが国の公序に反しないこと（民事訴訟法118条3号）

　外国判決の効力をわが国で認めるとすると，その結果が内容的に
わが国公序に反する場合と，訴訟手続的に公序に反する場合とがあ
る。この場合の公序は，法適用通則法42条でいう公序と同趣旨であ
るが，手続をも対象とする点，また，承認を拒絶した結果の処理が
生じない点で異なるともいえる。

　公序違反か否かの審査は，実質的再審査の禁止との関係で問題を
はらみ，当初審査対象は外国判決の主文に限るとされたが，その後
理由中の認定事実に限ると広げられた。しかし，訴訟手続をも公序
判断の対象とする現行法上，当事者の提出した証拠資料をも判断材

料とせざるを得ない。実質的再審査の禁止は，承認裁判所が判決裁判所の上位裁判所となることを防ぐあるいは，内容的にも確定しているものを蒸し返さないという趣旨であるから，承認国の立場から承認国内における判決の効力を否定するにすぎず，外国判決自体の効力を否定するものではない公序の審査は，実質的再審査とはならないものというべきであろう。

　米国カリフォルニア州裁判所の下した判決の懲罰的損害賠償を命ずる部分の公序による承認拒絶を認めた最判（平9・7・11。なお東京地判平20・2・19参照）と，米国テキサス州の親権者指定の判決を公序に反するとして認めなかった例（東京高判平5・11・15），偽造文書により韓国の審判を「詐取」したものとして手続的公序に反するとした例（横浜地判平元・3・24），内国判決と矛盾する外国判決を公序に反するとした例（大阪地判昭52・12・22）などがある。

　最決平19・3・23は，米国人代理母から出生した子について，代理出産依頼夫婦との実親子関係を認めたネヴァダ州裁判所の判決は，懐胎・出産した者を母と認めるわが民法の立場に反するので，その効力をわが国で認めることは，民事訴訟法118条3号の公序に反するとして承認しなかった。

　最判平31・1・18は，外国の判決書の送達について「外国判決に係る訴訟手続において，当該外国判決の内容を了知させることが可能であったにもかかわらず，実際には訴訟当事者にこれが了知されず又は了知する機会も実質的に与えられなかったことにより，不服申立ての機会が与えられないまま当該外国判決が確定した場合，その訴訟手続は，我が国の法秩序の基本原則ないし基本理念と相いれないものとして，民訴法118条3号にいう公の秩序に反するということができる」として，手続的公序の具体例を判示している。

　なお，公序判断の基準時であるが，原則は外国判決の確定時であるが，執行判決請求事件においては，債務名義の確定の裁判であるので，実体判断を許す公序要件については，口頭弁論終結時を基準として差し支えない。

5　相互の保証（民事訴訟法118条4号）

　判決国が日本の判決を承認することが法的に保証されているときにのみその外国判決を承認しようとするもので，日本の裁判所の判決が外国においても承認執行されるよう圧力をかけ，外国におけるわが国判決の効力を確保しようとする要件である（なお国家賠償法6条，特許法25条等参照。本来条約による相互承認を一国の法制による承認制度としたために，残った要件である）。しかし相互の保証についてはその実効性や要件充足判断の困難さなどにつき疑問が出され，出来るだけ承認を容易にするような解釈がとられる傾向にある。まずわが国の判例は従来「当該外国カ条約ニ依リ若ハ其ノ国内法ニ依リ我国判決ノ当否ヲ調査スルコト無クシテ右第200条ノ規定ト等シキカ又ハ之ヨリ寛ナル条件ノ下ニ我国ノ判決ノ効力ヲ認ムルコトトナリ居ル場合」に相互保証があるとしてきたが（大判昭8・12・5），「条件の寛厳は必ずしも定むること容易ならず，又外国がわが国と全く同一の条件をさだむることは倒底期すべからざること」として「外国の定むる条件と我が国の認むる条件とが全然同一なることを要せず重要なる点に於て同一なることを以て足る」（江川英文「外国判決の承認」法学協会雑誌50巻11号〔1932年〕61頁）とする批判があり，最判昭58・6・7は判例を変更して「当該判決をした外国裁判所の属する国において，我が国の裁判所がしたこれと同種類の判決が同条各号所定の条件と重要な点で異ならない条件の下に効力を有するも

のとされていることをいう」と判示した。

　判決国法とわが国の承認条件が全く同一であるということは現実的であるとはいえず，また判決国法上の条件が日本法におけるより緩やかである場合には日本の承認条件が相手国にとってはより厳しいことになるから，当該国がわが国と同様の相互保証の条件を認めていれば，当該国法上わが国の判決が承認され得ず，いわゆる両すくみとなる可能性があり，また政策的にも「渉外生活関係が著しく発展，拡大している今日の国際社会においては，同一当事者間に矛盾する判決が出現するのを防止し，かつ，訴訟経済及び権利の救済を図る必要が増大している」ことを理由とする。相互保証の要件は，政策的規定であり，その判断が制度の比較を伴う困難性をはらみ，そもそも司法的判断に馴染むのか疑問であるとともに，規定目的をこのような方法で達成し得るのかその実効性に疑問があるし，さらに判決の当事者にとっては自らの努力によって変更し得ず，場合によっては偶然的に決まる判決国の承認条件によってその権利の実現が左右されるわけで，最終的な私人の権利保護を不安定にしている。これで執行判決訴訟が長引く1つの原因はこの要件の判断の困難なことにあり，実質的再審査を行っているベルギーの判決を相互の保証がないとして承認しなかった事例（東京地判昭35・7・20）ほかの承認拒絶事例（香港について，福岡地判昭57・3・25。中国について，大阪高判平15・4・9），あるいはこの要件がとくに問題とされた事例（名古屋地判昭62・2・6）がある。

6　船舶油濁損害賠償保障法

　条約上の外国判決の承認を国内法化したものとして，船舶油濁損害賠償保障法12条1項がある。1992年の「油による汚染損害につい

ての民事責任に関する国際条約」9条1項により管轄権を有する外
国裁判所がタンカー油濁損害賠償について下した確定判決は承認さ
れるが，①判決が詐欺により取得されたとき，または②被告が訴訟
の開始に必要な呼出・命令の送達を受けず，かつ，自己の主張を陳
述するための公平な機会が与えられなかったとき，には承認されな
い。なお，その執行判決については，同法12条2項参照。

Ⅶ　国際商事仲裁

1　総　　説

　中世ヨーロッパの商人間においては，商事紛争を解決する手段と
してその解決を第三者の判断に委ねる仲裁制度が用いられてきたが，
現代においても，ADR の一種として国際商事紛争の解決手段とし
ては仲裁が利用される。通常は国際契約の中において，裁判管轄条
項と同様に仲裁条項が置かれることが少なくない。わが国において
も「公示催告手続及ビ仲裁手続ニ関スル法律」に代えて，
UNCITRAL 国際商事仲裁模範法に沿った「仲裁法」（平成15年法律
第138号）が平成15年に制定された。

　仲裁は，私人間の合意により，仲裁廷が設置され，柔軟な手続に
従って営業秘密などが外に漏れない非公開で中立的な専門家である
仲裁人による判断がなされ，それが当事者を拘束する一審制である。
仲裁廷を当事者が財政的に支えるために費用が低廉とは限らないが，
米国においては陪審による裁判を避ける意味でも用いられるといわ
れる。また，一審制である限りでは迅速で，専門家による妥当な判
断が得られるうえに，ニューヨーク条約の世界的普及により，国際
的にその執行が確保されている。また，投資紛争など，外国国家を

相手取った紛争において，投資紛争解決条約（1965年の「国家と他の国家の国民との間の投資紛争の解決に関する条約」）や最近の多数の投資協定・経済連携協定などにより，主権免除を回避した紛争解決が可能となる。

　個別事件ごとに仲裁合意により設定される仲裁廷による仲裁（個別仲裁，アド・ホック仲裁）がもともと行われてきたものであるが，仲裁廷およびその手続の設定に当事者の詳細な合意を要する点で難があり，現在においては常設の仲裁機関が多く設定されている。ロンドン国際仲裁裁判所（LCIA），パリの国際商業会議所（ICC），ニューヨークのアメリカ仲裁協会（AAA）が代表的であるが，わが国においては日本商事仲裁協会があり，また，アジア各国においても，例えばマレーシア，シンガポール，香港，北京などに多くの国際商事仲裁機関が開設されている。海事関係についても専門の仲裁機関がある。

　国際的な法源としては1923年の「仲裁条項ニ関スル議定書」（ジュネーブ議定書，昭和3年条約第3号）や1927年の「外国仲裁判断の執行に関する条約」（ジュネーブ条約，昭和27年条約第11号）があったが，1958年には「外国仲裁判断の承認及び執行に関する条約」（ニューヨーク条約，1959年6月7日発効，昭和36年条約第10号）が採択され，世界的な成功を収めている（加盟161ヵ国。2020年1月21日現在）。

2　仲裁の抵触法

（1）　仲裁合意の成立および効力の準拠法　　条理によるが，当事者自治が認められ，法選択がないときには，最密接関係地国法によるが，仲裁地法によるのが原則であろう。仲裁契約の存在が妨訴抗弁となるかは，法廷地法によるが，わが国においては仲裁法14条に

よる。なお，最判平９・９・４参照。仲裁の合意は主契約とは独立に判断される（仲裁法13条６項）。

　仲裁法附則３条は，当分の間，消費者・事業者間の仲裁の合意については，特則を定めている。４条は，個別労働関係紛争を対象とする仲裁合意について，特例を定める。

　仲裁合意の方式は，日本が仲裁地となるときは，仲裁法13条２項ないし５項の規定が適用される。

　仲裁契約の締結能力は，行為能力の問題で，自然人について法適用通則法４条ないし６条の類推適用から，その者の本国法，法人については設立準拠法による。

　(2)　仲裁手続の準拠法　　仲裁法28条により定まる仲裁地が日本であるときには，仲裁法の公序規定に反しない限り，当事者が合意により仲裁手続の準拠法を定めうるが，合意がないときには仲裁廷が適当と認める方法により実施しうる（仲裁法26条）。

　(3)　仲裁判断の準拠法　　仲裁法36条により，まず当事者自治により，その法選択がないときは，最密接関係地法による。法定債権については事後の準拠法選択が認められているので，これでよいが，当事者の能力や物権等に及ぶときは，疑問とされる。

3　外国仲裁判断の承認・執行

　ニューヨーク条約が適用されるが，日本は，条約１条３項の相互性の留保を行っているので，非締約国の仲裁判断には条約の適用はない。なお，民事執行法22条６の２号は，確定した執行決定のある仲裁判断を債務名義として認めており，仲裁法45条が，仲裁地の内外性を問わず，ニューヨーク条約をも取り入れて，執行決定および仲裁判断の承認について定めている。

■参考文献

昭和42年までの文献は，川上太郎『日本国における国際私法の生成発展』巻末文献目録，以後の主要文献は国際法外交雑誌の各年度の文献目録（国際私法）に収録されている。学会の動向は，法律時報の各年末の「学会回顧」が詳しく，また裁判例についてはジュリストの各年度『重要判例解説』掲載の「国際私法判例の動き」を参照して欲しい。

〈体系書・教科書など〉（刊行年順）

折茂　豊『国際私法（各論）』（新版，有斐閣，1972年）

江川英文『国際私法』（改訂版，弘文堂，1972年）

池原季雄＝江川英文＝山田鐐一『国際私法総論，国籍法』（有斐閣，1973年）

池原季雄『国際私法（総論）』（復刻版）（有斐閣，1994年）

パウル・ハインリッヒ・ノイハウス『国際私法の基礎理論』（櫻田訳）（成文堂，2000年）

山田鐐一『国際私法』（第3版，有斐閣，2004年）

溜池良夫『国際私法講義』（第3版，有斐閣，2005年）

石黒一憲『国際私法』（第2版，新世社，2007年）

木棚照一＝松岡博＝渡辺惺之『国際私法概論』（第5版，有斐閣，2007年）

本間靖規＝中野俊一郎＝酒井一『国際民事手続法』（第2版，有斐閣，2012年）

横山潤『国際私法』（三省堂，2012年）

櫻田嘉章＝道垣内正人編『注釈国際私法』第1巻・第2巻（有斐閣，2011年）

澤木敬郎＝道垣内正人『国際私法入門』（第8版，有斐閣，2018年）

神前禎＝早川吉尚＝元永和彦『国際私法』（第4版，有斐閣，2019年）

松岡博編『国際関係私法入門』（第4版，有斐閣，2019年）

〈判例など〉

国際法学会編『国際関係法辞典』（第2版，三省堂，2005年）

櫻田嘉章＝道垣内正人編『国際私法判例百選』（第2版，有斐閣，2012年）

〈演習など〉

道垣内正人『ポイント国際私法総論』（第2版，有斐閣，2007年）

道垣内正人『ポイント国際私法各論』（第2版，有斐閣，2014年）

国際私法学会『国際私法年報』1～20号（信山社）

櫻田嘉章＝佐野寛＝神前禎編著『演習国際私法 CASE30』（有斐閣，2016年）

■資　　料
○子に対する扶養義務の準拠法に関する条約

（昭和52・8・17）
（条　約　　8）

効力発生　昭52・9・19（昭52外告201）

この条約の署名国は，

子に対する扶養義務の準拠法に関する共通の規則を定めることを希望し，

このため条約を締結することに決定して，次のとおり協定した。

（子の常居所地法の適用）

第1条　①　子が扶養を請求することができるかどうか，どの程度まで請求することができるか及び誰に対して請求することができるかは，子の常居所地の法律によつて定める。

②　子の常居所に変更がある場合には，その変更の時から新たな常居所地の法律を適用する。

③　扶養の請求を申し立てることができる者及びその申立てをすることができる期間についても，子の常居所地の法律によつて定める。

④　この条約の適用上，「子」とは，嫡出である子，嫡出でない子又は養子であつて，婚姻をしていない21歳未満のものをいう。

（内国法の適用のための宣言）

第2条　前条の規定にかかわらず，各締約国は，次のすべての条件が満たされる場合に自国の法律を適用することを宣言することができる。

(a)　扶養の請求が自国の当局に申し立てられること。

(b)　子及び扶養を請求される者が自国の国籍を有すること。

(c)　扶養を請求される者が自国に常居所を有すること。

（一般的抵触規則の適用）

第3条　前2条の規定にかかわらず，子の常居所地の法律が当該子に対しいかなる扶養を受ける権利をも認めない場合には，事件の係属する当局の属する国の抵触規則によつて指定される法律を適用する。

（公序）

第4条　この条約によつて準拠法とされた法律の適用は，事件の係属する当局の属する国の公の秩序に明らかに反する場合を除くほか，排除することができない。

（適用除外）

第5条　①　この条約は，傍系親族間の扶養については適用しない。

②　この条約は，扶養義務に関する法律の抵触についてのみ規律する。この条約を適用して行われた決定は，扶養義務者と扶養権利者との間の親子関係又は親族関係の確定に影響を及ぼすものではない。

（相互主義）

第6条　この条約は，第1条の規定によつて指定される法律が締約国の法律である場合にのみ適用する。

（署名・批准）

第7条　①　この条約は，ヘーグ国際私法会議の第8回会期に代表を出した国による署名のために開放しておく。

②　この条約は，批准されなければならない。批准書は，オランダ外務省に寄託する。

③　各批准書の寄託について調書を作成するものとし，その認証謄本は，外交上の経路を通じて各署名国に送付する。

（効力発生）

第8条　①　この条約は，前条第2項の批准書のうち4番目に寄託されるものの寄託の時から60日目の日に効力を生ずる。

②　この条約は，その後に批准する各署名国については，その批准書の寄託の日から60日目の日に効力を生ずる。

（適用地域）

第9条　①　この条約は，締約国の本土地域については当然に適用する。

②　締約国は，自国が国際関係について責任を有する他の領域の全部又は一部につきこの条約を適用することを希望する場合には，その旨を文書によつて通告するものとし，その文書をオランダ外務省に寄託する。同外務省は，その文書の認証謄本を外交上の経路を通じて各締約国に送付する。

③　この条約は，前項の送付の後6箇月以内に異議を申し立てなかつた国と同項の通告を行つた国が国際関係について責任を有する領域であつてその通告の対象となつたものとの間で，効力を生ずる。

（加入）

第10条　①　国際私法会議の第8回会期に代表を出さなかつた国は，この条約に加入することができる。ただし，この条約を批准した国がオランダ政府による加入の通知の後6箇月以内に異議を申し立てないことを条件とする。加入は，第7条第2項に定める方法に準じて行う。

②　この条約は，第8条第1項の規定に従つて効力を生じた後でなければ，これに加入することができない。

（留保）

第11条　各締約国は，この条約の署名若しくは批准又はこれへの加入に際して留保を行うことにより，養子についてはこの条約を適用しないことができる。

（有効期間・廃棄）

第12条　①　この条約は，第8条第1項に規定する日から5年間効力を有する。

②　前項の有効期間は，第8条第1項に規定する日以後にこの条約を批准し又はこれに加入する国についても，同様とする。

③　この条約は，廃棄されない限り，5年ごとに黙示的に更新される。

④　廃棄は，5年の期間が満了する少なくとも6箇月前にオランダ外務省に通告するものとし，同外務省は，これを他のすべての締約国に通知する。

⑤　廃棄は，第9条第2項の規定に従つて行われる通告に明示する領域の全部又は一部に限定して行うことができる。

⑥　廃棄は，これを通告した国についてのみ効力を生ずるものとし，その他の締約国については，この条約は，引き続き効力を有する。

以上の証拠として，下名は，正当に委任を受けてこの条約に署名した。

1956年10月24日にヘーグで本書1通を作成した。本書は，オランダ政府に寄託するものとし，その認証謄本は，外交上の経路を通じて，ヘーグ国際私法会議の第8回会期に代表を出した国及び後に加入する国に送付する。

事 項 索 引

判 例 索 引

429

〈著者紹介〉

櫻 田 嘉 章（さくらだ よしあき）

1968年　京都大学法学部卒業

現　在　京都大学名誉教授，甲南大学名誉教授，弁護士

（主要著作・翻訳）

P.H.ノイハウス　国際私法の基礎理論（2000年，成文堂）

渉外家族法における本国法主義（1980年，現代家族法大系
　［有斐閣］第1巻所収）

サヴィニーの国際私法理論——殊にその国際法的共同体の観
　念について（1982～85年，北大法学論集33巻3号，4号，
　6号，35巻3・4号）

注釈国際私法 第1巻・第2巻（共編，2011年，有斐閣）

国 際 私 法〔第7版〕　　　　　　**有斐閣Sシリーズ**

Private International Law, 7th ed.

1994 年 3 月 20 日　初版第 1 刷発行
1998 年 7 月 20 日　第 2 版第 1 刷発行
2000 年 4 月 30 日　第 3 版第 1 刷発行
2005 年 1 月 20 日　第 4 版第 1 刷発行
2006 年 11 月 20 日　第 5 版第 1 刷発行
2012 年 12 月 20 日　第 6 版第 1 刷発行
2020 年 5 月 25 日　第 7 版第 1 刷発行
2023 年 7 月 30 日　第 7 版第 2 刷発行

著　者　櫻　田　嘉　章

発 行 者　江　草　貞　治

発 行 所　株式会社　有　斐　閣
郵便番号 101-0051
東京都千代田区神田神保町 2-17
http://www.yuhikaku.co.jp/

印刷・製本　中村印刷株式会社